南唐

杜文玉 著

春秋

陕西师范大学出版总社

杜文玉　著

南唐春秋

陕西师范大学出版总社

图书代号：SK23N1945

图书在版编目（CIP）数据

南唐春秋 / 杜文玉著. — 西安：陕西师范大学出版总社有限公司，2023.11
ISBN 978-7-5695-3856-4

Ⅰ.①南…　Ⅱ.①杜…　Ⅲ.①中国历史—南唐　Ⅳ.①K243.2

中国国家版本馆CIP数据核字（2023）第173413号

南唐春秋
NANTANG CHUNQIU

杜文玉　著

出 版 人 / 刘东风
出版统筹 / 侯海英　曹联养
责任编辑 / 王　森　赵荣芳
责任校对 / 张爱林
封面设计 / 东合社·安宁
版式设计 / 锦　册
出版发行 / 陕西师范大学出版总社
　　　　　（西安市长安南路199号　邮编710062）
网　　址 / http://www.snupg.com
印　　刷 / 陕西龙山海天艺术印务有限公司
开　　本 / 710 mm×1000 mm　1/16
印　　张 / 18.5
字　　数 / 260千
版　　次 / 2023年11月第1版
印　　次 / 2023年11月第1次印刷
书　　号 / ISBN 978-7-5695-3856-4
定　　价 / 78.00元

读者购书、书店添货或发现印装质量问题，请与本公司营销部联系、调换。
电话：（029）85307864　85303629　　传真：（029）85303879

序　言

南唐是五代十国时期割据于江淮地区的一个地方政权。所谓"五代十国"的说法出自古代史家之口，并未包括周边少数民族政权，如契丹、长和、吐蕃以及西北的一些少数民族政权在内。这一时期历来被视为乱世，所谓礼崩乐坏，生灵涂炭，割据政权林立。就全国大势而言，这种看法是不错的；如要详究，则还有可商榷之处。对南方各国而言，战争较少，社会比较稳定，经济、文化有所发展，人口也呈增长之势，其中南唐的发展最为引人注目。

通常所说的唐朝后期中央政府的财政主要依靠江淮八道支持，除两浙、湖南外，大部分都在后来的南唐境内，所以南唐社会经济的持续发展不仅对改变中国古代经济地理的基本格局有直接影响，同时也对江南经济重心地位的确立和巩固具有重要的意义。南唐在文化方面的成就也是引人注目的。自唐末以来，由于北方持续战乱，大批北方士人南迁，促进了南方文化的发展，并在南唐与蜀地形成了两个文化中心。其中南唐文化比蜀还要发达一些，影响也更大。南唐文化成就的取得并不全是北方士人南迁的缘故，很大程度上也是当地文化迅速发展的结果。南唐以及南方其他诸国文化的繁荣与发展，与北方文化发展的停滞不前形成鲜明的对照，表明在中国古代经济重心进一步南移之时，文化重心也开始向南转移。南唐在南方诸国中也是一个政治与军事强国，这不仅表现在疆土相对较为广阔上，其政治影响和军事实力也较为强大，曾灭亡了割据于湖南的楚和福建的闽两个小国，并有问鼎中原的计划，只是由于没有把握住时机，才未能实现这一目的。

由此可见，南唐虽割据于一隅，却具有比较重要的历史地位，加强对这一段历史的研究有着十分重要的学术意义。

杜文玉同志的这部著作在前人研究的基础上，经过数年努力，在系统地论述了南唐从建立、强盛再到衰亡的全部历史的同时，着力于南唐经济、文化的研究，做出了许多有益的探索，以突出南唐在经济、文化方面对历史的贡献。南唐的典章制度由于史料散佚的缘故，以前未见有人做过研究，杜文玉同志在这方面也做了一些探索。比如他在南唐军制的研究中，认为其军队由禁军、州郡兵、乡兵三级组成，禁军又分为六军与侍卫诸军；南唐以六军为禁军主力，而不是像中原王朝那样以侍卫亲军为禁军主力；南唐的侍卫诸军与中原王朝不同，没有分为侍卫马军与侍卫步军，原因是缺乏马匹，也没有殿前司之置，却有水军的建置，以适应江淮水乡作战之需要。这一切对丰富五代十国军制的研究都是不无益处的。全书共六章，其中三章专论南唐的经济、文化、制度，几占全书篇幅的一半，这种写法很有特色，填补了以往南唐史研究中这些方面的不足。

这部论著尽管篇幅不长，却内容充实，论述颇为精辟，具有较高的学术价值。在这部著作即将付梓问世之际，我还想再说一句话，就是希望作者及中青年学者抓住大好时光，多出成果，为繁荣中国的学术与文化做出贡献。

史念海

1998年6月

目　录

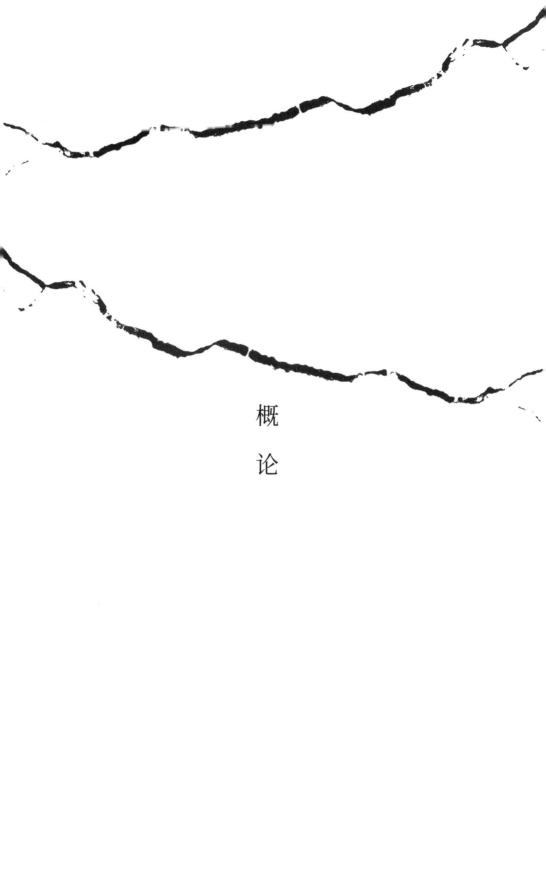

概

论

　　自公元907年朱全忠篡唐建立后梁王朝，至公元960年赵匡胤代周建宋，这一历史时期，史称"五代"。与此同时，南北各地先后出现了十个割据政权，史称"十国"。实际上，"十国"中的许多国家延续时间比"五代"还要长一些，南唐就是其中割据于南方的一个政权。

　　在十国中，南唐是政治、军事、经济、文化诸方面最为强盛繁荣的大国，史称："唐有江淮，比同时割据诸国，地大力强，人材众多，且据长江之险，隐然大邦也。"①南唐占据的地区大致相当于今江苏、安徽、江西以及福建、湖北之一部，是当时全国经济最为发达的地区之一。自唐朝中期以来，政府在经济上主要依赖于江淮八道，而这八道除两浙、湖南以外，大部分都在后来的南唐境内。历史上所谓中国经济重心南移，实际上是移至南唐和吴越境内。自五代始，我国文化重心也逐渐南移，在南唐和西蜀形成了两个文化中心，其中南唐的文化较西蜀还要更为发达些，历史影响也大一些。为什么我国的经济、文化重心会南移？南唐经济、文化的发展对历史有什么贡献？南唐这样一个小国在我国古代历史上应占有什么地位？这些都是值得我们认真思考的问题。

　　在历史上，我国黄河流域开发较早，长期以来又是全国的政治中心，人口也比南方稠密，生产力发达，在唐中期以前，无论政治、经济、文化等方面都比南方发展快。但是，由于种种原因，北方的经济发展水平逐渐落后于南方。

　　首先，战争是破坏社会经济的最为直接和最为强大的力量，战火一起，顷刻之间就可以把一个繁荣兴旺的社会变为白骨遍野、千里无人烟的地狱。马克思说："在亚洲……一次毁灭性的战争就能够使一个国家

---

① 〔宋〕陆游撰，李建国校点：《南唐书》卷二《元宗本纪》，见傅璇琮、徐海荣、徐吉军主编：《五代史书汇编》九，杭州出版社，2004年，第5484页。

在几百年内人烟萧条，并且使它失去自己的全部文明。"①我国历史上发生过许多次大大小小的战争，而大部分战争都在北方发生。以我国古代社会时的3次大分裂，即汉末三国、东晋十六国和南北朝、五代十国等3个时期为例，战争规模之大，持续时间之长，破坏程度之烈，都是北方远过于南方。在这3个时期中，北方社会经济发展停滞甚至倒退，而南方社会环境相对安宁，使得南方迁入大量北方劳动力，先进的生产技术也一并传入，社会生产力反倒或多或少地向前发展了一步。东吴、东晋、南朝等都对开发南方做出过贡献。自安史之乱后，唐中央政府由于依赖江淮八道的财赋供给，所以非常重视对这一地区的开发，兴修了大批水利工程，改进生产工具，重视植桑养蚕，大力发展丝织业及其他手工业。南唐就是在历代开发的基础上，继续了这一发展趋势，使这里的经济水平又向前大大地迈进了一步。

其次，灾害频生也是北方社会经济发展缓慢的一个较大的原因。我国是有名的多灾之国，水、旱、虫、冰雹等各种自然灾害充满了史书，大小灾害几乎连年不断。中外学者曾从不同的角度做过不少统计，不论是所计算的发生灾荒的年份，还是水、旱等灾害的次数，其数目之大，均是很惊人的。《淮南子》说："三岁而一饥，六岁而一衰，十二岁而一康（康即荒）。"②英国学者李约瑟也说："中国每六年有一次农业失收，每十二年有一次大饥荒。在过去的二千二百多年间，中国共计有一千六百多次大水灾，一千三百多次大旱灾，很多时候旱灾及水灾在不同地区同时出现。"③这些还都是大灾害，许多小灾不在其内。这就充分地说明中国古代灾荒之多在世界历史上是极为罕见的。我国的各种灾害往往多发生在北方，相对来说南方灾害发生的频率大大少于北方，危害范围也更小，这使得北方经济的发展速度低于南方。加之分裂时期的北方各朝政府均忙于战争，忙于镇压人民的反抗斗争，忙于应付各种复杂

①　［德］马克思：《不列颠在印度的统治》，见中共中央马克思恩格斯列宁斯大林著作编译局编译：《马克思恩格斯选集》第二卷，人民出版社，1995年，第64页。
②　［汉］刘安：《淮南子》卷三《天文训》，中华书局，2013年，第123页。
③　转引自傅筑夫：《中国古代经济史概论》，中国社会科学出版社，1981年，第111页。

的政治纠纷，因而对生产的恢复和发展注意不够。这不是说南方的政府就一定比北方好，而是3次大分裂时期北方战争频繁，割据势力众多，阶级矛盾尖锐，政治斗争激烈复杂，客观形势使那里的统治阶级不得不把更多的注意力移到这些方面，没有精力去关注社会经济的恢复和发展。尤其是在那些少数民族统治中原的时期，由于其社会发展落后，对农业经济重要性的认识不足，在初期往往表现为对农业生产的大肆破坏，使生产力发展逆转。随着民族的融合，他们对农业经济重要性的认识逐渐提高，懂得了它对巩固统治的重要作用，再去关注它时，历史已前进了一大截。这样发展与倒退互相抵消后，整个北方的社会经济结构，从外表上看，就成为同一状态的往复循环，停滞不前。更何况对自然灾害的抵御往往不是个体农民所能办到的，而要依靠社会集体的力量。古代能够动员社会力量的只能是政府，只有政府才具有丰厚的财力和人力进行大规模水利工程的修筑，发动群众去进行防洪、防旱、除虫等救灾工作，以尽可能地减小灾荒的危害程度。由于上面所谈到的原因，北方政府并不能很好地履行这一职责，使人类抵御自然灾害的能力大大降低。马克思曾深刻地指出了这一点，他说："在亚洲……由于文明程度太低，幅员太大，不能产生自愿的联合，所以就迫切需要中央集权的政府来干预。因此，亚洲的一切政府都不能不执行一种经济职能，即举办公共工程的职能。这种用人工方法提高土地肥沃程度的设施靠中央政府办理，中央政府如果忽略灌溉或排水，这种设施立刻就荒废下去，这就可以说明一件否则无法解释的事实，即大片先前耕种得很好的地区现在都荒芜不毛……"[1]

再次，自然生态环境的变化对经济发展有重要的影响。我国北方曾经草木繁盛，植被覆盖完好，水美地肥。但由于开发较早，森林被大片砍伐，土地被大量开垦，植被不断被破坏，到唐代时水土流失已经非常严重，土层中的有机质不断被冲走，肥力降低，不少州郡变成"土瘠

---

[1] 《不列颠在印度的统治》，见中共中央马克思恩格斯列宁斯大林著作编译局编译：《马克思恩格斯选集》第二卷，第64页。

民贫"的地方，而这样的地区往往最易发生各种自然灾害，产生恶性循环。而南方开发较晚，大部分地区植被完好，即使已开垦的地区，由于植被更新能力强，水土也不致于严重流失。南北方自然生态环境的不同，导致两地社会生产发展的基础产生了极强的不平衡，唐代已开始的南粮北调就充分地说明了这一点。关于生态环境问题，本书第二章第一节将进行较详细的论述，在此不做赘述。

由此可见，唐中期以来的经济重心南移，绝不是偶然的历史现象，而是社会逐渐发展演化的结果，这里有自然的因素，但更重要的是不自觉的人为因素。世界上几个最早的文明发源地，后来均成为荒芜落后地区的事实，都可说明人们盲目地开发，必然要遭到大自然的强烈报复，由先进地区变为落后地区。

那么，南唐社会经济的发展，对后世有什么样的影响呢？有哪些特点呢？在笔者看来，至少有以下几个特点：

第一，除了江淮地区经济进一步发展外，原来比较落后的地区也得到较大的开发，生产力水平有所提高。这主要表现在对江西地区和福建山区的开发上。唐代的江南西道生产水平相对比较落后，人口稀少，尤其是其南部丘陵区。经过吴、南唐的大力开发后，江西的农业、商业、手工业都进一步发展，人口也进一步增加了。在这里增设了许多县、镇、场，这些行政与经济机构的设置，大多都是出于生产发展和人口增加的需要。举几个例子，可以更清楚地说明这个问题。比如人口，根据《新唐书·地理志》《元和郡县图志》《太平寰宇记》的记载：天宝时，江西有248547户；元和时，北方人口南迁，而江西才有293180户，增长幅度并不大，直至唐末也无大的变化；历吴、南唐至宋太平兴国年间，江西户数猛增至591870户。这虽不全是吴、南唐时增加的，但在其统治期间增长之数当不会少。因为吴、南唐统治时间累计达八九十年之久，而从南唐灭亡的公元975年起到太平兴国的最后一年即公元984年，还不到10年时间。因此，用这些数字反映五代时江西户口的增长情况，是比较可靠的。再如粮食生产，唐后期在整个东南地区一岁漕米不过40万石，^①而宋太宗淳化年间（990—994），仅江南西路岁运米就达1208900石，^②相当于唐后期在东南地区漕运量的3倍。福建山区的情况也有很大的变化，不仅增设了一些县，生产也有所发展。仅以茶叶生产为例，唐代陆羽撰写的《茶经》中根本没提到福建的茶叶生产，可见其生产规模是微不足道的。到南唐时，建州的茶叶生产飞速发展起来，并且焙制了不少名茶，尽管在数量上还赶不上江淮地区，但质量上却大有后来居上的势头。到北宋时，建茶已成为闻名全国的珍贵茶品，享有最高的声誉，士大夫们往往以获得建茶而荣耀自豪。

第二，农业商品化趋势加快。这表现在两个方面：其一是粮食生产本身的商品化。农民上缴给地主的地租，虽是剩余产品，但被无偿征收，故不是商品。然而，当时大量出现的商贾甚至地主买卖稻麦的现象，则说明商贾从农民手中大量收购的剩余产品和地主出卖的稻麦都已转化为商品了，反映了农民的粮食生产已有了商品化的趋势。南唐赋税征钱的规定，在很大程度上也促进了粮食生产与商品经济的联系。其二是经济作物生产大大发展了，而这种生产往往和市场紧密联系。南唐的经济作物以桑、麻、茶叶、水果为大宗，此外还有蔬菜、花卉、药材等，以及养鱼、养蜂等副业生产。这些经济作物的生产规模比唐代已有较大的发展，并且有向专业化种植发展的趋势。这表明南唐时的农业经济已从单一的粮食种植转向多种经营，使农业中的一部分劳动力投入商品生产，使自然资源得到更为广泛的利用，加强了农民、地主与市场的联系。这种新动向是很有意义的，因为地主和农民经济的商品化趋势，为当时经济的进一步发展注入了新的血液。这种新的动向，已经引起了一些学者的关注。^③当然，对这个问题的讨论仅是一个开始，还有待进一

---

① 〔宋〕王钦若等：《册府元龟》卷四九八《邦计部·漕运》，凤凰出版社，2006年，第5663页。

② 〔宋〕江少虞：《宋朝事实类苑》卷二一《发运司米》，上海古籍出版社，1981年，第254页。

③ 郑学檬：《论唐五代长江中游经济发展的动向》，《厦门大学学报》（哲学社会科学版）1987年第1期，第114—123页。

步深化。

第二，商业和手工业经济的进一步发展，使其在整个社会经济中的比重增长。唐代最初不征商税，建中三年（782），始向商贾征税，每贯税钱二十文。①一般来说，唐代商税征收还不普遍，税额也较少。而五代时期，尤其是南方诸国不仅有通过关隘的过税，市税即交易税也非常普遍。商税成了各国财政收入的主要来源之一，说明这一时期商业经济比唐代更为活跃、繁荣。在手工业方面，不少行业的生产规模大于唐代。就南唐来说，制茶业、制瓷业、文具制造业等都比唐时当地的规模有较大的发展，质量、品种、数量也有所提高。手工业的发展使越来越多的手工业产品进入交换市场，商品种类日益丰富，新置的市、场、镇、县不断出现，使江南经济正向着超过北方的方向发展，而经济社会在这个过程中也得到充实和发展。这就为日后宋代经济繁荣奠定了坚实的基础，南唐经济发展对历史的贡献也主要表现在这些方面。

南唐经济之所以发生这样的变化，是和其统治阶级的社会观念与政策的转化分不开的。众所周知，魏晋以来控制政治的旧门阀士族，经过隋末农民大起义的扫荡，遭到沉重的打击。入唐以后，科举制的推行和旧的九品中正制的废除（隋代已废除），标志着旧士族通过门第控制政治的局面一去不复返了，庶族地主势力迅速上升。此后，两者合流形成势官地主阶层，唐末农民起义又使这种势官地主受到沉重打击。五代时期无论南北，大批出身于社会下层的人登上了政治舞台，在当时能控制政治局面的基本上是下层出身的武夫集团和听其支配的新学后进的文人集团。他们是构成此后势官地主的另一代新人了。如朱全忠流氓出身，李存勖虽是沙陀贵族，而李嗣源、石敬瑭、刘知远则都是出身卑下的沙陀军人，郭威是黥面罪犯，柴荣早年曾为小商贩。至于其部下将相、藩帅，出身就愈加五花八门了，或贩驴屠狗，或列肆贩鬻，或家世

① 〔后晋〕刘昫等：《旧唐书》卷一二《德宗纪上》载：建中三年九月，"（赵）赞乃于诸道津要置吏税商货，每贯税二十文，竹木茶漆皆什一税一，以充常平之本"。在津要处置吏收税，说明征收乃是过税，乃商税之一种。中华书局，1975年，第334—335页。

为农，或劫掠为盗，或幕府帮闲。北方如此，南方诸国也大致无差。高季昌家奴出身，王建是流氓，钱镠找祖宗时才找到家奴出身的唐朝功臣钱九陇，王潮兄弟出身农家，南汉刘氏是波斯商人后裔。吴、南唐情况亦是如此，杨行密是走卒，李昇是流浪孤儿。南唐的将相百官也多出身不高，如宋齐丘，其父曾依附钟传做过幕职，但到他这一代时，则贫困无依，连写投名状的笔纸都买不起。此外，韩熙载是幕僚后代，徐阶军吏出身，常梦锡小吏出身，李平道士出身，潘佑是军校之子，严续也是幕僚后代。其他土著官员出身也大都低贱，或靠举荐得官，或从科举入仕，几乎无一是靠门荫入仕。这一崭新的统治阶层均出身不高，这就决定了他们的社会意识必然也不同于旧的统治阶级，他们较少受旧士族传统观念的影响，比较重视功实，了解社会下层的情况。加之当时正处在割据政权对峙的状态，为了发展壮大自己的势力，不被别人吞并，必须通过各种途径去发展经济，以增强实力。发展经济作物、手工业和商业则是增强经济实力最为有效的办法之一，所以各国统治者莫不重视发展商业。吴越、闽、荆南、西蜀、南汉等都是如此，楚国马殷甚至一度采取不征商旅的办法以扩大商品流通，招徕各国商人前来贸易。吴杨行密平定江淮时，也听取谋士高勖之策，通过发展商业贸易来增强经济实力。[1]其部下田頵镇守宣州，以能通利商贾而得民爱之。至于南唐重视发展商业的例子就更多了，后面还要详述，此处就不赘述了。这些都充分说明这一时期的统治者已完全抛开了传统的重农抑末政策和思想影响，推行一套新的发展经济的政策，使当时商业和经济作物生产水平超过了前代。唐代的情况与此正相反，统治者从未在政策上鼓励发展工商业，在思想观念上也轻视这些行业。如：唐太宗在贞观二年（628）十二月就曾下令，禁止五品以上官员过市；唐玄宗在开元二十九年（741）下令，禁止九品以上清资官置客舍、邸店、车坊；唐代宗时，下令王公、百官及天下令长不得参与商业经营，在扬州所设的邸店一律废止；唐德宗也

---

① 〔宋〕欧阳修、宋祁：《新唐书》卷一八八《杨行密传》，中华书局，1975年，第5454页。

禁百官置邸贩鬻。士大夫们也多耻于经商谋利。而五代就大不相同了，上自皇族，下至百官，无不有人批从事工商业者。如后唐庄宗的刘皇后，前蜀王衍之母徐太后、徐太妃，南唐宰相周宗、节度使刘彦贞等，莫不大起邸店，以获商利。此类例子，举不胜举。上行下效，遂使五代十国时期经商之风大盛，以工商求富的观念深入人心，从事这些行业的人数也大大膨胀了。

南唐农业生产也有较大发展。南唐政府非常重视水利设施的兴修，不仅新修了大批水利工程，而且也注意对前代遗留下来的水利设施的维修，使水利设施更加完善，为农业生产的发展提供了保证。圩田在南唐也大有发展。唐后期，东南漕运每年不过40万石，至北宋统一全国后，太平兴国初年，东南的漕运米骤增至每年400万石，①相当于唐后期的10倍。这充分说明南唐农业的发展成就。

文化重心南移的原因比较复杂，一般来说，文化繁荣总是和社会的安定、经济的繁荣密切相关的。自安史之乱以来，唐政治日益混乱，文化上虽有元和、贞元时期的短暂繁荣，但那也不过是盛唐文化的余绪而已，此后，就一天天地衰落下去了。五代时期的北方延续了唐末的衰落趋势，而且情况更为严重。这一时期连年混战，走马灯般地改朝换代，社会动荡不安，文化的发展当然就无从谈起了。

此外，五代时北方统治阶级多属武人集团，他们以军事、政治为第一要务，根本不懂得发展文化的重要性，并且极端地轻视文化事业，歧视知识分子，甚至排挤打击文人儒士，无视教育事业的恢复。如后汉枢密使杨邠就说过："为国家者，但得帑藏丰盈，甲兵强盛，至于文章礼乐，并是虚事，何足介意也。"②史弘肇也说过："安朝廷，定祸乱，直须长枪大剑，至如毛锥子（即笔），焉足用哉！"③他们就是当时统治集团典型的思想代表。当时的三司使、同平章事王章"不喜儒士"，所给州郡文臣的月俸，"皆取不堪资军者给之，谓之'闲杂物'"，并且虚

---

① 〔元〕脱脱等：《宋史》卷一七五《食货志上三》，中华书局，1977年，第4250页。

② 〔宋〕薛居正等：《旧五代史》卷一〇七《杨邠传》，中华书局，1976年，第1408页。

③ 《旧五代史》卷一〇七《史弘肇传》，第1406页。

抬其值，谓之"抬估"，^①极尽对文臣的排挤虐待之能事。在这样的社会环境中，要想文化繁荣发展，岂非缘木求鱼？这就导致了大批知识分子的南迁，从而使中国文化重心南移。

当然，南方文化的发展也有其深刻的历史原因。首先，南方社会相对安宁，战乱较少，经济繁荣，故能吸引大批北方士人南下。以南唐为例，其著名文士，如韩熙载、江文蔚、潘佑、孙鲂、高越、史虚白、常梦锡等，都是南下的北方文人。吴越、闽、楚、南汉、西蜀等国莫不以优待政策招徕四方士人。这些南迁的北方士人，不管入仕做官，还是闲居不仕，都为发展和繁荣南方文化做出了贡献。其次，南方各国重视教育事业，为本国人才的培养和文化繁荣也做了很大的努力。如南唐在中央设有国子学，在庐山设有白鹿洞书院，各州县均设官办学校。此外，民间也创设了不少私学和书院，为教育普及做了一定的贡献。仍以原来文化较落后的江西地区为例，管窥南唐文化教育事业的成就。南唐庐山国学，常收弟子生员数百，其培养出的见之于记载的著名士人极多，如孟贯、伍乔、江为、杨徽之等，皆为一时之灵秀。有唐一代，江西诸科及第者共73人，平均每4年中1人；至北宋时期，诸科及第者3040人，平均每年中18人。^②唐代，文人学者入《新唐书》"儒学""文艺"两传者有143人家世可考，而江西仅吴武陵1人；至北宋，收入《宋史》"道学""儒林""文苑"传、家世可考者134人，而江西有10人。这一深刻变化，与吴、南唐发展文化的政策密切相关。再次，推行重文轻武政策，以南唐、西蜀最为彻底。南唐自烈祖李昪时起就开始推行这项政策，烈祖早在为升州刺史时，就"以文艺自好，招徕儒俊，共论治体"^③。南唐建立后，遂大力兴建学校，"鸠集典坟"。元宗李璟保大年间又恢复了科举制度，直至南唐末年这个政策一直坚持不变。后主曾对臣下说："卿辈从公之暇，莫若为学为文；为学为文，莫若讨论六籍，

---

① 《旧五代史》卷一〇七《王章传》，第1410页。

② 任爽：《南唐时期江西的经济与文化》，《求是学刊》1987年第2期，第90页。

③ 〔宋〕史温：《钓矶立谈》，见傅璇琮、徐海荣、徐吉军主编：《五代史书汇编》九，杭州出版社，2004年，第5003页。

游先王之道义，不成，不失为古儒也。"①后主一直鼓励臣下学习儒学。南唐推行"重文"政策，颇为彻底，注意从一点一滴做起，处处体现这种精神，以形成社会风气。元宗太子李弘冀卒，有司以其有武功，谥曰"宣武"。有人认为："以太子之德，承顺孝爱而已，不当摽显武功，以垂后世，非防微杜渐之旨也。"元宗善之，遂改谥"文献"。②宋人马令认为，五代时各国君臣相残，父子为仇，乱臣贼子无国无之，"唯南唐兄弟辑睦，君臣奠位，监于他国，最为无事，此亦好儒之效也"③。这种政策的推行，使社会风气大变，读书学文蔚然成风，影响宋代至深。宋人洪迈曾说："古者江南不能与中土等，宋受天命，然后七闽二浙与江之西东，冠带诗、书，翕然大肆，人才之盛，遂甲于天下。江南既为天下甲，而饶人喜事，又甲于江南。……为父兄者，以其子与弟不文为咎；为母妻者，以其子与夫不学为辱。其美如此。"④饶州即在南唐境内。宋代江西的这种风气实际上是南唐社会风气的延续，宋代"右文"政策也是南唐"重文"政策的延续。南唐文化发达，还有一个重要原因，即社会风气开放，重视文化交流，遂使其文化内涵愈加丰富。南唐不仅注意吸取中原文化的精华，还与周围邻国时常保持交流。对经过其境内的文士学人均予以优厚的款待，连远在西南的蜀也常与其有文化交流，据载：双方通好时，蜀曾用其著名画家黄筌父子所画的《四时花鸟图》《青城山图》《峨眉山图》《春山图》《秋山图》，"用答国信"。⑤这可以看作是官方的文化艺术交流。

南唐的文化成就非常突出，各个方面均拥有一批杰出的人才，诗、

---

① 〔清〕董诰等编：《全唐文》卷八八一徐铉《御制杂说序》，中华书局，1983年，第9211页。

② 〔宋〕马令撰，李建国校点：《南唐书》卷七《太子冀传》，见傅璇琮、徐海荣、徐吉军主编：《五代史书汇编》九，杭州出版社，2004年，第5312页。

③ 〔宋〕马令：《南唐书》卷二三《朱弼传》，第5406页。

④ 〔宋〕洪迈撰，孔凡礼点校：《容斋四笔》卷五《饶州风俗》，中华书局，2005年，第682—683页。

⑤ 〔宋〕黄休复撰，何韫若、林孔翼注：《益州名画录》卷中，四川人民出版社，1982年，第72页。

词、音乐、美术、书法、儒学等各个领域都有较大的成就，留下了一批珍贵的传世作品，为丰富我国古代文化做出了一定的贡献，故史称："当时（南）唐之文雅于诸国为盛。"①又曰："江左三十年文物，有贞元、元和之风。"②这绝非过誉之词。后人评论南唐文化对我国历史的贡献时说："西晋之亡也，左衽比肩，雕题接武，而衣冠典礼，会于南史。五代之乱也，礼乐崩坏，文献俱亡，而儒衣书服，盛于南唐。岂斯文之未丧，而天将有所寓欤？不然，则圣王之大典，扫地尽矣。"③这是仅就儒学而言，认为南唐起了延续儒学而使其不至于中断的桥梁作用。其实南唐在文化的各个方面均起了承前启后的重要作用。"唐宋八大家"中的6位宋代文学家都出自南方，而且恰好原南唐和西蜀境内各占3名，这绝非偶然的现象。

在政治上，南唐对后世尤其是宋代也有一定的影响。烈祖认为唐朝之所以陷入混乱而最终灭亡，在于"四方崛起者众。武人用事"④，所以在政治上采取了重用文臣、削弱节度使权力、分割宰相之权的方针。五代中原王朝任宰相者不少为武人，任枢密使者也多为武臣；而南唐则全用文人。根据《江表志》所载，南唐三主所任宰相先后共12人（使相不在内），枢密使共11人，全是文臣。任节度使者也有不少文臣，如宋齐丘、李建勋、严续、周宗等。为了防止节度使跋扈，除了以文臣为节度使的措施外，还采取频繁易帅的办法，不使其长期任职于一地，并且多设节镇，以削弱其势力。南唐30多州，共设16个节镇，而且不辖支郡。而北方节镇大者往往辖州数个，并且拥有牙军（即节度使私兵），故势力极强。翻阅有关南唐的史籍，还未见到节度使拥有牙军的史料，可能南唐禁止节帅拥有牙军。此外，南唐州县官员的任免权在中央，节度使无权干预。节度

① 〔宋〕司马光编著：《资治通鉴》卷二九〇，后周太祖广顺二年二月，中华书局，1956年，第9475页。

② 〔宋〕陈彭年撰，陈尚君校点：《江南别录》，见傅璇琮、徐海荣、徐吉军主编：《五代史书汇编》九，杭州：杭州出版社，2004年，第5139页。

③ 〔宋〕马令：《南唐书》卷一三《儒者传上》，第5347页。

④ 〔宋〕陆游：《南唐书》卷一《烈祖本纪》，第5470页。

使、刺史出外任职，其家属往往留在京城，不准随任前往，以便于控制。故终南唐之世，从没发生过节帅跋扈事件。南唐的州刺史往往也以文臣充任。所有这些措施都对宋代加强中央集权有所启示，其许多措施都是延续或从这里发展完善的。外戚、宦官干政在历代屡见不鲜，烈祖鉴于历史教训，明确规定不许宦官、外戚参与政治，这也为宋代所延续和继承。

有学者认为："五代以后……这种影响不仅体现在封建政权在经济上日益依赖南方，在文化乃至于社会风俗方面愈来愈多地吸收南方的因素，而且体现于在政治上，南方人日益成为封建政权的主体，以自己所特有的政治观念改造当时的社会，并且产生了深远的历史影响。这一变化，是唐宋之际中国封建社会政治、经济、文化重心南移的具体内容。"而南唐的变化，正是这一南移进程的一个极重要部分。其经济、文化的迅速发展，"不仅改变了中国封建社会经济地理与文化地理的基本格局，对中国封建社会的政治地理，也产生了巨大影响"。[①]这段评论将南唐在中国古代历史中的作用及其地位表述得再清楚不过了。故对南唐史的研究应该引起重视，以便对我国古代历史有一个真正完整的系统认识。

---

① 任爽：《南唐时期江西的经济与文化》，《求是学刊》1987年第2期，第87—91页。

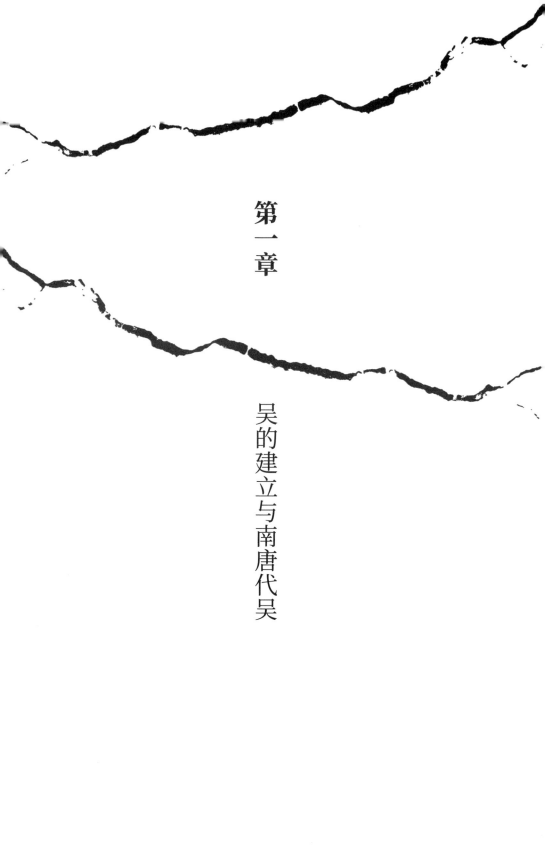

第一章

吴的建立与南唐代吴

自唐末以来，江淮地区为杨行密所控制，一度也遭到了战火的破坏，尤其是扬州地区破坏最为严重。杨行密平定了战乱后，江淮初安，紧接着又受朱全忠的军事威胁。清口之战，杨行密挫败了朱全忠吞并江淮的野心，避免了江淮地区再遭战火的破坏，有利于江淮经济的恢复与发展。之后李昇取代了吴的统治，继续推行发展经济与文化的政策，终于使这里成为这一历史时期最为繁荣的地区。

第一节　唐末江淮混战与局部统一

一、唐末黄巢起义以来的历史回顾

唐僖宗广明元年（880），黄巢起义军攻下长安。唐朝廷纠集诸道军队，包括凶猛善战的沙陀、党项军队，向起义军疯狂反扑，起义军战败退出长安，转向河南。黄巢错误地围攻陈州300天，始终没有攻破，失去了转移到有利地区的大好时机，被唐军再次击败，从此节节败退，最后在山东狼虎谷全军覆灭。光启元年（885），唐僖宗率领文武百官自成都回到长安，又开始了醉生梦死的生活与腐朽残暴的统治。但是，经过唐末农民军的沉重打击后，唐王朝的统治基础已基本崩溃，中央政权已处于名存实亡的境地。史载：

> 时李昌符据凤翔，王重荣据蒲、陕，诸葛爽据河阳、洛阳，孟方立据邢、洺，李克用据太原、上党，朱全忠据汴、滑，秦宗权据许、蔡，时溥据徐、泗，朱瑄据郓、齐、曹、濮，王敬武据淄、青，高骈据淮南八州，秦彦据宣、歙，刘汉宏据浙东，皆自擅兵赋，迭相吞噬，朝廷不能制。江淮转运路

绝，两河、江淮赋不上供，但岁时献奉而已。国命所能制者，
河西、山南、剑南、岭南西道数十州。大约郡将自擅，常赋殆
绝，藩侯废置，不自朝廷，王业于是荡然。[①]

在这种局势下，唐朝廷只剩下长安城作为容身之处，政令所达仅周边若
干州郡，政治、军事、经济已全面崩溃。安史之乱后，唐政府的财政收
入仰供于江淮八道。现淮南、两浙地区为藩镇所割据，多收赋税，不复
上供。而剑南地区在几年后，由于王建入川，与西川节度使陈敬瑄争夺
地盘，遮断剑阁，巴蜀财赋又告断绝。"三司转运无调发之所，度支惟
收京畿、同、华、凤翔等数州租税"[②]，使得"常赋殆绝"[③]，财政系统
完全崩溃。即便在这样的情况下，唐廷的宦官、朝臣竟不知末日将临，
互相倾轧更达到白热化程度，似乎非要使自己早日进入坟墓方才称心快
意。朝臣、宦官各自勾结一部分藩镇为后盾，排斥异己，都不择手段地
对付自己的政敌，必欲置之死地而后快。

唐僖宗回到长安不久，宦官田令孜想要夺回河中的安邑、解县两盐
池之利，以帝命移河中节度使王重荣于他镇，王重荣拒受朝命。田令孜
遂联合邠宁朱玫、凤翔李昌符两镇，讨伐河中。王重荣却联合河东李克
用抗击朝廷。双方在长安东面的沙苑展开大战，王李联军大胜，朱玫乞
和，为前驱倒戈攻入长安。田令孜挟僖宗仓皇逃往兴元。朱玫遂拥立唐
宗室襄王李熅为皇帝。李克用不满，攻杀朱玫。李昌符也被唐廷新任的
凤翔节度使李茂贞攻杀。李克用取胜后，不入长安，引兵北返，以表明
自己无异志。王重荣杀李熅，朝臣被杀者几乎半数。田令孜见势不妙，
遂入川投靠陈敬瑄。李克用北撤后，李茂贞趁机扩张，跋扈甚于李昌
符、朱玫。僖宗虽然保住了帝位，但小朝廷已为藩镇所左右，成为其政
争的工具。回到长安后不久，僖宗暴病身亡。

公元889年，寿王李晔即位，是为唐昭宗。在昭宗统治期间，唐廷统

---

① 《旧唐书》卷一九下《僖宗纪》，第720页。
② 《资治通鉴》卷二五六，唐僖宗光启元年二月，第8321页。
③ 《旧唐书》卷一九下《僖宗纪》，第720页。

治更是每况愈下。大顺元年（890），昭宗为了除掉大宦官杨复恭，联合朱全忠，革除杨复恭的靠山李克用的一切官爵，联兵进攻河东，想以此削弱宦官势力。结果被李克用击败，只得向其赔礼认错，恢复其官爵。大顺二年，昭宗通过收买杨复恭义子的办法，收回了一部分禁军兵权，于是诏免杨复恭一切职务，迫令致仕。杨复恭密谋叛乱，事败后逃往兴元。凤翔节度使李茂贞、邠宁节度使王行瑜以讨伐杨复恭为名，发兵进攻杨复恭所控制的山南西道地区，以扩充地盘。杨复恭在兴元战败，逃亡途中被杀。李茂贞取得山南西道后，要求唐廷允许他兼领此地。昭宗不愿李茂贞势力膨胀，要他让出凤翔节度使的职位。李茂贞不愿意，双方交恶。昭宗下令宰相杜让能率军讨伐李茂贞。李茂贞将杜让能击败，并进围长安，迫使昭宗杀死杜让能。从此，李茂贞成了关陇地区霸主，俨然为唐廷之太上皇。经过数次失败后，昭宗认为宗室最可靠，便起用宗室诸王统领禁军。乾宁三年（896），李茂贞借口朝廷欲对凤翔用兵，率兵逼近京师。唐昭宗逃到了华州，落入华州节度使韩建（李茂贞同伙）手中。韩建逼迫昭宗解除了诸王禁军兵权，尽数遣散禁军2万余人，"自是天子之卫士尽矣"[①]。韩建还不罢休，派兵包围了诸王住宅，把十一王老少尽数杀之。至是，皇帝成了徒具空名的傀儡。

光化元年（898），宰相崔胤勾结朱全忠，暗中派人到汴梁，劝其引兵入关，制服李茂贞、韩建。这二人不是朱全忠的对手，听说他要发兵，连忙将昭宗送回长安。昭宗回到长安后，与崔胤密谋剪除宦官势力。光化三年（900）十一月，宦官刘季述等抢先发动政变，囚禁昭宗。不久，崔胤策动神策军杀刘季述等人，拥昭宗复位。昭宗复位后，迫不及待地要尽诛宦官，由于走漏消息，被大宦官韩全诲所尽知。于是韩全诲唆使李茂贞上表，请昭宗驾幸凤翔；而崔胤则暗中请朱全忠发兵迎驾。天复元年（901），朱全忠攻并河中后，进逼华州，韩建投降。韩全诲闻讯，急将昭宗劫往凤翔。朱全忠入长安，遂向凤翔进兵，屡败李茂贞，并包围凤翔城，切断外援。李茂贞久守孤城，粮尽援绝，十分恐

---

① 《旧唐书》卷二〇上《昭宗纪》，第761页。

慌，遂于天复三年（903）向朱全忠乞和，并表示愿意送还昭宗，诛杀宦官韩全诲等人。于是朱全忠挟昭宗回长安，杀韩全诲等20余名大宦官。经此一战，李茂贞势力大减，从此再也无力与大镇相抗衡。朱全忠到长安后，将朝中宦官数百人尽数杀之，又令昭宗下诏诸镇，要其尽杀所在监军宦官，除河东、幽州、淮南、剑南外，其余各地宦官基本被杀光了，从而结束了100多年的宦官专政之局。

昭宗此次回到长安，完全被朱全忠所控制，禁军为朱全忠之侄朱友伦统率，朱全忠还留部卒万人驻守长安。不久，他们又将昭宗迁往洛阳，并拆毁长安。朝中所谓"宿望"官员被罢黜一空，"自余或门胄高华，或科第自进，居三省台阁，以名检自处，声迹稍著者，皆指为浮薄，贬逐无虚日，搢绅为之一空"①。时隔不久，又在滑州白马驿杀宰相裴枢等30余人。谋士李振对朱全忠说："此辈常自谓清流，宜投之黄河，使为浊流！"②朱全忠大笑，立刻命人将这些尸体投入黄河。至此，朋党之争结束，反映了官僚贵族垄断政治的破产。天祐元年（904），朱全忠杀死昭宗，立其子李柷为帝，史称哀帝。天祐四年（907），朱全忠灭唐，建立后梁政权。次年杀唐哀帝，唐皇室自此覆灭。

朱全忠，宋州砀山（今安徽省砀山县）人，本名温。其父朱诚早死，家产荡尽，朱全忠早年随母到萧县地主刘崇家做牧猪佣工。黄巢起义，他前往投军，屡立战功，逐步提升为大将。黄巢入长安，任他为同州防御使，不久他投降了河中节度使王重荣，唐僖宗赐名全忠，充作唐朝鹰犬，反过来镇压农民军。黄巢失败后，朱全忠以宣武节度使的名义割据汴、宋、亳、颍等地。他曾在汴州上源驿企图杀害李克用，未遂，从此，两镇形成水火之势。朱全忠所辖之地最初在中原地区并不是强镇，但其狡猾奸诈，远交近攻，逐渐扩充地盘，成为强镇。他拉拢割据于兖、郓的朱瑄、朱瑾兄弟，得其支援，平定了割据蔡州的秦宗权。此后，朱全忠又找借口向朱氏兄弟用兵，并攻击割据徐、泗的时溥。景福

① 《资治通鉴》卷二六五，唐昭宣帝天祐二年五月，第8643页。
② 《资治通鉴》卷二六五，唐昭宣帝天祐二年六月，第8643页。

二年（893），他攻灭时溥。乾宁四年（897），又攻并兖、郓两镇，杀朱瑄，朱瑾投奔淮南杨行密。

在朱全忠兼并河南、山东之际，河东李克用也以主力攻并邻镇，双方虽时有交锋，却都未以主力投入。此后，双方攻战更为激烈。

李克用为沙陀贵族。沙陀原为突厥别部，突厥被唐击破后，又转属于薛延陀，唐太宗灭薛延陀，分其人置沙陀都督府，因当地有沙碛，故名沙陀。庞勋起义时，其首领朱邪赤心率部前往镇压，有功，唐廷赐名李国昌，授振武节度使。李克用即李国昌第三子，曾因在大同策动叛乱，被唐军击败，逃往塞外。黄巢起义军攻入长安后，李克用被重新起用以镇压义军。其军凶猛善战，首先攻入长安，有功，授河东节度使。黄巢在河南失败，其军出力最多，为诸镇中最强者，唐廷封为晋王。但李克用骄傲专横，部下纪律败坏，所到之处烧杀抢掠，无恶不作。李克用又四处树敌，八面出击，不像朱全忠专注一处，得手后再移攻他处。故李克用势力逐渐削弱，朱全忠势力日渐强盛。双方争夺重点在河北三镇。李克用扶持刘仁恭为幽州节度使，但刘仁恭羽翼丰满后反为其敌。李克用曾亲自讨伐，反被打得大败。幽州叛离，使河东腹背受敌。魏博镇号称河朔头号强镇，由于李克用处置不当，也投向朱全忠一方。朱全忠结好魏博罗绍威后，进可以向北主动出击，退可以魏博为屏障，取得了良好的战略地位。此后，在汴、晋双方的争战中，朱全忠占尽上风，连太原也一度被围，李克用四面楚歌，形势十分危急。

经过长期征战，朱全忠至天祐二年（905）占有了宣武、宣义、天平、护国、天雄、武顺、佑国、河阳、义武、昭义、保义、武昭、武定、泰宁、平卢、忠武、匡国、镇国、武宁、忠义、荆南等21镇共69州之地，初步统一了关中、关东等广大地区。灭唐后朱全忠改名朱晃，称帝，即梁太祖，建元开平。国都在汴梁。后梁为五代第一个王朝，版图最为狭小，但朱晃能在境内推行轻徭薄赋等恢复生产的措施，其贡献也是不容抹杀的。

开平二年（908），李克用死，其子李存勖继晋王位。其时梁军围困晋南重镇潞州已近一年，危殆万分。李存勖乘梁军以李克用新丧警戒松懈之机，亲率大军反攻，一举攻破梁军围城夹寨，大破梁军，扭转了危局。此后，李存勖历行改革，举用贤才，宽租赋，伸冤滥，整顿军纪，劝课农桑，势力逐渐增大。其与梁军展开血战，在柏乡之役中歼灭大批梁军精锐。又攻破幽州，俘刘仁恭父子。乾化二年（912），朱全忠被其子朱友珪杀死。其后，朱友珪弟朱友贞又杀死朱友珪，取得帝位，是为梁末帝。朱氏兄弟互相残杀，削弱了后梁的实力。梁晋争战，重点仍在河北，李存勖夺取幽州后，又利用后梁分割魏博，乘魏博将士哗变之机，夺取了该镇。莘县一战又歼灭梁军精锐7万，河北之地尽入于晋。又经过数年的夹河之战，李存勖终于在龙德三年（923）袭破汴梁，灭后梁。后梁从公元907年建立，至此灭亡，前后共16年时间。

后梁灭亡的当年，李存勖即皇帝位于魏州，灭梁后建都洛阳，国号仍称唐，史称后唐，李存勖即唐庄宗。庄宗灭梁前夕，已领有13镇50州之地，灭梁后尽得梁地。以后又进军川蜀，灭前蜀，得汉中及两川之地。五代疆域，无过于此者。然庄宗志骄意满，倒行逆施，任用孔谦为租庸使，大肆搜刮民财，破坏生产，尽失民心。又宠信宦官、伶人，猜忌功臣，穷奢极欲，广建宫室，使得上下离心，最终身败名裂。

后唐同光四年（926），魏州兵变，庄宗遣大将李嗣源率军镇压，军士哗变，与叛军会合，拥李嗣源为帝。庄宗闻讯，急率军抢占汴梁，途中得知李嗣源已入汴梁，遂仓皇退回洛阳。刚到洛阳，伶人郭从谦率军哗变，混战中庄宗中流矢而死，李嗣源入洛阳继位，是为唐明宗。李嗣源乃李克用养子，在他统治期间，政治清明，国泰民安，为五代的小康时期。长兴四年（933），明宗死，后唐再次陷入混乱之中。其后继位者为闵帝李从厚，1年后被唐明宗养子潞王李从珂（本姓王）攻杀。李从珂继位，即后唐末帝。清泰三年（936），明宗女婿太原节度使石敬瑭勾结契丹，攻灭后唐，建立五代第3个王朝——后晋。后唐前后共计13年时间。

后晋国都在汴梁，石敬瑭即晋高祖。其向契丹自称儿皇帝，每岁贡奉30万金帛，并割让燕、云十六州，带来极不利的影响。其在位6年间，恢复了后唐明宗时的许多制度，注重选官、宽刑等。在经济上，减轻剥削，恢复生产，放宽盐禁；对外关系上，一度恢复了对西域的交通，加强了晋与回鹘的关系。后晋每年向契丹贡献的金帛，"往往托以民困，不能满数"①。又将后梁、后唐时被契丹掠去的人口赎回，"放还本家"。总之，石敬瑭在位期间做了一些有益的事。他死后，其侄石重贵继位，统治开始腐败，赋税加重，天灾横生，民不聊生。石重贵对契丹称孙不称臣，引起契丹不满，两国之间不断爆发战争，终于在开运三年（946）被契丹攻灭。后晋统治不过10年时间。

契丹进入中原后，四处掳掠，杀死百姓不计其数，又大肆搜刮各地财赋，"自东、西两畿及郑、滑、曹、濮，数百里间，财畜殆尽"②。这激起中原人民的强烈反抗，各地反抗的义军，"多者数万人，少者不减千百，攻陷州县"③，杀逐契丹官吏、军卒。在这股巨大力量的推动下，各地将校也起而逐杀契丹主派来的军政长官，据守州郡者相继出现。在中原人民的打击下，契丹被迫撤出中原。远据太原的后晋河东节度使刘知远拥兵自重，在中原人民抗击契丹的斗争中，他不发一兵一卒，以保存实力，公元947年遂于太原称帝，国号汉，史称后汉。

契丹撤走后，刘知远乘虚入据汴梁，建立后汉政权。他即位仅1年多就死了，幼子刘承祐登上帝位，即汉隐帝。后汉是五代最残暴的一个王朝，其大臣将相大都是蛮横无知、残暴绝伦之徒。如杨邠、刘铢、苏逢吉、王章、史弘肇之流，莫不如此。在后汉统治期间，中原人民生活在水深火热之中。乾祐三年（950），由于大臣跋扈，汉隐帝伏兵殿门，趁当时重臣杨邠、史弘肇、王章三人入朝时，杀死三人，并密遣使赴澶州，要除掉枢密使、邺都留守郭威。这迫使郭威起兵，以清君侧为名，杀向汴京，京城诸军纷纷弃戈迎降，汉隐帝为乱兵所杀，郭威控制了后

① 《资治通鉴》卷二八一，后晋高祖天福三年七月，第9189页。
② 《资治通鉴》卷二八六，后汉太祖天福十二年正月，第9335页。
③ 《资治通鉴》卷二八六，后汉太祖天福十二年二月，第9343页。

汉政权。郭威次年称帝，国号周，史称后周。后汉遂成为五代最短命的一个王朝，前后仅3年时间。

后周建立后，刘知远之弟、河东节度使刘崇在太原称帝，仍用汉国号，史称北汉，为十国之一。

郭威即后周太祖。建国后，先平定了泰宁节度使慕容彦超的叛乱，又先后剪除了枢密使、同平章事王峻和邺都留守、天雄军节度使王殷等恃功跋扈、威胁皇权的大臣。朝廷得以稳定后，随即开始进行政治、经济、军事诸方面的改革。郭威的继位者是其养子周世宗柴荣。柴荣是一位具有雄才大略的皇帝，他继续深化各方面的改革，使得后周生产发展，社会稳定，士卒精强，并开始了统一全国的军事行动。先夺取了后蜀的秦、凤、阶、成四州，又从南唐手中夺得淮南十四州，北伐契丹收复了三州、三关之地。不幸的是，周世宗在最后一次对契丹的战争中身染重病，班师回来后，即于世宗显德六年（959）病逝于汴梁。其幼子柴宗训继位后，只隔半年多时间，后周大将赵匡胤发动陈桥兵变，黄袍加身，于公元960年取代了后周的统治，建立了北宋王朝，五代时期结束。

五代时期的中国，还相继出现了10个割据政权，除北汉外，其余九国均在南方。它们之中一些国家的建立比五代第一个王朝后梁还要早一些，灭亡也迟于五代。它们分别是：割据两浙的吴越，公元893年为钱镠建立，公元978年为北宋灭亡；湖南的楚，公元896年为马殷所建，公元951年为南唐所灭；福建的闽，公元897年为王审知建立，公元945年为南唐所灭；两广的南汉，公元905年为刘隐所建，公元971年灭于北宋；割据江陵一带的南平（荆南），公元907年为高季昌所建，公元963年为北宋所灭；两川的前蜀，公元891年为王建所建，公元925年灭于后唐；两川的后蜀，公元925年为后唐大将孟知祥所建，公元965年灭于北宋；割据江淮的吴，公元892年为杨行密所建，公元937年为李昪所夺；再就是本书专论的南唐，公元937年为李昪所建，公元975年亡于北宋。北方的北汉也于公元979年为北宋所灭。至此，分裂的中国重新归于统一。

南唐就是在这样的历史环境中生存、发展，以至于最后灭亡的。南唐所处的历史时期，表面上是分裂割据，实质上是由唐末大动乱、大分裂向重新统一转变的一个过渡时期，也是一个大震荡、大变革的时期。在这个时期中，各国先后结束本国内的战乱，实现了局部统一，这就为日后全国大一统局面的出现创造了良好的基础。最后由谁来完成统一的历史使命，就要看谁的改革最彻底，谁的政治清明、经济发展、军力强盛，并不一定非由北方统一南方。在当时的历史条件下，南方统一北方的可能性并不是没有，而南方诸国能承担这个重担的当首推南唐。南唐是在杨行密平定了江淮地区战乱，初步恢复社会经济的基础上，通过篡夺而建立起来的政权。在其统治期间，大力发展生产，广泛招揽人才，兴办教育，发展文化，使得国内民殷财阜，人才济济，军力强盛，不仅继续了我国历史上经济重心南移以来的发展趋势，而且还成为当时的文化中心，为两宋时期南方经济与文化的繁荣打下了坚实的基础，故南唐统治时间虽然不长，却是一个不可忽视的政权。可惜由于其内部斗争激烈，削弱了国力，错过了统一的大好时机，反倒为人所灭，这个历史教训是非常深刻的。

二、混战不息的江淮地区

唐末割据淮南的是淮南节度使兼江淮盐铁转运使高骈。其地为南方最强的藩镇。他是幽州人，军家子弟出身，隶籍神策军，为统领神策军的宦官所器重，因军功累迁安南都护、天平军节度使、剑南西川节度使、镇海节度使等要职。他曾屡立战功，颇为时人称道，但他又迷信妖术，残忍好杀，作恶多端。黄巢占据广州一带后，由于不服水土，军士病死者十之三四，于是于广明元年（880）挥军北上，由岭南入湖南，从桂阳沿湘水而上，破潭州，进逼江陵；又转而沿江东下，入浙西，渡江至淮南。时高骈已调为淮南节度使，妄图歼灭义军，独得大功，遣诸道援兵回归本道。乘其力弱，义军大破淮南兵，攻破睦、婺等州，众至

60万，高骈大惧，自称得中风病，拥兵保境，不敢应战。黄巢大军长驱渡淮，攻克唐两京。唐僖宗逃奔成都，屡诏高骈"勤王"，高骈置若罔闻。"骈大阅军师，欲兼并两浙，为孙策三分之计。"[①]于是，唐廷诏罢其节钺，并免盐铁、转运诸使的兼职。高骈得知后，上表诟骂，自此不再听命于唐廷。高骈此时已年老昏聩，荒淫奢侈，更加迷信于长生神仙之术。无赖之徒"吕用之、张守一、诸葛殷等，皆言能役使鬼神，变化黄金，骈酷信之，遂委以政事，用之等援引朋党，恣为不法"[②]。又别建府院，饰以珠玑、金钿，侍女数百，皆服羽衣霓裳。与吕用之等人深居院中，谈法论道，不见部属。吕用之怕发生不测之变，怂恿高骈置巡察使，"采听府城密事"，"于是召募府县先负罪停废胥吏阴狡兔猾者得百许人，厚其官佣，以备指使，各有十余丁，纵横闾巷间，谓之'察子'。至于士庶之家，呵妻怒子，密言隐语，莫不知之。自是道路以目，有异己者，纵谨静端默，亦不免其祸，破灭者数百家，将校之中，累足屏气焉"[③]。高骈又依吕用之之计，选募诸军骁勇2万人，号左右莫邪都，以挟制诸将，致使诸将校怨愤，皆有离心。又使得贿赂公行，"条章日紊，烦刑重赋，率意而为，道路怨嗟，各怀乱计"[④]。就这样，高骈陷入了极其孤立的境地。

唐僖宗光启三年（887），割据河南蔡州（治今河南省汝南县）的秦宗权部向南流窜。秦宗权，许州（治今河南省许昌市）人，唐末为本州牙将。唐末农民大起义爆发后，他被调至蔡州。在黄巢别部攻击时，他率部守住了城池，得到宦官赏识，任为蔡州节度使。黄巢退出长安后，攻蔡州，秦宗权大败投降。黄巢东撤后，他依仗兵力，独树一帜，横行于河南。后与朱全忠争夺河南地区，屡次败北。这年他集中力量，孤注一掷，自郑州猛扑汴梁，被朱全忠击破，斩首2万级，其一部向南逃窜。

① 《旧唐书》卷一八二《高骈传》，第4705页。
② 〔宋〕李昉等编：《太平广记》卷二九〇《诸葛殷》，中华书局，1961年，第2306—2307页。
③ 《太平广记》卷二九〇《吕用之》，第2305页。
④ 《太平广记》卷二九〇《吕用之》，第2305页。

高骈急命部将毕师铎防守高邮，抵御该军。毕师铎本王仙芝旧将，叛降高骈后，骁勇善战，很得信任。高骈宠信吕用之等人后，毕师铎亦失宠，心中不安，便利用此机会联合其他将领，如张神剑、郑汉璋等，以除吕用之为名，举兵攻广陵（治今江苏省扬州市）。又得到当时占据宣州（治今安徽省宣城市）的秦宗权部将秦彦的援助，终于攻陷广陵。广陵陷后，吕用之逃走，投奔到高骈部将庐州刺史杨行密军中。高骈被毕师铎抓住后，为了保全性命，任毕师铎为节度副使。秦彦从宣州赶到，自称淮南节度使，以毕师铎为行军司马。毕师铎极为不满，与秦彦之间产生裂痕。在毕师铎进攻广陵时，高骈曾令杨行密率军解围。杨行密率军万人赶到广陵时，城已陷，于是与秦、毕之军大战于广陵城外，大破之，并包围广陵城。城中久困，粮食匮乏，"米斗直钱五十缗，草根木实皆尽，以堇泥为饼食之，饿死者太半。宣军掠人诣肆卖之，驱缚屠割如羊豕，讫无一声，积骸流血，满于坊市"[1]。高骈全家被囚于道院，柴米全无，"奴仆彻延和阁栏槛煮革带食之，互相篡啖"[2]。秦、毕窘迫无法，只好弃广陵逃走，临行前遣人杀高骈及其全家，行刑兵士指责高骈说："公上负天子恩，下陷扬州民，淮南涂炭，公之罪也。"[3]昏暴荒淫的刽子手高骈得到了应得的下场。

杨行密攻占广陵后，"城中遗民才数百家，饥羸非复人状"[4]，杨行密没有等到城外辎重运入城内，就发军粮赈济饥民。当年十一月，秦宗权之弟秦宗衡与宗权部将孙儒率军渡淮而来，尽夺杨行密辎重未入城者，与秦、毕合军，合围广陵。为了争取同盟军，杨行密派人入汴梁，结好于朱全忠。当时朱全忠兼领淮南节度使，于是遣其行军司马李璠为淮南留后，引起杨行密不满，准备拒命。朱全忠得知此消息后，因一时鞭长莫及，乃表奏唐廷任杨行密为淮南留后。不久，秦宗权招秦宗衡回军蔡州，以抵御汴军。孙儒称疾不返，秦宗衡屡催，孙儒大怒，设宴诱

① 《资治通鉴》卷二五七，唐僖宗光启三年十月，第8363页。

② 《旧唐书》卷一八二《高骈传》，第4712页。

③ 《旧唐书》卷一八二《高骈传》，第4712页。

④ 《资治通鉴》卷二五七，唐僖宗光启三年十月，第8364页。

秦宗衡至，于席间杀之，并传首于朱全忠。孙儒预料到秦宗权非朱全忠敌手，故与其断绝关系，结好朱全忠，以便专力夺取淮南。当时，广陵城下乏食，孙儒乃分兵掠邻州，招收散兵，众至数万，攻高邮受挫，陷城后把百姓屠杀殆尽。由于广陵城中无食，且残破不堪，难以立足，归降于杨行密的一些将领又首鼠两端，杨行密处境极为险恶。乃先将张神剑、高霸等反复无常的部将处死，又族灭吕用之，放弃广陵，回军庐州。孙儒遂入广陵。

　　唐文德元年（888）正月，孙儒杀秦彦、毕师铎，占据广陵，遂自称淮南节度使。杨行密回到庐州，深恐庐州不保，想进攻洪州（治今江西省南昌市），以为根本之地，为其幕僚劝阻，又转攻宣州。渡江以来，一路顺利，很快就夺取了宣州，不但有了立足之所，而且先后得到一批人才，如宣州勇将周本、谋士李德诚，以及在此之前归降的沙陀骑将安仁义等，对杨行密创业都起了积极作用。杨行密在宣州积蓄力量，安定百姓，并争取更多实力派人物，联合以制孙儒。如泗州乏食，刺史张谏借粮于杨行密，得数万斛，"谏由是德行密"。而孙儒则四面出击，攻陷庐州后，又渡江攻陷常、润、苏三州，与占据两浙的钱镠交恶，打得难解难分。他所到之处，烧杀抢掠，搞得人心离散。他又任意杀戮部属，使上下解体，投奔杨行密者日益增多。孙儒得知朱全忠、杨行密联合的消息后，暴跳如雷，决计与他们为敌。此后，广陵一度易手，杨行密由于与孙儒力量悬殊，被迫再次从广陵撤出。唐大顺二年（891），孙儒决计再次进攻杨行密，他焚烧广陵庐舍，"尽驱丁壮及妇女渡江，杀老弱以充食"[①]。杨行密部将张训、李德诚在孙军离开后，入广陵，扑灭余火，并赈济灾民。广陵百姓两次受到杨行密赈济，对其更加拥戴。杨行密以众寡不敌，欲退保铜官，以避其锋。部将刘威、李神福谏曰："儒扫地远来，利在速战。宜屯据险要，坚壁清野以老其师，时出轻骑抄其馈饷，夺其俘掠。彼前不得战，退无资粮，可坐擒也！"[②]谋士戴友

---

① 《资治通鉴》卷二五八，唐昭宗大顺二年七月，第8417页。
② 《资治通鉴》卷二五九，唐昭宗景福元年正月，第8425页。

规也谏曰："淮南士民从公渡江及自儒军来降者甚众，公宜遣将先护送归淮南，使复生业；儒军闻淮南安堵，皆有思归之心，人心既摇，安得不败！"①前一建议是以逸待劳、后发制人的战术，后者既可以瓦解敌军，又可以争取人心、恢复生产，确是有远见的根本大计。杨行密采纳了这些策略，与孙儒在宣州展开决战。杨行密先遣部将张训等分兵攻取常州、润州，夺取孙儒在江南的根据地，断绝其归路，接着张训乘胜占据安吉，切断孙儒军粮道。在宣州前线，杨行密屡次大败孙儒军，孙儒军粮尽，且军中大疫流行，士卒多死，走投无路，乃分兵诸县掠粮。杨行密闻讯，趁势出击，大破敌军，勇将安仁义破其50余寨。时"儒亦卧病，为部下所执，送于行密，杀之"②。杨行密自宣州长驱直入，占据广陵，孙儒之众除7000人由部将刘建锋率领逃向江西外，其余皆归降。从公元887年至892年，经过五六年的激烈争战，杨行密尽得淮南诸州，并兼据江南的常、润、升等州。不过，此时的江淮已残破不堪，无法与往昔相比。往昔的扬州，"每重城向夕，倡楼之上，常有绛纱灯万数，辉罗耀烈空中，九里三十步街中，珠翠填咽，邈若仙境"③，向来有"扬一益二"之称；"及经秦、毕、孙、杨兵火之余，江、淮之间，东西千里扫地尽矣"④。

江淮虽经五六年的战乱破坏，但时间毕竟比北方以及南方其他一些地区要短，残破程度也不如这些地区严重，战争主要在扬、润、常、宣等八州内进行，其中扬州破坏最为严重，其他各州破坏程度则要轻一些。因而，此后江淮经济的恢复和发展较北方及南方一些地区要顺利得多，成绩也很显著，为日后南唐经济、文化的繁荣打下了良好的基础。

---

① 《资治通鉴》卷二五九，唐昭宗景福元年正月，第8425页。

② 《旧五代史》卷一三四《杨行密传》，第1781页。

③ 《太平广记》卷二七三《杜牧》，第2151页。

④ 《资治通鉴》卷二五九，唐昭宗景福元年四月，第8430—8431页。

三、杨行密建吴

杨行密，庐州（治今安徽省合肥市）人，少孤贫，有膂力，能日行300里。早年响应黄巢起义，参加过本州的义军，后被唐军俘获，侥幸没有被杀，后又参加了本州的政府军队。初为队长，以功逐渐提升为牙将，"自募百余人，皆骁勇无行者"[①]，以为骨干。都将嫉其能，排挤其出外戍守，杨行密愤怒，杀都将，自领本州兵，庐州刺史被迫交出符印离去。唐中央政府因忙于对付黄巢义军，无力顾及淮南地方之事，只好承认既成事实，任杨行密为庐州刺史。后其与毕、秦、孙苦战数年，终于尽得淮南八州及江南的常、润、升诸州。他与田頵、陶雅、刘威、刘金、徐温等结为心腹兄弟，号称"三十六英雄"。这些人颇有草莽豪杰的气概，与世代厕身军伍的藩镇旧将出身及经历有很大的区别，杨行密的创业基本依靠这批人的支持和拥护。后来又不断地搜罗了不少人才，为创建吴国打下了坚实的基础。唐景福元年（892）五月，杨行密灭孙儒，占据江淮诸州后，尽管这时距他受唐朝封吴王还有10年之久，但吴国的雏形已经基本形成了。

杨行密出身孤贫，久历艰苦，深知民间疾苦，注意节用安民。早在与孙儒战争吃紧之时，他已注意到恢复生产、收揽人心的重要作用。他护送淮南士民及孙儒淮南籍降兵回乡，妥善安置，创造了战胜孙儒的基本条件。淮南刚一平定，"乃招合遗散，与民休息，政事宽简，百姓便之"[②]。他身为弘农郡王、淮南节度使，却把旧日的破衣留在身边，表示不忘根本。江淮富庶之地，经过连年混战，变得疮痍满目、残破不堪。杨行密苦于用度不足，曾打算以茶盐易民间布帛，以充军用。其谋主高勖阻止说："兵火之余，十室九空，又渔利以困之，将复离叛。不若悉我所有易邻道所无，足以给军；选贤守令劝课农桑，数年之间，仓库自实。"[③]杨行密采纳其议，积极与邻道发展贸易，并躬行节俭，以为表

---

① 《旧五代史》卷一三四《杨行密传》，第1779页。

② 《旧五代史》卷一三四《杨行密传》，第1781页。

③ 《资治通鉴》卷二五九，唐昭宗景福元年八月，第8434页。

率。"行密初至，赐与将吏，帛不过数尺，钱不过数百；而能以勤俭足用，非公宴，未尝举乐。招抚流散，轻徭薄敛，未及数年，公私富庶，几复承平之旧。"①经过精心治理后，严重残破的扬州也恢复了繁荣景象。史载："广陵殷盛，士庶骈阗。"②说的就是恢复以后的情况。正因为杨行密能坚持轻徭薄赋的政策，所以死后百姓皆流涕，怀其德惠。

在政治上，杨行密深知人才的重要性，因而不断地罗致人才，先后得到袁袭、李神福、台濛、高勗、柴再用等文武将吏。唐乾宁二年（895）冬，河东李克用遣骑将史俨与李承嗣率骑军增援兖、郓的朱瑾。后来朱瑾战败，朱全忠夺取兖、郓地区，史、李二将归路断绝，于是与朱瑾一起率军投奔淮南，杨行密厚待之。"淮人比善水军，不闲骑射，既得俨等，军声大振。寻挫汴军于清口。其后并钟传、擒杜洪、削钱镠，成行密之霸迹者，皆俨与承嗣之力也。"③唐景福二年秋，杨行密进攻池、歙二州，歙州久攻不下，杨行密劝其投降，该州军民提出请求，"得陶雅为刺史，请听命"④。陶雅宽厚得民心，行密用为歙州刺史，歙州即日迎降。后来杨行密同乡宁国节度使田頵叛乱，其属吏骆知祥善知金谷，沈文昌善于文辞，曾为田頵撰写檄文，辱骂杨行密。田頵死后，杨行密获二人，以人才难得，非但不加惩治，反加重用。孙儒败死，所部"皆淮南之骁果也"，行密"选五千人豢养于府第，厚其衣食，驱之即战，靡不争先。甲胄皆以黑缯饰之，命曰'黑云都'"⑤。

此外，杨行密还重视保境息战，不轻易发动战争，不滋事惹人。田頵战功卓著，驻守宣州。行密妻弟朱延寿、骁将安仁义，"皆猛鸷骁勇，以攻取为务"⑥，行密每加抑止。唐天复二年（902），两浙钱镠部

① 《资治通鉴》卷二五九，唐昭宗景福元年八月，第8434—8435页。

② 〔清〕吴任臣：《十国春秋》卷一二《黄冠道人传》，中华书局，2010年，第160页。

③ 《旧五代史》卷五五《史俨传》，第744页。

④ 《资治通鉴》卷二五九，唐昭宗景福二年七月，第8447页。

⑤ 《旧五代史》卷一三四《杨行密传》，第1781页。

⑥ 〔宋〕路振撰，吴在庆、吴嘉骐点校：《九国志》卷三《田頵传》，见傅璇琮、徐海荣、徐吉军主编：《五代史书汇编》六，杭州出版社，2004年，第3262页。

将徐绾在杭州发动叛乱，请田頵出兵接应，田頵要求将池、歙二州划归其管辖，遭到杨行密拒绝。"頵意望素高，由是愈不能满。"[①]田頵遂联合朱延寿、安仁义举兵叛乱，并引朱全忠为援，妄图"分地而治"。杨行密伪作目疾，诱朱延寿至广陵，斩之。然后于天复三年进军宣州，擒杀田頵；再取润州，斩安仁义，平定了三叛。行密此举为保持江淮的长治久安创造了有利条件。

杨行密对于邻道基本上也能贯彻少滋事端、和平相处的方针。比如对吴越钱镠，早年为争夺江南，屡兴兵戈，势如水火，但在两浙形势稳固、双方拉成平局以后，就不再妄兴兵戈，对于欲图两浙的行动和建议也竭力制止，并与钱氏联姻。自唐天复三年后，双方极少有战争。不过完全的休兵还是在吴武义元年（919）以后，从此年开始，又休兵20余年。占据湖南的楚王马殷也曾与吴发生过战争，其弟马賨本孙儒部将，孙儒败死后降吴，很得杨行密赏识。后行密得知其家世后，便礼送长沙，临别宴请时说："勉为吾合二国之欢，通商贾、易有无以相资。"[②]马殷虽无明确答复，但实际上默认了杨行密的致意。此后两国之间基本上保持了互通有无的和平局面。

杨行密对江淮安定局面的最大贡献，乃是阻止朱全忠对这一地区的摧残。朱全忠早就垂涎江淮地区，只是由于割据于兖、郓、徐、泗一带的朱瑄、朱瑾兄弟及时溥尚未消灭，无力南进。其后，他吞并这一地区，双方境土毗邻，发生了矛盾。泗州苦于汴军残暴，归降于杨行密。朱全忠不满，以此为借口将淮南派往汴宋的卖茶使者扣押，夺取茶货；并于唐乾宁四年，派所部名将庞师古、葛从周统领大军，分两路向南推进，自己屯宿州策应，妄图一鼓吞并江淮。庞师古军驻清口（今江苏省淮安市淮阴区西），将趋扬州；葛从周军驻安丰（今安徽省寿县南），将趋寿州。杨行密听取李承嗣的建议，先击退清口汴军，则葛从周军不战自退也。乃亲自与朱瑾率军奔赴清口。清口地势低下，形势极为不

① 《九国志》卷三《田頵传》，第3262页。
② 〔宋〕欧阳修撰，〔宋〕徐无党注：《新五代史》卷六六《楚世家》，中华书局，1974年，第822页。

利，庞师古恃众轻敌，放松戒备。朱瑾壅淮水上流，打算水淹汴军。庞师古在营中弈棋作乐，有人报告军情，反以为惑众而斩之。时值十一月，天气寒冷，朱瑾率精骑五千，"饮雪而行"，打着汴军旗号，潜渡淮水，从北面攻下汴军大营，汴军猝不及防，又遭淮水冲淹，全军大溃。杨行密渡淮后，与朱瑾两面夹击，斩庞师古，杀汴军万余人。葛从周在寿州被朱延寿军击败，退守濠州，听到清口之败的消息后，慌忙撤军。淮军尾追至淠水，乘汴军半渡之际，发动攻击，"是日杀伤溺死殆尽，还者不满千人，唯牛存节一军先渡获免。比至颍州，大雪寒冻，死者十五六。自古丧师之甚，无如此也"[①]。此战的胜利，使江淮地区避免再遭战火破坏，史载："王自是保据江、淮之间，汴人不能与我争矣。"[②]自古以来，守江必须守淮，失去淮南，江南也很难把守得住。清代著名学者顾祖禹引用刘季裴的话说："清口之役，杨行密以三万人当朱全忠八州之师。众寡绝殊，而卒以胜者，扼淮以拒敌，而不延敌以入淮也。"[③]说的就是这个道理。

清口之战对吴来说，好比赤壁之战对东吴，意义重大。杨行密击败朱全忠，使江淮避免了重新陷入战乱之中，对南方保持和平、发展生产都有不可估量的积极影响。如果朱全忠取得江淮，势必危及南方其他各国的安全，最起码也会取尽江淮脂膏用于北方的征战，使这一带人民遭受沉重的压榨与痛苦。在这种特定条件下，清口之战的胜利就具有特别积极的意义。此后，双方还有几次交锋，但规模较小，也无碍于大局，故不再多说。

杨行密尽取江东、淮南诸州后，西上进图长江中游的鄂、洪诸州。据有鄂州（治今湖北省武昌市）的武昌节度使杜洪，伶人出身，投军后渐擢至高位。他依附于朱全忠，得其庇护，淮军几次进攻都被汴军挫败，使其得以苟全。唐天复三年，杨行密遣朱瑾、李神福等再次进攻鄂

---

① 《旧唐书》卷二〇上《昭宗纪》，第763页。
② 《十国春秋》卷一《吴太祖世家》，第16页。
③ 〔清〕顾祖禹撰，贺次君、施和金点校：《读史方舆纪要》卷一九《南直一》，中华书局，2005年，第917页。

州，朱全忠遣军屯驻溦口以为救援，又令荆南节度使成汭、武贞节度使雷彦威、武安节度使马殷出兵救援。成汭又名郭禹，其治所在江陵，辖5州之地，在境内招抚流亡、劝课农桑，成效卓著，有"南郭北韩"之称。成汭不敢违朱全忠之命，又想趁机夺取江淮，遂造巨舰"号曰'和州载'，舰上列厅事泊司局，有若衙府之制。又有'齐山'、'截海'之名，其于华壮，即可知也"①。成汭不听幕僚的劝止，发军10万，前去救援。而马殷、雷彦威却另有打算，以赴援为名，实袭成汭后方。荆南兵在途中，江陵便被马、雷袭取，大掠财货及百姓而去。荆南军闻讯，士无斗志，在君山遭淮军袭击，巨舰周转不灵，被淮军用火攻焚毁，成汭投水而死，全军溃败。汴军闻败，不战撤走。马殷获取岳州。鄂州孤立无援，不久淮军将其攻下，擒斩杜洪。鄂州为长江中游的军事重镇，对于保护下游的江淮地区极为重要，杨行密占据这一地区后，不但可以稳固全境形势，有利于下游地区的安定，进还可以威胁襄阳、江陵。鄂州既得，下一步就是攻取洪州了。

洪州的钟传，商贩出身。唐末江西大乱，钟传倚山建堡，聚集当地少数民族，约有万人之数。王仙芝攻下抚州后，又弃城而去，其得以乘虚据之。其后势力渐强，遂进据洪州，四面攻战，占有江西大部地区。钟传在江西礼贤下士，甚得人心，后于唐天祐三年（906）死去。其子钟匡时继位。钟传养子钟延规争立不成，遂以江州降吴，"因言兄（指匡时）结汴人图扬州"②。吴主杨渥派宿将秦裴攻之，并包围洪州，钟匡时坚守3月，无援，城陷被执。吉州刺史彭玕与信州刺史危仔昌、虔州刺史卢光稠等相联结，对抗吴军，并企图进取江州。不久，彭玕与吴将周本大战于象牙潭，大败，退守新淦20里外的风岗之上，立寨以拒吴军。彭玕连战不胜，于是徙百姓千余家投奔楚。从此，江西诸州为杨氏所并，剩下虔州一地，至梁贞明四年（918）亦被杨氏攻下。

至此，杨氏辖境有扬、楚、泗、滁、和、光、蕲、黄、舒、庐、

---

① 〔五代〕孙光宪撰，贾二强点校：《北梦琐言》卷五《成令公和州载》，中华书局，2002年，第107页。

② 《新唐书》卷一九〇《钟传传》，第5487页。

濠、寿、海、常、润、升、宣、池、歙、鄂、饶、信、江、洪、抚、袁、吉、虔等28州。①天祐二年十一月，杨行密卒，其子杨渥继吴王位。

第二节　吴、南唐嬗替

一、南唐代吴

（一）徐温专权

杨渥继位前，吴国内部曾发生由谁继位的争执。当时杨行密病危，召左右商议后事安排，判官周隐认为杨氏诸子不能控御诸将，主张以杨行密老友庐州刺史刘威权且主持大政。他认为刘威长者必不负人，待诸子长大成人后再继位。但是左、右牙指挥使张颢、徐温竭力反对，认为"王亲犯矢石而创基业，安可使外人为王！倘杨氏无儿，有女亦可，况未至此"②。杨行密本人也不愿以权位授予他人，于是立杨渥为继承人。

杨渥昏暴好杀，"居父丧中，掘地为室，以作音乐，夜然烛击球，烛大者十围，一烛之费数万。或单马出游，从者不知所诣，奔走道路"③。徐温、张颢谏止，杨渥不但不听，反而口出恶言，有诛杀二人之意。由于徐、张统率牙兵，势力较大，为了防止意外，杨渥也采取了一些措施。他将驻扎在牙城之内的数千亲军迁出于外，从他继位前所镇守的宣州调来亲兵三千，驻于广陵。这件事直接刺激了徐、张二人，促使他们下决心早日除掉杨渥。他们借口进攻洪州，调杨渥亲军指挥使朱思勔、范思从、陈璠出征，然后诬告三人谋叛，命人于军中斩之。"诸将非其党者，相次被诛。"④除掉杨渥的羽翼后，二人共谋以其亲党伪作群

---

① 《新五代史》卷六〇《职方考》载：包括泰州在内吴国共29州，然马令《南唐书》载泰州乃南唐昇元中置。谭其骧先生亦持此说。故《新五代史》所记有误。

② 《江南别录》，第5131页。

③ 《江南别录》，第5131页。

④ 《江南别录》，第5131页。

盗杀杨渥于其寝室，声言暴卒。杨渥死后，张颢打算自立为王，由于众人反对，只得作罢，不得已立杨行密次子杨隆演为主。张颢尤忌徐温，欲将其排挤于外州。徐温谋士严可求说："公舍牙兵而出外藩，颢必以弑君之罪归公。"①徐温请其筹划计谋。严可求建议先使淮南节度副使李承嗣站在徐温一边，然后共同阻止徐温出任外州，使张颢的计划不能实现。不久，他们就设计诛杀了张颢。早在杀杨渥前，徐温怂恿张颢以其所统率的左牙兵执行谋杀任务；杀张颢后，徐温公开追究弑主之党，名正言顺地铲除了张颢旧党，人们还以为徐温没有参与此事。徐温此举一是获取仗顺讨逆的好名声，二是铲除了敌对势力，可见其用心之深。从此徐温控制了左右牙兵，军府大事皆由其决断，为其专权于吴国打下了初步基础。

徐温，海州朐山（今江苏省连云港市西南）人，少时以贩盐为生，后跟从杨行密起事，为三十六英雄之一。杨行密在世时，他没立过赫赫战功，故不为时人所重，但是他为人多智数，善动心机，受到杨行密的赏识。杨行密死后，一些将领滋长了篡权的野心，徐温便是其中之一。此时，还有一些原因使徐温不能迅速地达到目的，只能逐步扩充势力，争取人心，以便时机成熟再取而代之。具体地说主要有如下几个方面的原因：

第一，杨行密割据江淮，吴国并没有宣告成立，此时吴中央政权和地方诸将的关系是吴王"与诸将皆为节度使，虽有都统之名，不足相临制"②。"诸将分守郡府，虽尊奉盟主，而政令征伐，多以便宜从事。"③杨行密死后，中央对地方官吏的任命、财赋的征用都不大容易，实际上只是一个松散的军事、行政联合体。这种状况不改变，不要说徐温不敢轻易篡权，即使勉强取而代之，也很难巩固政权，处理得不好甚至还有身首异处的危险。

---

① 《资治通鉴》卷二六六，后梁太祖开平二年五月，第8698页。
② 《资治通鉴》卷二七〇，后梁均王贞明四年十一月，第8837页。
③ 《九国志》卷三《徐温传》，第3267页。

第二，杨行密虽死，但其部下旧将都还在，并各自拥有一定的地盘和实力，他们在杨行密生前虽有跋扈行为，但必定有所顾忌。杨行密一死，群龙无首，他们大都看不起徐温，彼此存在矛盾。如果此时徐温一脚踢开杨氏子孙，由自己填补杨行密留下的政治空白，势必成为众矢之的，激化与其他将领之间的矛盾。双方力量对比迫使他只能以杨氏后代辅佐者的身份出现，即使这样也引起了许多有实力的将领的不满。史载："吴镇南节度使刘威，歙州观察使陶雅，宣州观察使李遇，常州刺史李简，皆忠武王（杨行密谥号）旧将，有大功，以徐温自牙将秉政，内不能平；李遇尤甚，常言：'徐温何人，吾未尝识面，一旦乃当国邪！'"[①]为了缓和矛盾，徐温推出其子徐知训据广陵总揽政事，自己则亲临金陵遥控大政，但矛盾仍不能消除。

第三，当时吴国北与后梁、南与吴越关系都很紧张。这些国家虽对吴国由谁统治不感兴趣，但双方的对峙态势和不时的战争使徐温不敢轻易废去杨氏，以免激化内部矛盾，从而削弱本国的防御力量。这种态势客观上起了掣肘作用，延缓了吴国的灭亡时间。

第四，徐温的养子徐知诰也反对他篡吴。知诰恭谨有智，接替徐知训于广陵总揽吴国庶政，他周围有一批人为其羽翼，构成一个不小的政治集团。他一面对徐温做出温顺孝敬的样子，一面设迎宾亭，招揽人才，扩充实力，收揽人心，极力劝阻徐温篡吴。史载："而座客有谄温者曰'白袍不如黄袍好'。知诰遂斥之，而谓温曰：'令公忠孝之德朝野所仰，一旦惑谄佞之说，闻于中外，无乃玷烜赫之名，愿令公无听其邪言。'……知诰虑温急于取国，而己非其嫡，不得以嗣，故以此言之。然内谋其家，外谋其国，劳心役虑，数倍于曹、马矣。"[②]由于这些矛盾的存在，徐氏代吴只能是一个曲折漫长的过程。

由于以上情况，徐温辅政以来，首先是"立法度，禁强暴"，一反张颢用事时"刑戮酷滥"的残暴行为，"温性沉毅，自奉简俭，虽不知

---

① 《资治通鉴》卷二六八，后梁乾化二年三月，第8755页。

② 〔宋〕佚名：《五国故事》卷上《伪吴杨氏》，见傅璇琮、徐海荣、徐吉军主编：《五代史书汇编》六，杭州出版社，2004年，第3182页。

书，使人读狱讼之辞而决之，皆中情理"①。他还善用人才，"以军旅委严可求，以财赋委支计官骆知祥，皆称其职，淮南谓之'严、骆'"②。此外，他还推行劝课农桑、轻徭薄赋的政策。经过一番整顿，吴国大政焕然一新，徐温本人也"尤得吴人之心"③。吴王杨隆演"重厚恭恪"，甚得吴人拥戴，徐温怕于己不利，就派人毒死杨隆演，另立杨溥为王。表面上徐温非常尊重吴王，但暗中派亲吏翟虔监视吴王，由于"虔防制王甚急"，徐温怕舆论于己不利，就重惩翟虔以堵众人之口。对于吴国旧将，徐温采取又拉又打的办法。对反对他最坚决的李遇，徐温先派人召其入见吴王，以便乘机除之。此计不成后，以其拒绝入朝之罪，遣军围攻宣州，逾月不克。于是抓捕李遇在广陵的少子，并派典客何荛诱胁李遇放弃抵抗。何荛对李遇说："公本志果反，请斩荛以狗；若本无反心，何不随荛纳款。"④李遇一方面救子心切，另一方面想证明自己没有反心，便开城门请降，结果被杀并被灭族。乘战胜之余威，徐温又遣使说刘威、陶雅入广陵，盛情款待二人，并加封官爵，使"雅等悦服"。他又以女妻老将李德诚之子李建勋，以笼络其心。这种恩威并举的手法非常成功，既扩充了势力，又收买了人心，史书载"由是人皆重温"⑤，即是其这种手法大有成效的反映。

吴武义元年，徐温做主，使杨隆演称吴国王，建宗庙、社稷，置百官，用天子礼。此举在于消除吴国的松散状态，加强广陵发号施令的权威。关于此点，徐温说得很清楚，他对杨隆演说："今大王与诸将皆为节度使，虽有都统之名，不足相临制。"⑥实质是徐温因自己"权重而位卑"⑦，不便临制诸将，抬高吴王地位，独立建国，就等于提高了徐氏家

---

① 《资治通鉴》卷二六六，后梁太祖开平二年五月，第8700页。

② 《资治通鉴》卷二六六，后梁太祖开平二年五月，第8700页。

③ 《新五代史》卷六一《吴世家·徐温传》，第761页。

④ 《十国春秋》卷五《李遇传》，第94页。

⑤ 《十国春秋》卷二《吴世家·高祖世家》，第44页。

⑥ 《资治通鉴》卷二七〇，后梁均王贞明四年十一月，第8837页。

⑦ 《资治通鉴》卷二七〇，后梁均王贞明四年十一月，第8837页。

族的地位，使他更便于对所属州县发号施令。从此，徐温便以吴国大丞相、都督中外诸军事、诸道都统的身份名正言顺地总揽大政了。后梁乾化三年（913）十二月，梁将王景仁率军渡淮攻吴，徐温亲自率军御敌，吴军先败后胜，大败梁军。"梁之渡淮而南也，表其可涉之津；霍丘守将朱景浮表于木，徙置深渊。及梁兵败还，望表而涉，溺死者太半，吴人聚梁尸为京观于霍丘。"①此后，梁忙于对付晋军进攻，无力南下，吴梁之间再没有大的战争，来自北方的威胁基本消除了。为了巩固徐氏地位，防止诸将借战争扩大势力，徐温总是设法避免战争。吴与吴越在苏、常一带时常发生冲突，十几年中仅苏州一城就几次易手，双方互有胜负。武义元年七月，吴军在无锡大破吴越军，众将主张乘胜灭之。徐温却说："天下离乱久矣，民困已甚，钱公亦未易可轻；若连兵不解，方为诸君之忧。今战胜以惧之，戢兵以怀之，使两国之民各安其业，君臣高枕，岂不乐哉！多杀何为！"②于是便率军退回。八月，徐温遣使归还吴越战俘，吴越王钱镠亦遣使请和。"自是吴国休兵息民，三十余州民乐业者二十余年。"③不管徐温的真正用意如何，在客观上却对人民有利，对发展吴国的生产有利，所以这些方针的积极意义还是应该肯定的。

徐温在巩固其权势方面虽然取得了很大成效，但这期间也出现一些问题，问题出在其子徐知训身上。自从其居中辅政以来，骄横贪暴，悍愚无知，为所欲为，在宣州刺史任内，他就"聚敛苛暴，百姓苦之"。一次入觐侍宴，"伶人戏作绿衣大面若鬼神者，傍一人问：'谁何？'对曰：'我宣州土地神也，吾主入觐，和地皮掘来，故得至此。'"④讽刺徐知训剥削沉重。入据广陵后，他更加荒淫骄奢，凌侮诸将。对吴王杨隆演更是经常侮弄，无君臣之礼。曾与吴王一起扮演戏角，自为

---

① 《资治通鉴》卷二六九，后梁均王乾化三年十二月，第8779—8780页。

② 《资治通鉴》卷二七〇，后梁均王贞明五年七月，第8847页。

③ 《资治通鉴》卷二七〇，后梁均王贞明五年八月，第8849页。

④ 〔宋〕佚名撰，张剑光、孙励校点：《江南余载》卷上，见傅璇琮、徐海荣、徐吉军主编：《五代史书汇编》九，杭州出版社，2004年，第5108页。

参军，而使王扮奴仆，着破衣执帽以从；泛舟浊河时，吴王先起，知训愤怒，以弹弓射之；又一次，赏花于禅智寺，知训又使酒悖慢，四座股栗，吴王惧而悲泣，不得已登舟回宫，知训追之不及，乃以铁树击杀吴王亲吏，以解心头闷气，而"将佐无敢言者"[1]。徐知训的专横跋扈引起一些吴国将领的不满，终于激起了事端。吴将李球、马谦挟持吴王杨隆演登楼，以吴王名义引军诛杀徐知训，经过一场激战，李、马兵败被杀。徐知训不仅不以此事为鉴戒，反而更加横暴。朱瑾自从投降淮南以来，备受礼遇，屡建奇功。徐氏当政时，其又立有不少战功，威望甚高。徐氏父子畏忌。徐知训夜遣壮士刺杀朱瑾，反被朱瑾杀之，埋于舍后。徐知训见此计不成，又使其为静淮节度使，使其非常愤恨。朱瑾于是设宴款待徐知训，事先埋伏壮士于户内，又在廊下系劣马两匹。席间，朱瑾令宠伎献歌敬酒，又献所爱良马，知训大喜。朱瑾又令妻子拜见知训，趁其回礼答拜不备之机，从背后用笏猛击，将知训击倒，命壮士拖出斩首。与此同时，放开劣马，使其互相踢咬，以掩盖府内声音。朱瑾杀了徐知训后，提其头入宫，要杨隆演趁机亲政，杨隆演懦弱怕事，说："舅自为之，我不敢知！"[2]朱瑾见其无用，愤然出宫，向外冲杀，冲杀不出，自刎而死。徐知诰在润州（治今江苏省镇江市）闻变，急忙渡江赶到广陵，安定秩序，遂代替徐知训居广陵辅政。

徐温执政之初，以徐知诰为升州（治今江苏省南京市）刺史。徐知诰在这里勤于政事，治绩斐然，声誉日高。徐温闻之，亲往视察，"见其城隍浚整，楼堞完固，府署中外肃肃，咸有条理"[3]。于是徙知诰于润州，自据升州。徐知诰不愿赴润州，请改镇宣州，徐温不许。知诰幕僚宋齐丘密劝说："知训童昏，老臣宿将不甘诟辱。度其势乱在旦暮。蒜山之津，曾不一昔而可以定事。更舍此利，而求入宣城山中，卒卒度岁月，其亡聊奈何？"[4]知诰顿悟，立赴润州。不久，徐知训果然被杀，他

① 《资治通鉴》卷二七〇，后梁均王贞明四年六月，第8827—8828页。

② 《资治通鉴》卷二七〇，后梁均王贞明四年六月，第8829页。

③ 《钓矶立谈》，第5003页。

④ 《钓矶立谈》，第5003页。

抢先一步入据广陵。

徐知诰既非徐温嫡子，因而很难取得徐温的信任，更何况徐温部下如严可求、徐玠等屡次劝其以次子徐知询代知诰辅政，"义祖（徐温）亦知烈祖（知诰）终为己害，而烈祖勤于侍养，又自幼畜之，故不忍"①。吴乾贞二年（928）十月，徐温终于下决心除掉徐知诰。他打算率诸节帅入朝，以劝吴王称帝为名，乘机换掉徐知诰。临行前，他突然生病，"乃遣知询奉表劝进，因留代知诰执政"②。知诰心中亦不安，欲求为洪州节度使，表已草好，将上之时，徐温于当月辛丑日暴卒，乃止。知询得知凶讯后，急忙返回金陵，被任为副都统，接替徐温位置，"威权同义祖"③。此时徐知诰居中执政，地位稳固，代吴之势已成必然。所以说徐知诰得国，固然是由于其多谋善政，徐氏诸子暴虐童昏，非其敌手，但也不能否认历史的偶然性往往也是促成政治胜负的一个重要因素。胡三省针对徐温的突然病故评论说："史言徐知诰得吴国之政，亦有数存乎其间；篡吴之业自此成矣。"④这里所说的"数"，乃唯心主义哲学的气数、命运，如果改其意为"偶然"，用来评论此段历史，则再恰当不过了。一味地强调历史必然性，否认历史偶然性的作用，也不符合历史唯物主义的原理。

徐氏父子在吴国的专权并未产生消极的后果，反而起了积极的作用。具体地说主要有以下几个方面：首先，徐氏父子集中精力于内，无力顾外，使吴和吴越这两个敌国消除了战争状态，换来了20余年的和平安宁，对两国经济、文化发展都有好处。其次，杨行密死后，江淮地区可能重新陷于政治混乱。由于徐氏的努力，消除了内部的分裂隐患，使吴国趋于稳定与统一。再次，徐氏父子为了达到政治目的，必须争取人心，他们在政治上广泛地招纳士人，澄清吏治，省刑恤罚，轻徭薄赋，劝课农桑，客观上为以后的南唐成为当时各国中经济、文化最发达的国

---

① 《江南别录》，第5133页。

② 《资治通鉴》卷二七六，后唐明宗天成二年十月，第9010页。

③ 《江南别录》，第5133页。

④ 《资治通鉴》卷二七六，后唐明宗天成二年十月胡三省注，第9010页。

家创造了条件。

（二）南唐的建立

徐知诰，不知何处人也（一说徐州人，一说海州人或湖州人）。其即皇帝位后，于昇元三年（939），以唐太宗之子吴王恪之后裔的名义，改姓李，并改名曰昇。关于其家世，诸书记载不一，分歧颇大。对于其世系说法也不一致，有说是唐玄宗第十六子永王李璘之后，[1]有说是唐宪宗第八子建王恪之玄孙，也有说是唐嗣薛王李知柔之子；[2]《玉壶清话》说其父名志，为徐州判官；马氏《南唐书》则说其祖父名志，志生荣，荣生昇；《吴越备史》甚至说其父姓潘，为湖州安吉寨将。总之，关于南唐主家世现在已很难考证清楚，很可能是李昇冒充唐朝后裔，据《资治通鉴》载："唐主欲祖吴王恪，或曰'恪诛死，不若祖郑王元懿'。唐主命有司考二王苗裔，以吴王孙祎有功，祎子岘为宰相，遂祖吴王，云自岘五世至父荣。其名率皆有司所撰。"[3]司马光还说："昇少孤遭乱，莫知其祖系；昇曾祖超，祖志，乃与义祖（徐温）之曾祖、祖同名，知其皆附会也。"[4]王夫之甚至干脆说："徐知诰自诬为吴王恪之裔，虽蒙李姓，未知为谁氏之子。"[5]可见司马光、王夫之对此事都持否定态度。但有一点诸书记载大致相同，即李昇早年孤贫、丧父，流落于濠、梁之间，数岁时为乱兵所掳，徐温见而爱之，遂育为己子（一说为杨行密掠得，送与徐温为养子），取名曰知诰。

初，徐知诰为升州刺史，时"牧守多武夫悍人，类以威骜相高，平居斋几之间，往往以斩伐为事，至有位居侯伯，而目不识点划、手不能捉笔者"。知诰却"以文艺自好，招徕儒俊，共论治体，总督廉吏，勤恤民隐"。[6]及取代徐知训秉政以来，"悉反知训所为，事王尽恭，接

---

[1] 《旧五代史》卷一三四《李昇传》，第1787页。

[2] 《资治通鉴》卷二八二，后晋高祖天福四年二月考异，第9199页。

[3] 《资治通鉴》卷二八二，后晋高祖天福四年二月，第9198—9199页。

[4] 《资治通鉴》卷二八二，后晋高祖天福四年二月考异，第9199页。

[5] 〔清〕王夫之：《读通鉴论》卷三〇《五代下四》，中华书局，1975年，第919页。

[6] 《钓矶立谈》，第5003页。

士大夫以谦，御众以宽，约身以俭。以王命尽蠲天祐十三年以前逋税，余俟丰年乃输之。求贤才，纳规谏，除奸猾，杜请托。于是士民翕然归心，虽宿将悍夫无不悦服"①。不仅如此，他还能关心民间疾苦，"常阴使人察视民间，有凶荒匮乏者，赒给之"②。他还力戒奢侈，以身作则，"盛暑未尝张盖操扇，左右进盖，必却之，曰：'士众尚多暴露，我何用此！'以故温虽遥秉大政，而吴人颇归知诰"③。所有这些作为，为他日后取代吴的统治铺平了道路，尽管障碍尚未完全清除。

虽然徐温死了，但徐知询据有金陵，"控强兵，居重地"，认为"烈祖虽管大政而无兵士，制之甚易"。④如果徐知诰处理得不好，鹿死谁手还很难论定。徐知询"自以握兵据上流"，过高地估计了自己的力量，"意轻徐知诰，数与知诰争权，内相猜忌，知诰患之"⑤。徐知询与其兄知训一样，"行多骄恣"，不仅"恩信未洽于人"，就是对待自己的亲弟弟也非常刻薄，"诸弟皆怨之"。其弟徐知谏见亲兄不可辅，遂支持知诰，共同对付知询。徐温谋士徐玠在徐温生前曾多次劝其以知询取代知诰，此时也转而支持知诰，并将知询之短以告知诰。知询典客周廷望一方面为其出谋划策，一方面又暗中勾结知诰，将其密谋多通告知诰。徐知询已处于众叛亲离的境地，竟毫无察觉，其使用的鞍勒、器皿皆饰以龙凤图案，穷极豪奢，实际上是将攻击的把柄授之于政敌。"知询内为诸弟所构，外为徐玠所卖"⑥，失败的命运不可避免。

吴大和元年（929），徐知询遣人请知诰往金陵为徐温除丧⑦，想趁机除去知诰，知诰借口吴主不许，拒绝赴金陵。而知诰深知知询权力欲极盛，便投其所好，以吴主的名义召知询入朝辅政。知询信以为真，竟

---

① 《十国春秋》卷二《烈祖世家》，第50页。

② 〔宋〕马令：《南唐书》卷一《先主书》，第5258页。

③ 〔宋〕马令：《南唐书》卷一《先主书》，第5258页。

④ 《江南别录》，第5133页。

⑤ 《资治通鉴》卷二七六，后唐明宗天成四年十月，第9034页。

⑥ 《江南别录》，第5133页。

⑦ 除丧：旧时服丧期满，除去丧服之制。

自投罗网，奔赴广陵，并住在知诰家中，遂被软禁。然后知诰另派右雄武都指挥使柯厚赴金陵，抽调徐知询之军回广陵，直接置于自己控制之下。这样吴国军政大权就完全归于徐知诰，他扫清了篡吴道路上的全部障碍，剩下的只是时间问题了。吴主也感到吴国的命运不长了，曾对左右说："孤克己虽勤，为下所奉，然为徐氏制驭，名存实亡。今欲求为一田舍翁，将安所归乎？"①

由于吴主勤谨无大过，骤然禅代，人心不服，故徐知诰不得不耐住性子，逐步地创造条件，以待时机成熟。这就是徐知诰完全控制吴国大权后，吴国仍名存实亡地延续6年之久的原因。徐知诰先是学徐温的样子，以长子李璟为司徒、同平章事、知中外左右诸军事，留广陵辅政，自己则出镇金陵，"总朝政如徐温故事"。并令王令谋、宋齐丘辅佐李璟。接着他又学三国曹操的样子，吴主屡次加其为尚父、大丞相、大元帅、齐王，赐九锡，备殊礼，他却装模作样地推辞不受。最后只辞尚父、太师，殊礼不受。不久，建天子旌旗。至吴天祚元年（935），以吴境内升、润、宣、池、歙、常、江、饶、信、海10州建齐国，为其直接控制地。胡三省评论说："考徐知诰所封十州，自润循江而上，至于江则中断吴国之腰脊，江都之与洪、鄂，脉理不属矣。自常、润波海界淮而有海州，则有包举吴国之势。其规图自以为得，当是时合全吴之人归心知诰，何必如是而后篡也。"②即认为徐知诰多此一举。他还在齐国设置百官，以其亲信任之。将一个完整的吴国分割得支离破碎，无论国内发生什么变动，他都可立于不败之地。对于此举，胡三省亦认为大可不必。其实，这也是徐知诰老练谨慎之处，没有十分的把握，他是绝不会动手的。在此之前，他又除掉素称有才能的临江王杨濛。经过这么一番作为后，徐知诰认为时机完全成熟，便指使"位望隆重"的吴国老臣、镇南节度使、太尉兼中书令李德诚和德胜节度使兼中书令周本出

① 〔宋〕龙衮撰，张剑光校点：《江南野史》卷四《宋齐丘》，见傅璇琮、徐海荣、徐吉军主编：《五代史书汇编》九，杭州出版社，2004年，第5182页。
② 《资治通鉴》卷二七九，后唐潞王清泰二年十月，第9136页。

面劝进，南平国高从诲及"闽越诸国皆遣使劝进"[1]。于是吴天祚三年（937）十月，徐知诰于金陵受吴禅，登上皇帝宝位，庙号烈祖。国号唐，史称南唐，建元昇元。不久他改名李昪。迁杨氏全族于润州丹阳宫软禁，后皆杀之。

二、政权的巩固

南唐以金陵为都城，称西都，以广陵为东都。烈祖自幼便生长在兵火战乱的岁月，因此他洞悉民间疾苦，这对他日后的思想及行事都有极大影响，所谓"率由俭素，无所耽溺"[2]，"在位七年，兵不妄动，境内赖以休息"[3]。他长期执政，有本国及邻国帝王成败的经验借鉴，又深深地看到人心向背的重要作用，因而，他在一生中都很重视发展生产、减轻人民负担，每以节俭自处，不敢过分地役使民力。在他辅吴期间，虽尽力地实施自己的一些主张和措施，但由于受到徐温及其他方面的掣肘，在实施的深度和广度上不免要受到影响。直到正式建国后，他才真正放手施行一套有别于吴国的、比较有利于社会经济与文化发展的政策，使南唐的政权和社会生产得到巩固与较大的发展，从而奠定了这个小国强盛的规模和基础。他统治的昇元年间是南唐政治、经济最稳定和最繁荣的时期，文化繁荣虽在他之后出现，但也是在繁荣的经济以及他所提倡的大力发展文化的政策基础上发展起来的，与他的积极作用分不开。

（一）巩固统治的政治措施

第一，礼贤下士，广揽人才。前面已经论到烈祖在任升州刺史时就注意搜罗人才，不论出身门第如何，都能以礼相待。南唐著名大臣宋齐丘就是此时慕名而来的。其人少好儒学，又习纵横之术，善机变，有谋

---

① 《资治通鉴》卷二八〇，后晋高祖天福元年十二月，第9166页。

② 〔宋〕郑文宝撰，张剑光、孙励校点：《江表志》卷上，见傅璇琮、徐海荣、徐吉军主编：《五代史书汇编》九，杭州出版社，2004年，第5079页。

③ 〔宋〕陆游：《南唐书》卷一《列祖本纪》，第5470页。

略，但家境贫寒，落魄无依，得烈祖赏识，两人一见如故。他在辅佐烈祖取代吴国、建立南唐方面做出很大贡献。史载："每夜引齐丘于水亭屏语，常至夜分，或居高堂，悉去屏障，独置大炉，相向坐，不言，以铁筋画灰为字，随以匙灭去之，故其所谋，人莫得而知也。"①可见烈祖对宋齐丘的倚重程度。然宋齐丘为人狂狷不羁，往往一语不合即提衣筒拂衣出秦淮门而去，烈祖每次都礼让谢之，他才留下来。故时人将他们的关系比作"刘穆之佐宋高祖"②。在广陵辅吴期间，烈祖又于府署内立"延宾亭"，以招纳四方之士；又于吴徼之地设司守使者，"物色北来衣冠，凡形状奇伟者，必使引见"。对应召和被物色来的四方之士，"语有可采，随即升用"，委之以官；③"非意相干者，亦雍容遣之"，待之以礼。"缙绅之后，穷不能婚葬者，皆与毕之"。④"由是豪杰翕然归之。间因退休之暇，亲与宴饮，咨访缺失，问民疾苦，夜央而罢。"⑤这套招贤方针执行后，收到了非常明显的效果，"是时中原多故，名贤耆旧皆拔身南来，……既至，縻之爵禄，故北士士人闻风至者无虚日"⑥。北方不少有学问、有才干的人物，如韩熙载、史虚白、孙晟（忌）、常梦锡等都是这时投奔来的，使烈祖一时"羽翼大成，裨佐弥众"⑦。这些人大多数在他篡吴建唐过程中发挥了极大的作用，建国后又成为他和儿子的重要辅佐之臣。徐温死后，他出镇金陵，又将招贤机构迁到那里，并扩大为招贤院，在其中备置了各种琴、棋游艺之具和大量古籍图书、文物，让投来的"贤士"们在这里讲古论今，评议时事，研究各种问题。此时陆续奔来的人又有江文蔚、卢文进、李金全

---

① 《资治通鉴》卷二七〇，后梁均王贞明四年七月，第8832—8833页。

② 〔宋〕陆游：《南唐书》卷四《宋齐丘传》，第5494页。

③ 《钓矶立谈》，第5005页。

④ 〔宋〕文莹撰，郑世刚、杨立扬点校：《玉壶清话》卷九《李先主传》，中华书局，1984年，第87页。

⑤ 《十国春秋》卷一五《烈祖本纪》，第186页。

⑥ 《十国春秋》卷一五《烈祖本纪》，第186页。

⑦ 《江南野史》卷一《先主》，第5155页。

等，南方闽国境内的土豪吴光也率众万人来奔。①吴国境内的一些所谓隐逸之士，也纷纷应召而出，呈献治国治民之策。如金陵汪台符上书"陈民间九患及利害十余条"②，其中不少内容涉及治国理政的一些根本性政策。

建唐以后，招纳贤能的政策继续推行，凡"士有仗策献文，稍可采录者，委平章事张延翰收试院，量材补用，皆得其职"③。比如周彬苦学儒学，闻烈祖纳贤，"囊文而往"，建唐初期，"制度草创，无取士之科，将有事于圆邱，募四方英秀，各为祝史之文，彬之所著，特加选用"，④遂授以官。由于昇元初未设科举，多以献书论事者之优劣取士，加上国家草创，急需各种治国实用之才，故献书中"多用经义法律取士"⑤，对于文学辞章之士则不甚注重，使一些文学之士没有得到适当的任用。如著名文士徐锴就因此而杜门不仕。但并不是说擅长文学的人就得不到重用，以上提到的人中，不少就是很著名的文学之士。这种情况在日后开科取士后就完全得到纠正。总之，烈祖这种广揽人才的政策终其之世而不衰，取得了极大的成功。直到他统治晚期的昇元六年（942）十月，他还唯恐各地"尚以武人用事，不能宣流德化。其宿学巨儒，察民之故者，嵁岩之下，往往有之。彼无路光亨，而进以拊伛为嫌，退以清宁为乐，则上下之情将何以通，简易之政将何所议乎？"⑥出于以上考虑，故再次下诏，要求大力举用儒学之士。南唐这种政策不但与中原王朝凌视士人形成鲜明对比，而且为南方诸国所不能及。

第二，节俭惜用，拒虚尊之号。由于烈祖少遭磨难，知民疾苦，故其当政以来，颇能念惜物力艰辛，非常注意节俭惜用，不轻易动用一金一木。他建都金陵后，并未大兴土木营建宫室，"但以旧衙署为之，唯

---

① 《十国春秋》卷三《吴睿帝本纪》，第70页。
② 《十国春秋》卷一〇《汪台符传》，第142页。
③ 《玉壶清话》卷九《李先主传》，第91页。
④ 《江南野史》卷七，第5204页。
⑤ 〔宋〕陆游：《南唐书》卷五《徐锴传》，第5501页。
⑥ 〔宋〕马令：《南唐书》卷一《先主书》，第5264页。

加鸱尾栏槛而已。其余女伎、音乐、园苑、器玩之属，一无所增，故宋齐丘为其挽辞曰：'宫彻无新树，宫衣无组绣，宫乐尽尘埃。'皆其实也"①。这并非夸大不实之词，不仅住处如此，其平日的穿用也都很简朴，史载："唐主性节俭，常蹑蒲屦，盥颒用铁盎，暑则寝于青葛帷，左右使令惟老丑宫人，服饰粗略。"②对于其子也要求颇严，力戒生活奢侈。有一次，太子李璟欲要杉木做板障，"有司以闻，烈祖书奏后曰：'杉木不乏，但欲作战舰，以竹代之可也'"③。这种节俭作风到其晚年仍坚持不变，尽管财物如山积，也不许滥用。

正因为烈祖珍惜物力，所以对贪污盗窃之事特别痛恨。一旦发现官吏贪污不法，则严惩不贷。褚仁规为海陵盐监使兼县事，理财有方，每当国家有事，仁规先从民家"举籍取之"，事讫，则一一偿还，从不遗漏，"以故民不甚怨，而供亿公费不知限极。烈祖喜之，及以海陵为泰州，迁仁规为刺史，不移治所，政亦如故"。昇元末年，国家少事，而仁规仍掊克不息，并多入私门，"刑罚滋暴，加以奢纵"。烈祖发现后，即罢其职。④宋齐丘亲吏夏昌图盗官钱3000缗，事发后，齐丘欲贷其死罪。烈祖不顾宋齐丘以辞职相威胁，毅然下令处斩。据载，有仓吏岁献"羡余"万余石，烈祖非但不以为能，反责之曰："出纳有数，苟非掊民刻军，安得羡余邪！"⑤古来许多帝王都以吏有"羡余"为能，烈祖能如此处置，确是难能可贵。革除此弊，打击此类奸人，对于民众来说，无疑是一桩好事。

以上尊号、献符瑞而讨好君主借以捞取政治好处的人，各朝均有，不少君主对此也坦然接受，但是，南唐烈祖却对此深恶痛绝。刚建国不久，不少人主张要给他上尊号。他复姓取名后，这种呼声就更高了，但都遭到拒绝。昇元三年四月，南郊大典之后，群臣又一次敦请，烈祖

① 《五国故事》卷上《伪吴杨氏》，第3183页。
② 《资治通鉴》卷二八二，后晋高祖天福六年十一月，第9230页。
③ 〔宋〕陆游：《南唐书》卷一五《刘承勋传》，第5583页。
④ 〔宋〕马令：《南唐书》卷一九《褚仁规传》，第5382页。
⑤ 《资治通鉴》卷二八二，后晋高祖天福五年六月，第9216页。

颁诏曰："朕以眇躬，托于民上，常惧弗类，以羞高祖、太宗之遗业。群公卿士，顾欲举上尊号之礼，朕甚不取，其勿复以闻。"① 他的这种作为对后世影响甚大，"其后子孙皆踵其法，不受尊号"②。

李昇墓出土武士、男伎俑线描图

与此同时，各地谄佞之辈又纷纷上献符瑞，昇元三年，"州郡言符瑞者十数"。烈祖对此自有与众不同的认识，他认为"'谴告在天，聪明自民，鲁以麟削，莽以符亡。常谨天戒，犹惧或失之，符瑞何为哉！'皆抑而勿扬"③。有人请将国内府寺州县凡名有"吴""阳"等字的统统改掉，还有一个姓杨的官吏请改姓为"羊"，烈祖一概不从。又有人献"毒酒方"，烈祖认为："犯法自有常刑，奚用此为！"④拒之不纳。烈祖以上这些看法和作为，在中国古代帝王中极为罕见。以笔者拙见，秦皇汉武，唐宗宋祖，除唐太宗外其他诸人并不在李昇之上，就是唐太宗晚年也不免染上奢侈的毛病，只是他们全是大一统时期的帝王，功勋卓著，故而引人注目，就其见识及作为实在不比南唐烈祖高明。通过下面的论述，还可进一步证明此点。

第三，慎刑狱、除酷暴、颁布法典。自唐末长期战乱以来，刑罚无常典，而州郡多为武人把持，率意用法，往往以酷暴害民。杨行密时曾颁布过《删定格令》50卷，⑤又称《吴令》。昇元三年，烈祖命有司删定旧格令，称为《昇元格》，"与《吴令》并行"⑥。《昇元格》实际是一

① 〔宋〕陆游：《南唐书》卷一《烈祖本纪》，第5467页。

② 《资治通鉴》卷二八二，后晋高祖天福四年正月，第9197页。

③ 〔宋〕马令：《南唐书》卷一《先主书》，第5261—5262页。

④ 《十国春秋》卷一五《烈祖本纪》，第190页。

⑤ 《十国春秋》卷一《吴太祖世家》，第29页。

⑥ 〔宋〕陆游：《南唐书》卷一《烈祖本纪》，第5468页。

部未定稿，此后仍不断修订完善，直到昇元六年（942）九月才告完成，随即向全国颁行。删定后的《昇元格》共30卷，其内容已无从考知，根据一些零星记载，可知其包括了政治、经济、法律等社会各方面的内容。据《资治通鉴》载："唐主自为吴相，兴利除害，

李昇墓出土武士俑线描图

变更旧法甚多。及即位，命法官及尚书删定为《昇元条》（即《昇元格》）三十卷。"①可见其内容比较广泛。另据记载，"《昇元格》：盗物直三缗者，处极法"②。这个条文和唐建中三年的规定相同，比唐元和十年（815）的无论有赃无赃"并集众决杀"③及唐会昌年间的赃满千钱者死的规定④要轻得多。依此推论，《昇元格》关于刑律的规定可能属于持平的中典，而不是重典。鄂州节度使张萱，强横不法，判刑"罪无大小，入之则无全活"。昇元三年，因卖炭者所卖炭不及斤数，他竟将卖炭者斩杀。烈祖闻知后，认为轻罪重判，遂将张萱降职调任，并规定：凡决死刑，用三覆五奏之法。据说此法施行后，"民始知有邦宪，物情归之"⑤。不仅如此，烈祖还在都城设置"清讼院"⑥，专门负责复核审理案件，以尽量减少冤案。他还经常亲自干预审案。据载：有一豪民丢失值数十缗的衣物，诬邻居窃去，县令严刑拷掠，屈打成招，将处死

① 《资治通鉴》卷二八三，后晋高祖天福七年八月，第9240页。
② 〔宋〕郑文宝撰，张剑光校点：《南唐近事》卷二，见傅璇琮、徐海荣、徐吉军主编：《五代史书汇编》九，杭州出版社，2004年，第5054页。
③ 〔宋〕窦仪等撰，吴翊如点校：《宋刑统》卷一九《贼盗律》，中华书局，1984年，第301页。
④ 〔元〕脱脱等：《宋史》卷一九九《刑法志一》，中华书局，1977年，第4967页。
⑤ 《玉壶清话》卷九《李先主传》，第90页。原书作"张宣"，应为"张萱"。
⑥ 〔宋〕陆游：《南唐书》卷一《烈祖本纪》，第5465页。

刑。烈祖闻知后，急命萧俨复审，终于辩冤昭雪。①有时烈祖还在出外巡幸时亲自审案。一次他出巡东都广陵，就曾"披决囚系，逾月而归"②。烈祖的这种作风，对其子孙影响甚大。此后，元宗、后主都继承了这个做法，参与审理了不少冤狱。皇帝亲自审案，称为亲录制度，并非南唐一朝独有，只是各朝不如南唐自始至终坚持执行。这也是南唐刑狱轻于当时的中原王朝及南方其他各国的原因之一。

第四，重文轻武，整肃吏治。唐末以来，四方战乱不息，武人把持从中央到地方的各级政权，专横跋扈，动辄刀兵相见，是当时社会动荡的主要根源之一。吴国的情况亦是如此，所谓"牧守多武夫悍人，类以威鸷相高，平居斋几之间，往往以斩伐为事"③。烈祖深深地了解这一点，用他自己的话来说，"前朝失御，四方崛起者众。武人用事，德化壅而不宣，朕甚悼焉。三事大夫其为朕举用儒者，罢去苛政，与吾民更始"④。也就是要逐渐用文人取代武人地位，以便彻底扭转此种状况。他早在辅吴期间就开始着手此项工作。他首先抓了两件事：一件是吴国老臣柴再用戎服入见吴主；另一件是徐温以兵仗相随，入朝觐见。柴再用是元老重臣，资格比徐温还老，烈祖曾是他的部属。此人倨傲跋扈，戎服入觐后，遭御史弹劾，还恃功不服，大吵大闹。烈祖用自劾严罚的办法来警戒柴再用。他以自己误犯朝仪，夺俸一月为例，使柴氏及朝野上下大受震动，打击了武人们的傲气。对于徐温之事，他告诉吴主曰："温虽臣之父，忠孝有素。而节镇入觐，无以兵仗自从之例，请以臣父为始。"⑤于是吴主下令徐温入朝不得自带兵仗。对以上两人的得体处理，打击了吴国其他将领的专横气焰。代吴以后，他大力起用文人担任从中央到地方的各级职务，他招徕的人才也多是儒学文士，使他们得以

---

① 《十国春秋》卷二五《萧俨传》，第347页。

② 《玉壶清话》卷九《李先主传》，第91页。

③ 《钓矶立谈》，第5003页。

④ 〔宋〕陆游：《南唐书》卷一《烈祖本纪》，第5470页。

⑤ 《五国故事》卷上《伪吴杨氏》，第3182页。

担任各种要职。他还多次下令："自今宜举用儒者，以补不逮。"①不仅他自己如此，而且"又将修复故事，为后代法"②。实际上，此后元宗、后主基本上都能遵守这条成法，重文轻武。据载："（宋）太祖平蜀，孟主入御，上曰：'卿在蜀有人跋扈否？'对曰：'虽有不忠之夫，无因可动。'太祖曰：'何也？'曰：'武臣统兵之外，不亲吏事，其藩镇全用大儒，武臣不主钱谷。'太祖平江南，后主入朝，上曰：'卿在故国，以何术理金谷？'后主曰：'州郡置官通掌郡事，武臣不亲钱谷文案。'"③据此可见，直到后主末期仍坚持此法。北宋重文轻武，所采取一些措施不同程度地借鉴了后蜀、南唐的经验。正因为如此，终南唐之世从未发生武人跋扈之事。公元975年，北宋军队包围金陵，洪州节度使朱令赟统领15万大军据长江上游，就是在此种危急情况下，后主一纸诏令，朱令赟不敢违抗，明知此举非常危险，也不得不率军东下援救金陵。可见，南唐控御武人的方针是非常成功的。

整肃吏治的另一个方面，即防止宦官与外戚专权。烈祖吸取唐代宦官专权及历史上外戚辅政的教训，建国之后，便规定不许宦官预事，不用外戚辅政，不准后宫干政。烈祖对这些规定执行得颇严，由种氏之事可知：

> （种氏）既承恩宠，服御辄亚于后，而诸宫罕得进御。及生江王景逷，僭侈尤甚。一日，先主幸元子齐王宫，遇其亲理乐器，先主大怒切责。数日，种氏乘间言景逷才过齐王，先主作色曰："子之过，父戒之，常理也。国家大计，女子何预！"遂叱内臣捽庭下，去簪珥，幽于别宫。数月，命削发为尼。④

① 〔宋〕马令：《南唐书》卷一《先主书》，第5264页。
② 〔宋〕马令：《南唐书》卷一《先主书》，第5264页。
③ 〔宋〕曾慥辑：《类说》卷一九《见闻录》，文学古籍刊行社，1955年，第11页。
④ 〔宋〕马令：《南唐书》卷六《种氏传》，第5300页。

再比如元敬皇后宋氏之侄宋谔，官不过参军，是为"国戚而官不显"的典型例子。所以司马光称赞南唐说："不以外戚辅政，宦者不得预事，皆他国所不及也。"①考南唐之世，此类事例确不曾见。

此外，"烈祖鉴吴之亡由权在大臣，意颇忌之"②。建国以后，尤其注意对宰相的任用，不轻易授之于人；对于现任宰相也采取分割权力的办法，使其权力不致过重。宋齐丘可谓南唐的开国重臣，与烈祖可谓"三十年旧交"，早在建齐国之时，就以其为左丞相，但不预政事。建唐后宋齐丘"心愠恚，闻制词云'布衣之交'，抗声曰：'臣为布衣时，陛下为刺史；今日为天子，可以不用老臣矣。'还家请罪，唐主手诏谢之，亦不改命"③。不久，宋齐丘"自陈丞相不应不豫政事"，烈祖却以"省署未备"④而拒绝。后来在齐丘的再三要求下，烈祖允许他到中书省视事，但却将中书门下两省之事委于给事中、中书舍人等官掌握，不使丞相权力过重。宋齐丘当然不甘就此罢手，"剧务多在尚书省，又求知省事"。烈祖虽然许之，但时隔仅3个月，就将其罢为镇南节度使，赶出了金陵。⑤南唐此举开了宋代分割相权之先河，是加强皇权的重要措施之一。

第五，禁止压良为贱。烈祖辅吴之初，就已"设法禁以良人为贱"⑥，并且规定凡买奴婢者，"通官作券"⑦。南唐建立后，仍坚持未变。东都判官冯延鲁上书要求变更此法，主张"贫民不自给者听鬻己子"⑧，遭烈祖拒绝。此法的实行，收到天下归心的良好效果，是南唐巩固统治的又一重要措施。

---

① 《资治通鉴》卷二八二，后晋高祖天福四年正月，第9197—9198页。

② 〔宋〕陆游：《南唐书》卷九《李建勋传》，第5539页。

③ 《资治通鉴》卷二八一，后晋高祖天福二年十月，第9183页。

④ 《资治通鉴》卷二八一，后晋高祖天福三年四月，第9186页。

⑤ 〔宋〕陆游：《南唐书》卷一《烈祖本纪》，第5469页。

⑥ 〔宋〕陆游：《南唐书》卷一五《萧俨传》，第5582页。

⑦ 〔宋〕马令：《南唐书》卷二二《萧俨传》，第5399页。

⑧ 〔宋〕马令：《南唐书》卷二二《萧俨传》，第5399页。

（二）轻徭薄赋的经济政策

李昇墓出土仕女俑线描图

杨行密平定江淮后，虽推行了轻徭薄赋的政策，但全国并无统一的税率，官吏从中苛索多征仍在所难免。烈祖辅吴后，于顺义二年（922），"命官兴版簿，定租税"。在核实民户占田的基础上，按土地的肥瘠高下制定税额，统一规定："厥田上上者每顷税钱二贯一百文，中田一顷税钱一贯八百文，下田一顷税钱一贯五百文，皆输足陌见钱，若见钱不足，许依市价折以金银，并计丁口课调，亦科钱以为率守。"①由于农民难以得到现钱、金银，必兴贩以求之，这样就会导致弃农逐末的现象发生。宋齐丘提出虚抬时价，准许农民以谷帛本色折现钱，以缴租税。当时绢市价每匹500文，䌷600文，绵每两15文；抬为绢每匹1贯700文，䌷2贯400文，绵每两40文，皆足陌钱。这项建议一经提出，举朝哗然，以为亏损官钱亿万计。宋齐丘对这些议论与责难大不以为然。他力排众议，上书李昇曰："明公总百官，理大国，督民见钱与金银，求国富庶，所谓拥彗救火，挠水求清，欲火灭水清可得乎？"烈祖也认为其是"劝农上策也"，立即采行。与此同时，还蠲免吴国的丁口课调，②使农民的实际负担减轻2/3。实行的结果，不到10年，"野无闲田，桑无隙地"③。

唐代实行两税制，户税征钱或折算成绢帛征收，地税则征收谷物。吴在这次改革前，无论户税或地税一概征现钱，不利于生产的发展。从以上资料看，宋齐丘的建议主要是解决地税征钱的问题，户税没有涉及，当是维持唐朝征钱的旧制了。那么这次改革是仅指夏税吗？还是包括秋税在内？史料既然没有明确点明仅夏税如此，当是包括秋税在内，

---

① 《十国春秋》卷三《吴睿帝本纪》，第58页。

② 《容斋续笔》卷一六《宋齐丘》，第418页。

③ 《十国春秋》卷三《吴睿帝本纪》，第59页。

因为吴的秋税也要部分征钱。据宋人程大昌《演繁露续集·徽州苗绢》的记载："唐行两税不久，遂令当输者皆折价输钱，陆贽奏议具在可见也。徽州，唐歙州也，有水可通浙江而港洪狭小，阅两旬无雨，则舟胶不行，以此人之于秋苗额中，量州用米数，许于本色外余尽计米价，准绢价令输（钱）以代纳苗，以便起发也。而苗绪无定剩，吏得出入为奸。""予曰：（歙州）税额之重，居田收十之六也，自五代杨行密时已如此。"秋苗即秋税。可见吴之秋税是部分征钱，不过这部分秋米先按米价折成绢价，然后以钱输纳，故称苗绢，即秋苗绢。"而苗绢无定剩，吏得出入为奸"，是说绢价上下波动，无定数，官吏才得利用价格变化趁机盘剥百姓，使秋税额大大增加，达到产量的60%。这次改革既然解决地亩征钱的问题，那么秋税收钱，尤其是歙州官吏利用折算多征赋税的问题，理应也在解决之列。宋齐丘抬高绢、绵之价，并以此价为折算定数，实际上已解决了官吏利用绢价变化盘剥农民的问题。这样，吴的税制又恢复到唐代户税征钱、地税纳谷的旧制上去了，只不过折价优惠罢了。

南唐昇元五年（941），税制又发生变化，恢复征钱为主的办法。烈祖分遣使者重新丈量土地，根据土地肥瘠的不同"定其税"。据说效果还不错，重新定税后，"民间称为平允"，"自时，江淮调兵兴役及他赋敛，皆以税钱为率。"[1]另据记载："洎昇元年中，更定民田，诸般物产高下，各为三等私额，民获均输，令为定制。"[2]可见这次定税，仍然依产量划分为上中下三等征税。在实际征收中，也不尽"以税钱为率"，大抵"夏赋（税）准贡见缗"[3]，秋苗则输米麦，形成夏钱秋米的制度。

昇元年间还对盐法进行改革。史载："昇元初，括定民赋，每正苗一斛，别输三斗于官廪，授盐二斤，谓之盐米。"[4]南唐官盐主要来自淮

---

① 〔清〕陈鳢：《续唐书》卷二〇《食货志》，见王云五主编：《丛书集成初编》，商务印书馆，1936年，第217页。

② 《江南野史》卷九《汪台符》，第5218页。

③ 〔宋〕马令：《南唐书》卷二二《李元清传》，第5404页。

④ 〔宋〕马令：《南唐书》卷四《嗣主书》，第5285页。

南，而淮盐质量甚高，定此法后，民户不再因吃盐而受到盐商盘剥，一定程度上减轻了民户的额外负担。

昇元中，还减轻商税，开放山泽，罢免力役。烈祖辅吴时，未及改革商税，直到南唐建国初期，商税仍很繁重，所谓"关司敛率尤繁"。这次根据汪台符的建议，规定："商旅货鬻则收，不则听往。"[1]这样就免去了过往商贾的关口之税，对商业繁荣有极大促进作用。此外，烈祖还开放山泽，扩大人民谋取衣食的地域，实行"戢兵薄赋，休养民力，山泽所产，公私同之"[2]，对于力役也尽量少征或不征，以免民户负担过重。如昇元四年二月，下诏："罢营造力役，毋妨农时。"民间有灾则及时赈贷。昇元五年八月，黄州发生旱灾，烈祖遂遣使者前往赈贷"旱伤户口"。当年，吴越发生大水，凡逃入南唐境内的灾民，也得赈恤安置。[3]

（三）息兵安境的睦邻方针

李昇辅吴和在位期间，一贯比较注意克己睦邻，减少战争扰攘，推行"保境息民"的政策。他常说："百姓皆父母所生，安用争城广地，使之肝脑异处，膏涂草野。"[4]南唐建立后："江、淮比年丰稔，兵食有余，群臣争言：'陛下中兴，今北方多难，宜出兵恢复旧疆。'"而烈祖认为："吾少长军旅，见兵之为民害深矣，不忍复言。使彼民安，则吾民亦安矣，又何求焉！"[5]南汉主遣使于南唐，商议两国共同出兵攻楚，平分其地，烈祖不许。昇元六年，杭州大火，吴越宫室器械焚烧殆尽。吴越王钱元瓘惊悸而死，国力大受削弱，连老谋深算的宋齐丘都沉不住气，力请出兵攻击吴越，"诸将奋勇者颇广"[6]。烈祖不用其议，反

---

① 《江南野史》卷九《汪台符》，第5218页。

② 《玉壶清话》卷九《李先主传》，第87页。

③ 〔宋〕陆游：《南唐书》卷一《烈祖本纪》，第5469页。

④ 《钓矶立谈》，第5007页。

⑤ 《资治通鉴》卷二八二，后晋高祖天福六年四月，第9221—9222页。

⑥ 《江南野史》卷一《先主》，第5156页。

而遣使吊问，并厚赠金帛缯绮，"盖车马相望于道焉"①。烈祖并不是不想恢复唐朝旧疆，只是战略思想与众不同，不愿穷兵黩武，轻率地浪费民力。正因如此，陆游夸赞他说："仁厚恭俭，务在养民，有古贤主之风焉。"②

一次，烈祖君臣议政，宋齐丘、冯延巳等倡议拓疆，兼并吴越、闽、楚，烈祖发表了一大段议论，他说：

> ……钱氏父子，动以奉事中国为辞，卒然犯之，其名不祥。闽土险瘠，若连之以兵，必半岁乃能下，恐所得不能当所失也。况其俗怙强喜乱，既平之后，弥烦经防。唯诸马在湖湘间，恣为不法，兵若南指，易如拾芥。孟子谓齐人取燕，恐动四邻之兵。徒得尺寸地，而享天下之恶名，我不愿也。孰若悉舆税之入，君臣共为节俭，惟是不腆之圭币，以奉四邻之欢，结之以盟诅，要之以神明，四封之外，俾人自为守。是我之存三国，乃外以为蔽障者也。疆场之虞不警于外廷，则宽刑平政得以施之于统内。男不失秉耒，女无废机织，如此数年，国必殷足。兵旅训练，积日而不试，则其气必倍。有如天启其意，而中原忽有变故，朕将投袂而起，为天下倡。倘得遂北平潜窃，宁又旧都，然后拱揖以招诸国，意虽折简可致也。③

还有一段话说得则更为明白，他说："今大敌在北，北方平，则诸国可尺书召之，何以兵为？轻举者，兵之大忌，宜畜财养锐，以俟时焉。"④这些话将其战略思想表述得非常清楚，可以看出其要点是：睦邻安境，积蓄实力，进可以北上，退可以保守疆土；不打无把握之仗，不打得不偿失之仗，不贪一隅之地而分散兵力，以免耗费资财，形成包

---

① 《钓矶立谈》，第5007页。
② 〔宋〕陆游：《南唐书》卷一《烈祖本纪》，第5471页。
③ 《钓矶立谈》，第5011页。
④ 〔宋〕马令：《南唐书》卷一《先主书》，第5264页。

袄；不轻率用兵吞并弱小，以免引起南方诸国联合起来对付自己，使自己陷于南北夹攻、腹背受敌的被动地位。[1]其将战略重点放在北方，一旦中原有变，则不失时机地出军北上。夺取中原后再回头收拾南方诸国，进而完成统一大业。他的战略部署是建立在这样的分析基础上的：当中原有变，南唐军北伐时，南方诸国必不敢轻举妄动，最起码闽、楚、南汉、南平诸国不敢也无力妄动。至于吴越，虽投靠中原王朝，可能出兵进攻南唐，但若中原大乱，在靠山动摇的情况下，是否继续出兵与南唐为敌，则可能性不大；纵使其乘机攻袭，也易于对付。观此后后周南征，南唐正在灭闽、楚，实力大损，且北线又连遭失败之际，尚能击败吴越来袭；再后来，北宋攻南唐，南唐连吃败仗，无力抵御，而吴越集全国之力攻南唐一城，久不能下，则足以证明烈祖立足于北取中原的战略是可行的。反过来，南唐把注意力集中于南方，吞并诸国，则中原王朝必然发兵淮上，拊南唐之背脊，将会形成两面挨打的局面。在五代十国时期，除周世宗之外，极难见到如此高明的战略思想家。尽管烈祖的战略思想并未完全付诸行动，但他出于这样的思想所制定的南唐对外方针，无疑在当时发挥了很好的作用，使南方诸国不因其穷兵黩武而再次陷于战乱之中，也不使南方各国已经恢复的经济再遭到破坏，邻国之间和睦相处，彼安己安，创造了一个有利于发展社会生产的良好政治局面。就此点而言，烈祖对中国历史的贡献也是不容忽视的。

经过烈祖的精心治理，无论在政治、经济、文化、教育诸方面，南唐都取得较大发展，成为南方各国中最为强盛的国家。特别是此后经济、文化方面的发展，使其成为当时中国最为先进的地区。烈祖的经营还使南唐军事形势稳固。后世学者周弘祖在其所撰《建康论》中指出：

> 都金陵者，守淮以防外庭；守武昌、九江，以蔽上流。守淮之势，东固淮安、泗州，自丹阳而扬州，而淮安，而泗州，乃全淮之右臂也；西固凤阳、寿州，自采石而和州，而寿州，

---

[1] 参见陶懋炳：《五代史略》，人民出版社，1985年，第132页。

乃全淮之左臂也。东无淮安，虽得泗州而不为用；西无凤阳，虽得合肥而不为用。上游之势，沅湘诸水，合洞庭之波，而输之江；江西诸水，与鄱阳之浸，汇于溢口；则九江为之都会，故九江所以接武昌而蔽金陵。若用于天下，则徐邳、临清，淮安之应也；荆州，武昌之应也；而襄阳，又荆州之应也。固荆州可以开蜀道，固襄阳可以控川陕，固临清可以通燕、冀，固洛阳可以制潼关。其西南，守江西以运百粤；其东南，守浙江以治闽吴，皆金陵之门庭、帑藏云耳。①

　　当时南唐的局势基本如此，除湖湘、荆州、襄阳等处外，其余要地均在掌握之中，据有如此有利的地势，再加强大的经济实力，南唐进可以攻，退可以守，可谓固若金汤。如果烈祖的战略方针其子孙能始终贯彻，那么日后统一中国的就不一定是中原王朝了。可惜烈祖迷信长生术，服食丹药，毒发身亡。此后，其子李璟改变了他的施政及战略方针，用兵邻国，遂使南唐渐趋衰落。

---

① 〔明〕陈其愫辑：《皇明经济文辑》卷九《地理一》，辽海出版社，2009年，第958—959页。

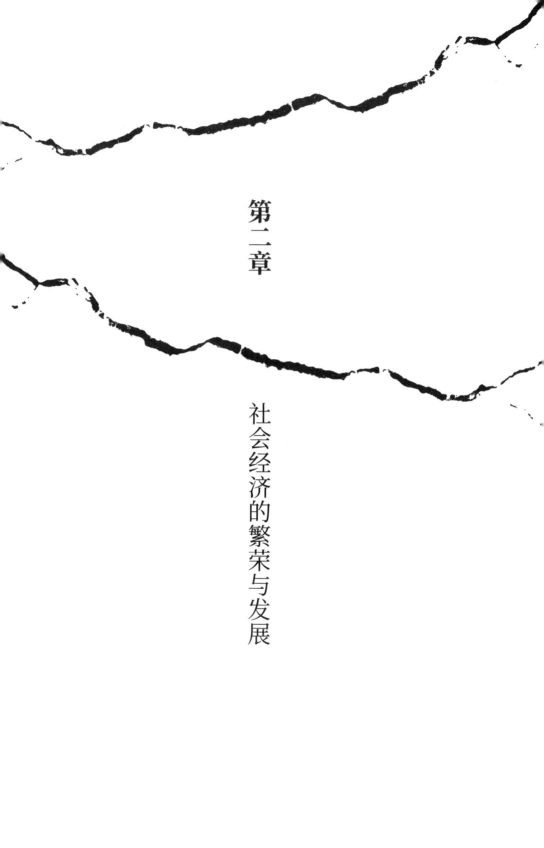

第二章

社会经济的繁荣与发展

公元8世纪以来，我国经济重心开始南移，唐朝的财源主要依靠江淮八道，其中大部分在后来的南唐统治区内。这里生产基础本来就比较好，加上南方优越的自然条件，以及自吴、南唐以来的休养生息政策，使这里的社会生产有了较大的发展。不仅中原地区远不能及，就是在南方诸国中也是最为发达者之一。

第一节　农业生产的发展

一、人口的增长

在古代社会，人口的增长标志着劳动力的增长，在以自然经济为主的古代，劳动力的增长是社会生产尤其是农业生产发展的基本条件。自唐末以来，中原人口大批南迁，为南方农业生产的进一步发展创造了有利条件。其中相当部分迁到了南唐境内。由于史书记载人口迁徙时多不记迁徙去向，所以难以确切考知迁到南唐境内的人数。不过，对贵族士大夫避居江淮却有较确切的记载，兹简述如下，亦可见其一斑。如郑元素，京兆华原人；张延翰，宋州砀山人；卢白，山东人；魏岑，郓州人；以及韩熙载、高越、殷崇义、史虚白、陈陶、许规等，莫不是自北方奔向江淮的士大夫。他们中的一些人还是率领宗人、家口南下的。规模较大的人口迁徙也是有的。如前面提到的秦宗权部将孙儒就曾率领大批军队南下，与杨行密争夺淮南。其战败后，除部分淮南籍骁勇者被杨行密改编为黑云都外，其余降兵大都遣散务农。朱瑾与史俨、李承嗣南下时，也带着大批骑兵部队，其后皆定居于江淮。契丹攻灭后晋后，又掀起一次北人南下的高潮，大批中原人民为避契丹杀掠而迁到江淮一带，一些达官贵族也于此时南下。如皇甫晖率3000人奔江南，棣州刺史王建、安远节度使卢文进等都先后率众南来。此外，吴和南唐的统治阶级都推行过"招抚流散"的政策，对江淮地区的人口增长也起了不小的积极作用。后汉隐帝时，南唐还曾派人到淮北一带招纳人口，南来者为数也不少。①

　　引起北人南迁的原因，自然和北方战争频繁，人民无法生产和生活有关，但这绝不是唯一的原因。多年来，对古代人口的迁徙，习惯从战争和政治方面探讨其原因。而现代人口地理学则强调人口与自然的综合研究，强调人地关系论，重视人对自然环境的反映与人在自然环境中的行为，认为自然条件的优劣、地理环境的不同、经济水平的高低对人口迁徙与分布有着极为重要的影响。导致北人南迁的原因除了战争因素外，主要还有南北方自然环境优劣变化的因素。这主要指地表上的各种自然资源如植被、水文、耕地，以及区域性、单位时间内的小气候等生态环境因素的变化。当然这些变化并不是唐末五代期间形成的，而是逐渐形成的，只是积累到五代时期情况更为恶化罢了。根据历史地理学的研究，历史上我国北方曾经是草木繁盛、植被覆盖率高、水美地肥，气候也比较温和（相对于唐末五代时期）的地区。但由于北方开发较早，森林被大片砍伐，土地被大量垦殖，植被不断地遭到破坏，导致水土流失严重，土地肥力降低。昔日以农业发达著称的黄河中下游流域，此时不少地方"土瘠民贫"②。植被的破坏使黄河含沙量不断增多。从唐末大顺二年（891）至后周显德六年，黄河共决口34次，③大片土地被冲淹。唐末五代时期，北方蝗灾频频发生，究其原因，也和水灾频繁有关。由于植被的破坏，五代时期北方气温下降，雨量增多，④既不利于农作物生长，又助长了水灾的频繁发生。除此之外，北方前代留下的水利设施，

①　《新五代史》卷六二《南唐世家》，第772页。

②　《资治通鉴》卷二三五，唐德宗贞元十二年九月，第7575页。

③　杜君政：《唐末五代黄河水患及其影响》，《青海师范学院学报》（哲学社会科学版）1979年第1期，第64—65页。

④　竺可桢：《中国近五千年来气候变迁的初步研究》，原载《考古学报》1972年第1期，后收入包伟民选编：《史学文存——浙江大学中国古代史论文集》（1936—2000），上海古籍出版社，2001年，第1—43页。

此时因缺乏维修而很难发挥效益。生态环境的破坏，加上战争不断，缺乏发展生产的社会条件，导致大批人口因缺乏食物而饿死，使得人民不得不迁到能从事生产、获得生存的地方去。而南方恰恰具备容纳外来人口的条件，这里植被良好且更新能力强。此时南方的统治者大都注重发展生产，兴修大量水利设施；气候温暖多雨，土壤条件好，可以精耕细作，能够为众多的人口提供所需的食粮；加之社会安宁，自然会吸引北方人口不断南下。

当然，江淮地区人口自然增长率高于北方，也是这里劳动力增加的一个重要因素。

唐与南唐户口比较表

时间	户数	百分比	资料出处
唐元和年间 （806—820）	588584户	100%	据《元和郡县图志》卷二五、二七、二八、二九有关州统计
南唐后主十五年 （975）	807043户	137%	《文献通考》卷三一五《舆地考一》 （包括漳、泉二州户口在内）

上表反映的是唐元和年间长江以南各州户数和南唐末年（漳、泉二州是公元978年的户数）该地户数的比较，可以大致反映南唐户口增长的基本情况。其中以漳、泉二州户口增长幅度最大。元和年间二州户口合计为36914户，而此时已达151978户，相当于元和年间的4倍多。这是由于唐代时这里刚开发不久，地广人稀，经济还大大落后于南方其他地区，经过五代时期的大力发展，经济突飞猛进，故人口增长幅度显著。有学者研究发现，福建在闽和南唐统治期间共新置了12个县，大都在丘陵地带，[①]可见人口增长之快。而长江中下游地区是唐中后期财赋主要供给地，经济基础较好，人口本来就不少，所以户口增长的幅度不可能有惊人的变化。但是，通过上表仍可以看出这里人口继续保持着增长趋势。我们将南唐户数和当时的北方地区做一比较，就可进一步看出在五

---

① 郑学檬：《五代时期长江流域及江南地区的农业经济》，《历史研究》1985年第4期，第32—44页。

代这样的分裂割据时期，南唐人口的增长对我国古代社会经济发展的积极意义。

后周与南唐户口比较表

地区	户数	百分比	资料出处
后周	740779	100%	《文献通考》卷十一《户口考二》
南唐	1033617	140%	《旧五代史》卷一一八《周世宗纪》 《文献通考》卷三一五《舆地考一》

　　这里需要说明一下，后周的户口数是恭帝显德七年（960）即北宋取代其统治的当年所继承的户数，原数为967353户减去其中显德五年（958）从南唐夺去的淮南14州户数226574户，剩下的后周原有户数即表中所列之数。南唐户数是开宝八年（975）入宋时的数字加上淮南与漳、泉二州户数而得出的。因此，这仅是一个静态的大致对比。从中也可以看出北方人口大大少于江淮地区，须知后周的疆土面积大于南唐数倍。南唐人口增长的一个特点就是偏远地区增长幅度最大。除前面所说的福建外，江西也是如此。《太平寰宇记》共载南唐昇元以来全中国新置县62个，仅江西就占其中的19个。元和年间江西有293180户，历南唐至宋太平兴国年间，猛增到591870户。[1]南唐人口的增长，既是其农业生产发展的有利条件，也是农业经济繁荣的一个标志。

二、农田水利的兴修

　　马克思说："我们在亚洲各国经常可以看到，农业在某一个政府统治下衰落下去，而在另一个政府统治下又复兴起来，收成的好坏在那里决定于政府的好坏，正像欧洲决定于天气的好坏一样。"[2]江淮地区的农业发展也是如此。从公元902年杨行密平定江淮以来，至南唐昇

---

① 任爽：《南唐时期江西的经济与文化》，《求是学刊》1987年第2期，第87—91页。

② 《不列颠在印度的统治》，《马克思恩格斯选集》第二卷，第65页。

元年间，境内安宁数十年，"中外寝兵，耕织岁滋"①。加之政府重视农桑，鼓励发展生产，遂使五代时期江淮农业生产的广度和深度都比唐代有了进一步的发展，农业的商品化亦有所扩大。昇元三年正月，烈祖下诏规定："其向风面内者，有司计口给食，愿耕植者，授之土田，仍复三岁租役。"②这是针对境外流入南唐境内的农民所采取的优抚政策。当年四月，对于境内农民也颁布了鼓励发展生产的政策，规定"每丁垦田及八十亩者，赐钱二万，皆五年勿收租税"③。宋人宋敏求在《春明退朝录》中说："江南有国时，田每十亩，蠲一亩半，以充瘠薄。"④大概也是此时开始实行的。这种奖励垦田的政策使南唐耕地面积迅速扩大。每遇大的灾荒，烈祖都要派人进行赈济，以免伤农过甚，影响生产恢复。五代时期北方蝗灾时常发生，有时也会波及淮南地区。如昇元六年六月，"大蝗自淮北蔽空而至"，遂"命州县捕蝗，瘗之"。⑤水利是农业的命脉，所以南唐统治者无不重视水利设施的兴修。南唐时对地方官吏的考核，主要是"理亩籍，察庶狱，辟污莱，遏陂塘"⑥。兴修水利是其中重要项目之一。烈祖每每给地方官下"条制"，都强调要注意修葺陂塘，因此，南唐水利工程的修造成就非常显著。

早在唐代江淮地区就有较好的水利设施，修筑了大批水利工程，如：扬州江都县的雷陂和勾城塘，溉田800余顷；高邮县的堤塘，溉田4000顷；宣州宣城县的德政陂，溉田200顷；南陵县大农陂，溉田1000顷；和州乌江县的韦游沟，溉田500顷；洪州仅元和中韦丹任刺史时，就修筑了陂塘598处，能溉田12000顷。唐代在泉州修筑的水利工程有尚书塘、天水塘、诸泉塘、沥（峿）塘、永丰塘、横塘、颉洋塘、国清

① 《钓矶立谈》，第5007页。
② 《全唐文》卷一二八南唐先主李昇《恤农诏》，第1278页。
③ 〔宋〕陆游：《南唐书》卷一《烈祖本纪》，第5467页。
④ 〔宋〕宋敏求：《春明退朝录》卷下，中华书局，1980年，第38页。
⑤ 〔宋〕陆游：《南唐书》卷一《烈祖本纪》，第5470页。
⑥ 〔宋〕徐铉撰，李振中校注：《徐铉集校注》卷一三《宣州泾县文宣王庙记》，中华书局，2016年，第424页。

塘和延寿陂，可溉田数千顷。[①]这些设施，有些在南唐仍发挥作用，有些虽然堙废，但南唐政府曾命州县将前代“陂塘堙废者，修复之”[②]，使其能继续灌溉农田。江淮地区于吴时所修水利设施，记载多阙，仅见吴漕水一处。“鲁阳盖五坝旁地名也。坝西北有吴漕水，亦以行密而名。宋时五堰渐废，改为东西二坝。”吴漕水是景福二年筑鲁阳等五堰而成的漕渠，吴国大将台濛主持此项工程。[③]这些工程主要用于水运，也可能兼顾灌溉。南唐兴建的水利工程主要有寿州的安丰塘，能“溉田万顷”[④]，以及秦汙陂，“岁溉美田数千顷亩”[⑤]。丹阳县境内练湖，“当为湖日，湖水放一寸，河水涨一尺，旱可引灌溉，潦不致奔冲，其膏田几逾万顷”。自唐末战乱以来，“民残湖废”，近湖人家多“耕湖为田”，使湖面急剧缩小。昇元初，丹阳县县令吕延祯不顾那些“利废湖以丰己”的豪强地主的反对，着手修浚练湖。竣工后，可使周围四县受利。天旱河水干涸，可以“放湖水灌注、使命商旅、舟船往来，免役牛牵。当县及诸县人户，请水救田”，则可以“掘破湖岸给水”。为了久远使用，还于湖岸设置斗门，使蓄水放水便利自如。此湖修浚后，还可以改善生态环境，得渔钓生产之利，所谓“波澜弥弥，鱼龙以依，菰蒲莓莓，邑人所资。步之终日，不得其极，望之若海，莫知其涯”[⑥]。在江西，齐王李景达镇临川时，开凿南湖，“延广数百亩，资灌溉之利”[⑦]。南昌县的东湖、建昌县的捍水塘、浔阳县的甘棠湖、都昌县的陈令塘、鄱阳县的马塘和土湖等唐代修筑的水利工程，在南唐时期大都继续使用。南唐统治时期继续在江西兴建水利工程。20世纪80年代，九

① 韩国磐：《隋唐五代时期的生产力发展》，见氏著：《隋唐五代史论集》，生活·读书·新知三联书店，1979年，第98—100页。

② 〔宋〕马令：《南唐书》卷三《嗣主书》，第5278页。

③ 《读史方舆纪要》卷二〇《南直二》，第984页。

④ 〔宋〕马令：《南唐书》卷一七《刘彦贞传》，第5373页。

⑤ 《玉壶清话》卷九《李先主传》，第93页。

⑥ 《全唐文》卷八七一吕延祯《练湖碑铭》，第9117页。

⑦ 〔清〕谢旻等监修：《江西通志》卷一五《水利三》，见《文渊阁四库全书》，台湾商务印书馆，1983年，第513册，第505页。

江县在文物复查时发现了一处南唐时的水利题刻，位置在九江县岷山乡柱岭村水库的溢洪道侧的悬崖壁上。宋建隆四年（963）冬至乾德二年（964）春，历时数月，投工2083个，兴建大充塘水利工程。[1]这反映了当地人民努力兴修水利、发展生产的真实情况。卢绛屯兵武宁时，又"筑磨源陂，灌田万余亩，民德之"[2]。武进县的孟渎，自唐宪宗元和时期常州刺史孟简修复后，可以溉田4000多顷。后堤岸、斗门有所损坏，在南唐保大年间又重新修复。[3]句容县西南有绛岩湖，三国时吴国筑赤山塘，后废；唐大历中再次修复，"周一百二十里，立二斗门，以节旱潦，溉田万顷。……南唐修筑不废"[4]。"千人塘在临淮县，南唐时修以溉田。"[5]"大农陂在南陵县，南唐时，范君朝置石堰，开荒埂数万亩"[6]，使这一水利工程继续发挥效益。此外，庐州境内的肥水、巢湖，寿州的芍陂，都是历代著名的水利工程，经南唐修整后，一直发挥着较好的灌溉作用。这些塘陂与湖泊相连，星罗棋布，滋润着亩亩良田。

南方农业以种植水稻为主，而水稻生产的发展又必须依赖水利设施的完善。南方有谚语云"衣则成人，水则成田"[7]，可见稻田与水利不可分割的关系。所以，南唐水利建设的成就对其农业生产的发展有着不可低估的促进作用。

---

① 刘晓祥：《九江县南唐水利计工题刻》，《江西文物》1989年第2期，第107页。

② 《江西通志》卷一〇八《祠庙》，见《文渊阁四库全书》，第516册，第568页。

③ 〔明〕朱昱：《成化重修毗陵志》卷一八《山川二》，台北成文出版社，1983年影印成化二十年刊本，第981页。

④ 〔清〕赵弘恩：《江南通志》卷六二《河渠志·江宁府》，见《文渊阁四库全书》，台湾商务印书馆，1983年，第508册，第756—757页。另据日本学者斯波义信《宋代江南经济史研究》一书引《建康志》载：南唐修复的时间在天福中，可溉九乡千余顷农田，第223页。

⑤ 《江南通志》卷六二《河渠志·凤阳府》，见《文渊阁四库全书》，第508册，第766页。

⑥ 《江南通志》卷六二《河渠志·宁国府》，见《文渊阁四库全书》，第508册，第764页。

⑦ 〔宋〕陈亮：《龙川集》卷四《问答》，见《文渊阁四库全书》，台湾商务印书馆，1983年，第1171册，第534页。

　　水利事业的发展促进了农田的利用。长江自安庆而下折向东北，到江苏境而东下。源自皖南皖山、黄山、九华山以及源自茅山的诸水，向北或西北流，不是潴为许多湖泊而后注入长江，就是直接注入大江。与江东隔江相望的淮南西部地区，其源自英山、霍山、潜山的诸水，也向南流注入大江或湖泊中。这样，在沿江和近湖自然形成低洼地。江淮人民利用这种自然条件，因地制宜，在这种低洼地上，把治水和治田结合起来，建设了独特的排水网，开辟了圩田，使农田得到保护和灌溉。据范仲淹说："（五代）江南旧有圩田，每一圩方数十里，如大城。中有河渠，外有门闸。旱则开闸，引江水之利；潦则闭闸，拒江水之害。旱涝不及，为农美利。"[1]又据北宋张颙墓志载："李氏处江南，时太平州芜湖有圩广八十里，围田四万顷，岁得米百万斛。"[2]可见圩田多为旱涝保收的高产良田。沈括说皖南有一个大圩田，乃土豪秦氏世代占有，称为秦家圩。"李氏据有江南，置官领之，裂为荆山、黄春、黄池三曹，调其租以给赐后宫。"[3]圩田是在濒江或低洼地中建成的，为了"足捍风涛"，"拒江水之害"，圩岸就必须"高阔壮实"。南唐时圩堤是什么样子，史书缺载不得而知。像上面所述的秦家圩，在宋代叫万春圩，宋嘉祐六年（1061）宁国令沈括曾亲自指挥重建。当时政府出粟3万斛、钱4万缗，募集宣城等县贫民14000人，经40天方告建成。"其为博六丈，崇丈有二尺，八十四里以长"。这是指圩堤，可见其高大雄壮。而且"夹堤之脊列植以桑，为桑若干万"；"圩中为田千二百七十顷"；"圩中为通途二十二里以长，北与堤会，其袤可以两车，列植以柳。为水门五丈，四十日而成"。[4]修建这样规模的圩田必须有足够的人力与财力，只有政府才具备这样的条件。秦家圩当时亦为政府所

<hr>

① 曾枣庄、刘琳主编：《全宋文》卷三七二范仲淹《答手诏条陈十事》，上海辞书出版社，2006年，第18册，第108—109页。

② 转引自湖南省博物馆：《三十年来湖南文物考古工作》，见文物编辑委员会编：《文物考古工作三十年：1949—1979》，文物出版社，1979年，第322页。

③ 《全宋文》卷一六九〇沈括《万春圩图记》，第77册，第326页。

④ 《全宋文》卷一六九〇沈括《万春圩图记》，第77册，第327—328页。

有，根据宋代的规模，可以推知其在南唐时规模也不小。范仲淹说："江南旧有圩田，每一圩方数十里。"可见当时江淮一带圩田为数不少。此外，两浙的吴越也建了不少圩田。漆侠先生认为唐代的"渚田"泛指水中之地，并推断圩田可能在9世纪30年代前后已经出现了，但没下定论，还要继续研究，但"圩田之在晚唐五代就已存在则是无可置疑的"。[1]华山先生则认定圩田始创于五代时期。[2]如果上述结论不错的话，那么就说明五代时期江南农业和唐代相比在深度和广度上已经有了进一步的发展。到宋代，这种趋势发展更为迅速，仅宣城县一地就有179个圩。[3]

湖田是填塞湖泊而成的田。废湖为田的事，在历史上很早就有。南唐时期江淮湖泊众多，围湖造田之事就不可避免了。如丹阳之练湖，就被近湖人家"耕湖为田"。这种湖田虽然能扩大耕地面积，一时增加粮食产量，但由于不断地填塞湖塘水面，与水争地，势必影响附近赖以灌溉的田地的水源，影响江湖调剂水量的作用，往往容易造成灾害，破坏生态平衡，所以不宜提倡。南唐丹阳县重修练湖实际上就是同这种不良做法的斗争，这种历史经验是应当认真吸取的。

除了富庶的淮南、江南平原地区农业生产有进一步发展外，江西的赣江下游、鄱阳湖流域的生产也都有很大发展。不仅如此，南唐境内丘陵地带的农业生产也有较大发展。这些地区自唐代开发以来，到吴、南唐时，发展进一步加快。为了适应这种发展趋势，此时纷纷置县，以促进开发和统治这些地区，主要表现在闽西山区和江西南部的开发上。以江西为例，南唐时新置县有：靖安，昇元中置；上高县，保大十年置；万载县，吴顺义元年置；吉水县，保大中置；铅山县，亦保大中置；德兴县，昇元中置；湖田县，亦昇元中置；上犹县，保大十年置；龙南

---

① 漆侠：《宋代经济史》上册，上海人民出版社，1987年，第92页。
② 华山：《宋史论集》，齐鲁书社，1982年，第12页。
③ 〔清〕徐松辑，刘琳、刁忠民、舒大刚等校点：《宋会要辑稿》食货八之一〇，上海古籍出版社，2014年，第6151页。

县，保大十年置；石城县，保大十一年置；清江县，昇元元年置。[①]以上各县多属山区，说明这些地区的农业生产有了长足的发展。及至宋元丰年间，天下垦田约460万顷，其中江南西路（该路辖区大体相当于南唐在江西的疆域）为45万余顷，约占总数的1/10。[②]宋初淳化年间，东南六路岁运米620万石，其中江南西路为120万8900石，约占总额的1/5。[③]这种盛况的出现与南唐时期的开发不无直接关系。南唐时，江淮地区农业生产的发展，除统治者政策得力、劳动人民大力恢复和修筑水利设施等原因外，从气候上看，也有许多有利因素。根据现代气象科学的测定，江淮地区从谷雨开始，降水量即可达40—150毫米，一直持续到白露，每一节气最高降雨量都在100毫米以上。年平均气温高于全国大部分地区，且冬季极短。土壤条件亦好，长江中下游属于黄棕壤和水稻土地区，黄土丘陵地区水稻土分布广阔。因而适宜普遍种植水稻，大部分地区适合种植双季稻。因此，南唐的稻米种植，无论淮南、江南以及鄱阳湖、赣江流域和今昌江、抚河、信江流域都很普遍。泰州的香粳、舒州的粳米都颇有名气。黄州黄冈县因稻米产量高，而有地区被称为白米河。江西的洪、吉、抚、饶、袁等州都盛产稻米。淮南的扬、泰、楚、庐、寿、舒、黄、蕲等州更是著名的产稻区。润州稻田相望，南唐李中在《秋日登润州城楼》诗中描述说："水接海门铺远色，稻连京口发秋香。"[④]可见稻田面积之广大。当时稻米产量亦很高，良田"每亩得米二石至三石"[⑤]。因为唐代及唐以前已有栽培早、晚稻的经验，江淮地区的自然条件也适应种植双季稻。而据有些学者研究，湖南在南朝、唐时已有双季稻、三季稻。[⑥]江淮生产水平高于湖南，南唐时有双季稻当不

① 《江西通志》卷二《沿革》，见《文渊阁四库全书》，第513册，第131—151页；卷三《沿革》，见《文渊阁四库全书》，第513册，第152—170页。

② 〔元〕马端临：《文献通考》卷四《田赋考四》，中华书局，2011年，第105页。

③ 《宋会要辑稿》食货四二之二，第6938页。

④ 〔清〕彭定求等编：《全唐诗》卷七四八，中华书局，1960年，第8520页。

⑤ 《全宋文》卷三七二范仲淹《答手诏条陈十事》，第108—109页。

⑥ 唐启淮：《唐五代时期湖南地区社会经济的发展》，《中国社会经济史研究》1985年第4期，第22—33页。

成问题。宋人李觏《论盱江气候》称江西"自五月尽至十月，早晚诸稻随时登收，一岁间附郭早稻或再收，茶或三收，苎或四收"①。足见江西水稻一年两熟已很普遍，南唐时有双季稻完全是可能的。南唐时期，江淮地区小麦的种植比唐时普及，江西一带也广泛种植。当时洪州农民所生产的小麦已大量送到市场上出售。徐铉记载说："洪州胡氏子，亡其名，胡本家贫。"其后"家稍充裕，农桑营赡，力渐丰足"，"其家令此子主船载麦，溯流诣州市"。②诗人李中的《村行》中描绘了当时小麦生长情况："极目青青垅麦齐，野塘波阔下凫鹥。"③有些地区也开始实行稻麦轮作，或者在旱地广种小麦。由于南唐农业生产的发展，其后江淮地区成为中原的主要稻米供应地，北宋时每年都要从这里运大批的米去首都开封。史载："江南平，岁漕米数百万石给京师，增广仓舍，命常参官掌其出纳，内侍副之。"④可见米数量之多，亦可见朝廷对江淮地区之依赖程度。而唐代后期一岁所输漕粟，整个东南地区也不过40万石。⑤

三、经济作物的扩大生产

在稻米种植的同时，南唐的经济作物生产也有了较快的发展。这和南方商业发达、商品经济日益渗透到农业经济中有密切关系。桑叶是养蚕的饲料，种桑的多寡直接影响丝织业的发展，影响官民的日常生活和商业繁荣，所以南唐政府非常关心种桑。烈祖在昇元三年曾下令规定：

---

① 《江西通志》卷一《星野》，见《文渊阁四库全书》，第513册，第128页。

② 《太平广记》卷三七四《胡氏子》，第2974页。

③ 《全唐诗》卷七四八，第8522页。

④ 〔宋〕李焘：《续资治通鉴长编》卷一八，太宗太平兴国二年七月戊寅，中华书局，2004年，第408页。

⑤ 《册府元龟》卷四九八《邦计部·漕运》载：贞元"十五年三月，诏令江淮转运米，每年宜运米二百万石。迩来虽有此命，而运米竟不过四十万石"。又载：元和六年，诸道转运使裴堪奏："每年江淮合运糙米四十万石到东渭桥，臣受任日近，欠阙素多，伏请收籴，递年贮备。"第5663页。

"民三年艺桑及三千本者，赐帛五十匹。"[1]早在烈祖辅吴时，一度将"计亩输钱"改为"悉输谷帛"，在政府的鼓励下，江淮地区的桑叶生产有了较大发展，"由是江、淮间旷土尽辟，桑柘满野，国以富强"[2]。同时南唐境内麻的种植也十分普遍，所以政府才有租布之征。烈祖死后，仅德昌宫内贮布的仓库就有40间之多，"殆千万端"[3]。这里的布是主要来自民间的租布，亦可反映民间种麻之普遍。

　　江淮素为重要产茶区，唐人陆羽在《茶经》中列举的产茶区后来在南唐疆界内的有淮南的光、舒、寿、蕲、黄等州，江南的常、宣、歙、润等州，江西的信、袁、吉等州，这些都是当时著名的产茶地。此外，江、饶两州也是主要茶区之一。产地处于后来南唐境内的唐代名茶有常州义兴的紫笋、洪州的西山白露、寿州的霍仙黄芽、蕲州蕲门的团黄，以及舒州的天柱山茶等。自唐代以来，江淮地区人民从事茶树种植业的有很多，史载："伏以江南百姓营生，多以种茶为业。"[4]又说"江淮人什二三以茶为业"[5]。泸州境内"作业多仰于茗茶"[6]。祁门县"其疆境亦不为小，山多而田少，水清而地沃，山且植茗，高下无遗土"。其"编籍民五千四百余户，……业于茶者，（什）七八矣"[7]。而江西饶州浮梁县"每岁出茶七百万驮，税十五余万贯"[8]。这里的"出"，为出售之意，是指这一带的茶叶在浮梁集散，即便如此，饶州一带的产茶量也是很惊人的。由于江淮一带广泛种茶，出现了许多专业化的茶户和茶园，当时政府在这里也设置了不少官办的茶场。南唐在建州的北苑实际就是官办的茶场。这种生产趋势历唐末、吴以来一直兴盛不衰，并有日

---

① 〔宋〕陆游：《南唐书》卷一《烈祖本纪》，第5467页。

② 《资治通鉴》卷二七〇，后梁均王贞明四年七月，第8832页。

③ 《续资治通鉴长编》卷六，太祖乾德三年九月，第158页。

④ 《册府元龟》卷四九四《邦计部·山泽二》，第5603页。

⑤ 《册府元龟》卷五一〇《邦计部·重敛》，第5800页。

⑥ 《全唐文》卷七七二李商隐《为京兆公乞留泸州刺史洗宗礼状》，第8048页。

⑦ 《全唐文》卷八〇二张途《祁门县新修阊门溪记》，第8430—8431页。

⑧ 〔唐〕李吉甫撰，贺次君点校：《元和郡县图志》卷二八《江南道四》，中华书局，1983年，第672页。

渐扩大的趋势。

杨行密初定江淮，以用度不足为由，欲以茶盐易民间布帛，可见府库存茶之多。杨行密与朱全忠交恶，也是因朱全忠扣押吴使，尽夺其携往汴宋贸易的万余斤茶叶。南唐统治时期非常重视茶叶生产，政府对茶区实行博征，以盐易茶，用于对外贸易或政治交易。如后汉曾派三司军将路昌祚到湖南买茶，适逢南唐灭楚，被俘至金陵，元宗李璟问明情况，给茶18000斤。[①]此后南唐衰弱，也经常向中原王朝贡献巨量的茶叶。南唐时，新扩展的产茶区主要是建、剑两州，尤其是建州发展最快。《宣和北苑贡茶录》载："陆羽《茶经》、斐汶《茶述》皆不第建品。说者但谓二子未尝至闽，而不知物之发也，固自有时。盖昔者山川尚阒，灵芽未露，至于唐末，然后北苑出，为之最。是时伪蜀词臣毛文锡作《茶谱》，亦第言建有紫笋，而腊面乃产于福。五代之季，建属南唐，岁率诸县民采茶。"[②]北苑乃南唐所设，可见建茶发展始于此时。南唐灭闽后，建州归属南唐，成为其新的茶叶产区。其茶叶生产的大发展也是在这一时期。史载："北苑产茶，有四十六所，广袤三十余里，分内外园，江南李氏初置使。"[③]这仅是建州官设的一处茶园，民间茶园尚不知其多少。宋代大科学家沈括说：

> 古人论茶，唯言阳羡、顾渚、天柱、蒙顶之类，都未言建溪。然唐人重串茶粘黑者，则已近乎建饼矣。建茶皆乔木，吴、蜀、淮南唯丛茭而已，品自居下。建茶胜处曰郝源、曾坑，其间又岔根、山顶二品尤胜，李氏时号为"北苑"，置使领之。[④]

---

① 《旧五代史》卷一一二《周太祖纪三》，第1480页。

② 〔宋〕熊蕃：《宣和北苑贡茶录》，见《文渊阁四库全书》，台湾商务印书馆，1983年，第844册，第637页。

③ 〔宋〕曾敏行：《独醒杂志》卷九《北苑茶》，见《宋元笔记小说大观》，上海古籍出版社，2007年，第3280页。

④ 〔宋〕沈括：《梦溪笔谈》卷二五《杂志二》，中华书局，2015年，第241页。

可见建茶品质本来优良，之所以不知名，是由于焙制不佳也。南唐保大四年（946），"命建州制的乳茶，号曰'京铤腊'。茶之贡自此始，遂罢阳羡茶贡"①。实际上"乳"和"京铤"是两种茶，不能混为一种。阳羡茶本为江淮茶之珍品，此次罢贡，可见建州京铤茶已超过它。建茶乃"李氏别取乳作片，或号京挺的乳及骨子"②。它又可做妇女妆饰之用。据载："江南晚季，建阳进茶油花子，大小形制各别，极可爱。宫嫔缕金于面，皆以淡妆，以此花饼施于额上，时号北苑妆。"③其花色、香味可以想见。南唐时，京铤的乳子与骨子年产量已达五六万斤，至宋代上升到30万斤。④京铤等的生产反映出福建茶叶生产的质量和产量在南唐时有较大的提高。但有人据此断定福建茶已超过江淮茶，则言之过分了。⑤京铤茶取代的仅阳羡茶一种，江淮名茶种类颇多，取代其中一种，如何能确认福建茶质量已超过整个江淮地区的茶叶？建茶质量居全国之首是在宋代，就产量而言，江淮地区更是居全国之首。乾德三年（965），苏晓为淮南转运使，榷蕲、黄、舒、庐、寿5州茶，"岁入百余万缗"⑥。北宋攻灭南唐后，仅在江南和江西的宣、歙、江、池、饶、信、抚、筠、袁、广德、兴国、临江、建昌、南康等14军州（均在原南唐境内），岁榷茶达1072万斤，而福建不过393000余斤。南方其他地区，荆湖247万斤，两浙1279000余斤，⑦均远远落后于江南14军州。以上数字仅是政府榷征所得茶叶，实际产量还不止此。北宋江淮地区的茶叶生产是在南唐的基础上发展起来的，在一定程度上也可反映出南唐茶叶生产的盛况。

关于茶树的栽培技术，此时也有较大的发展。《茶经》卷上记述唐

---

① 〔宋〕祝穆：《方舆胜览》卷一一《建宁府》，中华书局，2003年，第182页。

② 〔宋〕赵彦卫撰，傅根清点校：《云麓漫钞》卷四，中华书局，1996年，第65页。

③ 〔宋〕陶谷撰，孔一校点：《清异录》卷下《北苑妆》，见《宋元笔记小说大观》，上海古籍出版社，2007年，第91页。

④ 〔宋〕吴曾：《能改斋漫录》卷九《北苑茶》，中华书局，1960年，第268页。

⑤ 陶懋炳：《五代史略》，人民出版社，1985年，第191—192页。

⑥ 《宋史》卷二七〇《苏晓传》，第9259页。

⑦ 《宋史》卷一八三《食货志下五》，第4477页。

代的方法时只说："上者生烂石，中者生砾壤，下者生黄土。凡艺而不实，植而罕茂，法如种瓜，三岁可采。"虽然说了茶树生长对土壤的要求和栽种方法，但太过简略。因此，长期以来无法确知唐及唐以前茶树栽培和茶园管理措施。而五代人韩鄂所撰的《四时纂要》[1]则对茶树的种植季节、茶园选择、播种方法、中耕除草、施肥灌溉及遮阴措施等都有详尽的记述。抄录如下：

种茶：二月中于树下或北阴之地开坎，圆三尺，深一尺，熟劚，著粪和土，每坑种六七十颗子，盖土厚一寸强，任生草，不得耘。相去二尺种一方，旱即以米泔浇。此物畏日，桑下、竹阴地种之皆可。二年外，方可耘治。以小便、稀粪、蚕沙浇拥之，又不可太多，恐根嫩故也。大概宜山中带坡峻。若于平地，即须于两畔深开沟垄泄水。水浸根，必死。

三年后，每科收茶八两。每亩计二百四十科，计收茶一百二十斤。

茶未成，开四面不妨种雄麻、黍、穄等。

收茶子：熟时收取子，和湿沙土拌，筐笼盛之，穰草盖之。不尔，即乃冻不生。至二月，出种之。[2]

这是到目前为止，我国有关茶树栽培和管理技术问题最早最详细的记载，与近代方法已无大异。这是包括吴、南唐在内的当时南方各地茶区生产技术发展的实际反映，说明早在1000多年前的五代，我国茶树栽培技术已经达到相当高的水平了。

此时的茶叶亩产量也是相当高的，据上面所引《四时纂要》之文说，当时每亩产鲜茶120斤。此时的1亩等于今0.788亩，1斤等于今1.2

---

[1] 关于此书所记内容，笔者采用日本学者守屋美都雄的看法，认为此书主要反映了华中、华南的生产情况。

[2] 〔五代〕韩鄂原编，缪启愉校释：《四时纂要校释》卷之二，农业出版社，1981年，第69—70页。

斤。据此，今可合为亩产113.5斤，将其看作当时的最高亩产量。

除了上述桑、麻、茶三大经济作物外，甘蔗、水果、花卉、蔬菜、药材、渔业等生产也都有一定的发展。唐代生产甘蔗的地区主要是今江苏、浙江、福建、广东、湖南、四川等地，南唐的疆土是其中的一部分。扬州在唐代就盛产甘蔗，并用它熬糖。贞观时从印度引进新熬糖法，经过改进技术，生产的砂糖已超过印度，后来又开始造糖霜即白糖。江南一带生产甘蔗的情况，在樊珣、白居易等人描写江南景物的诗句中有生动的反映，表明当时这里种植甘蔗已相当普遍了。[①]估计这些蔗田在南唐时仍存在。福建西北部山区也是甘蔗的重要产区，由于植蔗之利远远超过粮食生产，这里的甘蔗种植面积逐步扩大起来。到宋代时，原属南唐的建州（宋代称建宁府），当地人宁肯挤掉粮食生产，冒禁犯法，也要种植甘蔗，所谓"建宁之境，地狭而民贫，……七邑之民，……颇不务本，往往冒法禁，……又多费良田，以种瓜植蔗"[②]。当甘蔗生产转化为商品生产时，价值规律在这里起了调节生产的作用，这就是建州人民多种蔗少种粮的根本原因。

自古以来我国南方就是著名的水果产区。从南唐境内来看，江南、江西均盛产柑橘，福建也产柑橘，但福建最负盛名的还是荔枝，属南唐管辖的建、剑、泉、南均盛产此物，并开始走上专业化生产道路，出现了果农，种植品种也日渐增多。宋人评价荔枝质量时说："闽中第一，蜀川次之。"[③]还说荔枝"闽中唯四郡有之，福州最多，而兴化军最为奇特，泉漳时亦知名"[④]。此外，漳、泉、建等州还出产龙眼、橄榄等多种水果。唐五代时这里的水果已转化为商品，大量地运销外地，《太平广记》载扬州就有专门从事水果经营的商人。南唐出产的水果还有梅、

① 《全唐诗》卷三〇七樊珣《状江南仲夏》，第3490页；〔唐〕谢思炜：《白居易诗集校注》卷二七《想东游五十韵并序》，中华书局，2006年，第2118页。
② 《全宋文》卷四七八七韩元吉《建宁府劝农文》，第216册，第20页。
③ 〔宋〕叶廷珪：《海录碎事》卷二二下《果实门》，中华书局，2002年，第1024页。
④ 〔宋〕蔡襄：《荔枝谱》，见《文渊阁四库全书》，台湾商务印书馆，1983年，第845册，第155页。

石榴等。已经出现了专门化的种植园圃，如泾县东北隅就有一处园圃，"果实枝繁，翠色长在"①。

蔬菜业是随着城市发展而发展起来的，菜圃多分布在城市周围。从前政府历来对菜地、果园不收税，从唐代才开始收税。《文苑英华》卷五二七《受田兼种五菜判》、卷五四六《桔奴判》都反映了这种情况，这表明蔬菜园艺业已大大发展。唐五代时蔬菜已由南北朝的30种增至40多种。②唐五代时，专业化的菜农已出现。

花卉培植在唐代很兴盛，五代亦然。不仅官僚贵族、富商大贾喜爱花卉，大量种植，市民也都愿意用花卉装饰生活。因此，花卉成为商品，出现专门种花的花匠和卖花人，城市中卖花人颇多。当时黄州、鄂州均广种海棠，楚州多种芍药。南唐徐铉的《稽神录》载扬州妇女已手捧鲜花上街游乐，可见养花之盛。扬州以"芍药名天下"，到宋代竟出现种植五六万株花卉的大园圃，③出现了"种花之家，园舍相望"的盛况，"四方之人，尽皆赍携金帛，市种以归者多矣"。④

在金陵、扬州一带无论官民都非常追捧牡丹。如宰相严续家就种有不少名贵的品种，每当其怒放之时，文人学士纷纷前来欣赏，徐铉还写下"数朵已应迷国艳，一枝何幸上尘冠"的诗句。⑤南唐的寺院中也植有牡丹，金陵僧人谦光也写有关于牡丹的诗句，所谓"拥衲对芳丛，由来事不同。鬓从今日白，花似去年红"⑥。在金陵的文人学士、贵族官僚中，也有与长安一样的喜爱牡丹的风气，所谓金陵"豪家重牡丹"，说的就是这种风气。其实这种风气早在吴国统治时期就已形成，当时扬州

---

① 《全唐文》卷八七二薛文美《泾县小厅记》，第9123页。
② 李伯重：《唐代长江流域地区农民副业生产的发展》，《厦门大学学报》（哲学社会科学版）1982年第4期，第46—52+27页。
③ 〔宋〕王观：《扬州芍药谱》，见《文渊阁四库全书》，台湾商务印书馆，1983年，第845册，第9页。
④ 《能改斋漫录》卷一五《芍药谱》，第458—459页。
⑤ 《全唐诗》卷七五五《严相公宅牡丹》，第8593页。
⑥ 《全唐诗》卷八二五《赏牡丹应教》，第9301页。

就有"白牡丹妓院"①。一些文人撰写了不少咏牡丹诗，甚至出现了赏牡丹时万事皆忘，以及牡丹之美令西施丧气的说法。江西一带也有牡丹种植，李建勋任职临川时，出赏牡丹，有一小吏随口咏曰："三月能辞千日醉，一生能得几回看。"②

药材种植在唐五代也较广泛，许多城市都有专门买卖药材的市场，如扬州、金陵等都有药市。③不仅药农种植药材，连皇家也种植，南唐元宗曾赐给大臣周继诸金锄一柄，说："是朕苑中自种药者，今以赐卿。"④红花在大江南北皆广泛分布，南唐境内亦有种植。此外，牛蒡、决明子、附子等的种植也日渐增多。如此，导致农村出现了许多药园、药圃，专门化的种植已经出现。

江淮多湖泊河流，这里人民饭稻羹鱼古来已成习惯，唐人崔融说："江南食鱼，河西食肉，一日不可无。"⑤当地人食鱼除了从水中捕捞外，人工养殖也已成习惯。从白居易、陆龟蒙等人的诗中可以知道苏州、江州等地出现了小规模的人工开挖的鱼塘鱼池。⑥岭南等地出现了稻田养鱼，江淮地区此时也有这种生产。⑦养鱼的关键之一在于鱼苗的选取和培育。江州是大江流速趋于舒缓、便于鱼群产子的地区，因而这里成了鱼苗培育中心。鱼苗被远销到福建、浙江等地。唐代人工采取鱼种的方法，是将鱼产卵地点的菰蒋草曝干为把，运到外地需要的地方后，将草把放置水中，让草上的鱼卵孵化为鱼苗。至五代时，方法有所改进，即取大鱼产卵之处近水际土，运到养鱼处，布于池底，土中鱼卵便

① 《旧五代史》卷一三《朱瑾传》，第173页。
② 《全唐诗》卷七九五《临川小吏》，第8962页。
③ 《皎然集》卷七《买茶歌送杨山人》曰："扬州喧喧卖药市，浮俗无由识仙子。"可知扬州早在唐代就有药市，至五代时期仍然兴盛不衰。《四部丛刊初编》，第111册。
④ 《江南余载》卷下，第5120页。
⑤ 《资治通鉴》卷二〇七，则天后久视元年十二月，第6553页。
⑥ 《白居易诗集校注》卷七《草堂前新开一池养鱼种荷日有幽趣》，第623页。
⑦ 〔清〕方世举撰，郝润华、丁俊丽整理：《韩昌黎诗集编年笺注》卷八《稻畦》，中华书局，2012年，第461页。

可孵化为鱼苗。^①这种办法在《四时纂要》中有记载，比前述方法孵化鱼苗多。

养蜂取蜜自六朝已经开始，江南地区却是在唐中叶才开始的，吴、南唐时已很普遍。当地人为避杨行密讳，呼蜂蜜为蜂糖，^②可见蜂蜜的确已很常见。《岭表录异》说，在采蜂蜜、收蜂子等方面，江南的宣歙人最有名。《四时纂要》中也把开蜜列为农家日常活动之一。可见，江南养蜂事业已较普遍了。

南唐经济作物的发展表明其农业经济开始由单一的粮食生产走向综合经营，这对促进农业商品化，提高农业经济的活力，有一定的积极意义。这一趋势是五代时的北方农业经济所没有的，也反映了江淮以及江西地区山区和丘陵开发的成果。但是，这时的经济作物在整个农业经济中还很微弱，对农业商品化的促进还不能做太高的评价，自然经济仍占绝对的统治地位。就是说应当肯定当时农业经济综合经营的发展趋势，但又不能过分夸大它的影响，只有这样才能对南唐的整个农业经济有一个恰如其分的评估。

第二节 手工业与商业的发展

一、工商业发展的原因与条件

南唐手工业与商业和五代时期南方各国一样是比较繁荣的。繁荣的根本原因乃是农业生产的发展和农业经济商品化趋势的加快。大片土地的开垦，众多水利设施的兴修，使农产品丰富起来，为商业繁荣提供了比较充实的商品。种茶业、甘蔗业、蚕桑业、蔬果业和养鱼业、养蜂业发展，带来了贸易的繁荣。它们基本上属于商品性的种植业

---

① 李伯重：《唐代长江流域地区农民副业生产的发展》，《厦门大学学报》（哲学社会科学版）1982年第4期，第46—52+27页。

② 《云麓漫钞》卷九，见《唐宋史料笔记丛刊》，第152页。

和养殖业，其生产不仅是为了自身的消费，而且是为了提供更多的商品。稻麦虽然不是为提供商品而生产，但也不排除其成为商品。与此同时，这些行业的发展，也为制茶、制糖、丝织等手工业部门提供了充足的原料，造纸业也是靠农业提供原料的。这样就促进了手工业经济的发展。

从思想方面看，南方各国的君主大多数是靠军旅起家的，他们或出身于商贾，或出身于农夫、游民，传统的"崇本抑末"思想在他们头脑中不甚明晰。他们多力图通过发展商业和手工业来积累财富，增强实力。南唐烈祖就是如此，杨行密也是如此。他们都很重视发展商业，把商业收入作为立国的主要经济支柱之一，为商业发展创造了一定的有利条件。

五代时期全国政治上的分裂和许多地区的相对安定，为商品经济的活跃创造了一种有利的客观条件。由于全国划分为若干个割据政权，而各个政权的经济又由于统治区域的相对狭小，不免带有明显的地域性。为了满足社会对各种物资的需求，只有通过商业途径去调剂。比如北方需要南方的茶叶，而南方则需要北方的丝织品、金属制品、马匹等，这就必然导致商业贸易的活跃。人们通常认为，在分裂时期，关卡阻隔，商税繁多，商业发展似乎不便。但这仅仅是问题的一个方面，而且是次要的方面。因为统一的专制集权并不一定能长久地为商品经济的发展开辟广阔市场。由于中国地大物博，物产丰富，统一时期的统治阶级对各种物品的需求往往可以通过非商业交易的手段获得，加之传统的重农抑商思想的作怪，统治阶级并不重视商品经济的发展。更何况商品经济本身的发展对自然经济有着侵蚀作用，这种作用归根到底是与专制政权相悖逆的。所以，在统一的专制集权高度强化的时期，专制政权对待商业的态度，必然是严格控制，并力图将其纳入自然经济的轨道，使商品经济得不到充分发展。从这个意义上说，古代政治链条上的薄弱环节恰恰可能成为商品经济自由发展的沃壤。为什么中国资本主义萌芽不是产生于专制集权高度强化的明朝初期，而是产生于社会矛盾激化、统治相对衰弱的中后期，就是这个道理。五代十国的江南地区则正处于这样一个特定的历史时期。

对于南唐来说，还有一个原因。烈祖辅吴时期，虽一度改行实物税，但南唐建立后，又恢复了夏税征钱的制度。农民为了缴税，就必须把部分产品送到市场上去交易换钱，从而扩大了商品经济的范围，使其日益渗透到农业经济中去，从而导致商业交易的繁荣。

二、手工业的发展

南唐的手工业和其他各朝一样，也分为官营和民营两大类。1958年在合肥西郊南唐墓中发掘出铜镜一面，背面有"都省铜坊匠人李成"字样，[1]证明南唐确有官营手工业作坊。就官营手工业内部结构而言，并未发生什么大的变化，故此不赘言。而此时民营手工业就其作坊规模而言，比之唐代有了发展，出现了规模较大的作坊。据载，扬州有富户，其家"厅之西复有广厦，百工制作毕备"[2]。既称百工毕备，可见规模不小。由于史料缺载，其内部结构还不清楚。通常将这种现象看作唐代的情况是不对的，这段资料出自徐铉《稽神录》，徐铉是南唐时人，其书反映的是五代时扬州的情况。南唐手工业主要分为染织、制茶、制盐、矿冶、制瓷、铸钱、造纸、文具制造等行业。其中以染织业、制盐业和制茶业最为发达，规模也最大。

（一）染织业

江淮纺织品之精美，品种、数量之多，素来著名。早在唐玄宗时，韦坚向朝廷进奉的二三百船江南轻货中就有扬州的锦，丹阳的京口绫、

---

① 石谷风、马人权：《合肥西郊南唐墓清理简报》，《文物参考资料》1958年第3期，第65—66页。

② 〔宋〕徐铉撰，白化文点校：《稽神录》卷六《吴延珤》，中华书局，2006年，第104—105页。

彩缎，以及常州的"折造官端绫绣"等丝织品，受到玄宗的赞赏。[1]这些织物织造水平必然极高，否则韦坚也不敢炫耀，皇帝也不会赞赏。据《元和郡县图志》《新唐书·地理志》的记载，江淮地区上贡的丝织品中，润州主要有纹绫、衫罗，以及水纹、方纹、鱼口、绣叶、花纹等花色图案的绫；宣州有五色线球及绫绮；庐州有花纱、交棱丝布；常州有纨、绢、红紫锦巾；扬州有蕃客袍锦、被锦、半臂锦、独窠绫等。其中蕃客袍锦可能是为外国或外族人制作袍服而专门织造的锦。安史之乱后，唐政府对江淮依赖日重，所谓"衣食半天下"。在这样的政治、经济形势下，江淮丝织业必然进一步发展，使江淮地区丝织业水平逐渐赶上北方。唐诗中的"新妆巧样画双蛾，谩裹常州透额罗"[2]之句，描写的就是常州所产的罗。晚唐时崔致远称赞淮南所贡绫绢，"舒张则冻雪交光，叠积则余霞斗彩"[3]，说明江淮高级丝织品已赶上北方水平。

五代时期的江淮，经过统治阶级的大力鼓励，允许以丝织品完税，使这里的丝织业在唐代的基础上有了更进一步的发展。吴、南唐时期向中原王朝进贡物品中，经常少不了绫、罗、锦、绢等物。如吴杨溥时期向后唐进贡的物品中，就有"锦绮罗一千二百匹""罗锦一千二百匹"。[4]南唐在显德三年向后周献"罗绮二千匹"[5]，显德五年又献缯10万匹。[6]南唐德昌宫就储有价值700万缗的金帛。[7]其所存丝织品数量之巨，也反映了丝织业之发达。南唐后主宫中，"以销金红罗羃其壁，以白银钉玳瑁而押之。又以绿钿刷隔眼，中糊以红罗"，"每七

---

① 《旧唐书》卷一〇五《韦坚传》，第3222页。

② 《全唐诗》卷四二三元稹《赠刘采春》，第4651页。

③ ［新罗］崔致远撰，党银平校注：《桂苑笔耕集校注》卷五《进御衣段状》，中华书局，2007年，第130页。

④ 《十国春秋》卷三《吴睿帝本纪》，第59—60页。

⑤ 《旧五代史》卷一一六《周世宗纪三》，第1543页。

⑥ 《旧五代史》卷一一八《周世宗纪五》，第1571页。

⑦ ［宋］陆游：《南唐书》卷一《烈祖本纪》，第5470页。

夕延巧，必命红白罗百匹以为月宫天河之状"。①可见南唐丝织品精美之一斑。当时南唐宫人创造了新颖的染色技术，号为"天水碧"。据载其法是："（李）煜之内人染碧，夕露于中庭，为露所染，其色特好，遂名之。"因为色彩极为艳丽，故"建康市中染肆之榜，多题曰'天水碧'"②，成了盛极一时的招牌。天水碧即后来所说的天青或天蓝色，没有一定的技术，不可能染出这种既大方又鲜艳的颜色。上面提到建康（即金陵）染肆多，意味着该地区丝织作坊也多。染肆（坊）在南唐其他城市也不会少。庐州的丝织业也很发达。据载：张崇任刺史时，善于聚敛，生活奢侈，"从者数千人，出遇雨雪，皆顶莲花帽琥珀衫，所费油绢，不知纪极，市人称曰雨仙"③。油绢乃是涂了油或漆的厚绢，数千人披它，必须有发达的丝织业才能供应得上。据《清异录》载，南唐时饶州生产一种新产品，曰"醒骨纱"，"用纯丝蕉骨相兼捻织，夏月衣之，清凉适体"，很受时人欢迎。凤阁舍人陈乔曾用其做外衫，号"太清氅"，"又为四裰肉衫子，呼'小太清'"。④

唐代鄂、润、抚、黄、蕲、洪、歙、庐等州均上贡各种纻布、葛布、麻布甚至高级的金丝布。⑤到吴、南唐时，民间的手工布织业仍相当普遍，烈祖时在宫中曾施用青葛布帷，并用40间库房贮存布，可见布的产量也不低。

（二）制茶业

五代时，茶叶为贸易大宗，不仅畅销于南北各地，而且也向契丹甚至海外大量运销。南唐时期的产茶区主要有光、舒、寿、蕲、黄、常、宣、歙、升、润、鄂、袁、吉、庐、饶、洪、江等17个州，以上这些州早在唐代就是产茶区，在南唐时期继续生产茶叶；此外，池、筠、虔、

① 《五国故事》卷上《伪唐李氏》，第3185页。
② 《五国故事》卷上《伪唐李氏》，第3185页。
③ 《清异录》卷下《雨仙》，第88页。
④ 《清异录》卷下《小太清》，第88页。
⑤ 《新唐书》卷四一《地理志五》，第1052页。

抚、扬、和等6州，未见于唐代文献记载，应是南唐新增的产茶区；故共计23个产茶州。[①]再加上从闽国夺取的建州，南唐总计有24个产茶州，在五代十国时期位居诸国之首。南唐不仅产茶区广大，茶产量也居全国之首，北宋在江南实行榷茶法，每年课茶总额为1027万斤。[②]课茶额远远超过其他诸路。这还仅仅是江南15个军州的课茶额，如果将南唐24个产茶州的课茶额算在内，数量肯定大大超过这一数据。北宋时期的这种状态是在南唐茶叶生产的基础上发展而来的，在一定程度上也可以反映南唐茶叶生产的盛况。

南方各国不仅广植茶树，在茶叶焙制技术方面也有较大的提高。五代诗人郑邀《咏茶》诗云："嫩芽香且灵，吾谓草中英。夜臼和烟捣，寒炉对雪烹。惟忧碧粉散，常见绿花生。最是堪珍重，能令睡思清。"[③]僧齐己的茶诗则云："甘传天下口，贵占火前名。""高人爱惜藏岩里，白碪封题寄火前。"[④]从这些吟咏优质名茶的诗句中，也可以窥见当时茶叶焙制技术提高之一二。茶分两种：一种是团茶，也叫片茶；另一种是散茶。团茶为唐、五代、宋所饮用的主要茶品，生产也以此为主；散茶类似我们现在所饮的茶，到宋代后期才逐渐发展起来，并取代了片茶的主导地位。焙制团茶，工艺要求极严。茶叶采摘下以后，"择之必精，濯之必洁，蒸之必香，火之必良，一失其度，俱为茶病"[⑤]。唐代团茶的制作，分为蒸、捣、拍、焙、穿、封几道工序。要求有雨时不采茶，晴天有云也不采，天气晴朗时才可进行采摘。然后择好、洗净，迅即蒸熟、捣碎，拍打成形，焙干、穿起、封装保存。南唐焙制方法基本承袭唐代，"唯建、剑则既蒸而研，编竹为格，

---

① 杜文玉：《五代十国经济史》，学苑出版社，2011年，第102、105页。

② 《宋史》卷一八三《食货志下五》，第4477页。

③ 《全唐诗》卷八五五，第9670页。

④ 〔宋〕王观国撰，田瑞娟点校：《学林》卷八《茶诗》，中华书局，1988年，第275页。

⑤ 〔宋〕宋子安：《东溪试茶录》，见〔宋〕蔡襄等著，唐晓云整理校点：《茶录》（外十种），上海书店出版社，2015年，第23页。

置焙室中，最为精洁，他处不能造"①。所谓研茶，"以柯为杵，以瓦为盆，分团酌水，亦皆有数。……自十二水而上，日研一团。自六水而下，日研三团至七团。每水研之，必至于水干茶熟而后已。水不干，则茶不熟，茶不熟，则首面不匀，煎试易沉。故研夫尤贵于强有手力者也"②。蒸而不捣为散茶，捣而不拍为末茶，建州北苑所造之茶，均为经过捣拍等诸种工序的团茶。前面已提到该地焙制了名茶京铤，其实并不仅限于此，还有的乳、骨子、研膏、蜡面等多种优质茶，京铤只是其中最佳者。它们均属团茶。沈括说南唐"李氏时有北苑使善制茶，人竞贵之，谓之'北苑茶'"③，是对该地所产诸种名茶的统称。唐代茶叶拍制成后，并不装饰表面，所以陆羽说茶的形状多种多样：有的像胡人的靴子那样皱缩；有的像野牛的胸部褶皱不平；有的如浮云出山时的状貌，弯曲多变；有的像风吹过水面激起的微波；有的像做陶器时用水抹光表面一样，光滑润泽；有的像新开地经暴雨冲过一样。以至于当时人片面地认为，只有茶块光滑、黑色平整的才是好茶。④而南唐时则进行了"饰面"的艺术加工，在拍制工艺上也有所改进，茶饼"大小形制各别"，"饰面"图案各异，以至宫嫔在面上镂金后，施之额上，号之"北苑妆"⑤。宋代把这种工艺进一步发展，形制有方形、圆形、半圆形、椭圆形、花瓣形、多边形等，茶饼最大的不过3寸，最小的只有1寸。"饰面"图案有龙、云、凤、花卉等，并且起了各种雅致的名称，日"贡新""龙园胜雪""御苑玉芽""万寿龙芽""龙凤英华"等等，还装以竹、银、铜等圈模，技艺可谓精湛绝伦，使得北苑茶名声大盛，士大夫们以能获得其为荣耀，"每相夸诩，唯恐汲泉不活，泼乳不多，啜尝而乏诗情也"⑥。北苑茶质量如此之好，是和南唐在这里的经营

① 《宋史》卷一八三《食货志下五》，第4477页。
② 《北苑别录》，见〔宋〕蔡襄等著，唐晓云整理校点：《茶录》（外十种），第71—72页。
③ 《梦溪笔谈补》卷一《辨证》，第273页。
④ 〔唐〕陆羽撰，沈冬梅校注：《茶经》卷上，中华书局，2019年，第38页。
⑤ 《清异录》卷上《北苑妆》，第91页。
⑥ 〔宋〕周辉撰，刘永翔校注：《清波杂志校注》卷三，中华书局，1994年，第154页。

分不开的。

南唐时，建州有官焙38处，官私茶焙总共有1336处，[①]可见制茶手工业规模之大。南唐统治区内的大部分州县都种植茶树，其焙制均在当地进行（因为茶叶要随采随制，拖到夜间焙制，品质会受影响，故焙舍均设在产茶区内），可以说制茶业几乎遍布全境。其中不少为官府所经营，如徐履掌管建阳茶局，名其焙舍曰"玉茸"[②]。陶雅曾派人在婺源城北三里的连同，设置了官营的制置茶院。[③]正由于制茶业的发达，南唐才能用巨额的茶叶进行贸易或贡献，如交泰元年（958），一次就遣人献给后周皇帝50万斤茶叶。[④]

南唐所产的名茶除了以上所述的建茶外，还有许多历史悠久的名茶，早在唐代时这里就出产阳羡、紫笋、白露、黄牙、团黄等名茶。南唐时有开火、团黄、丫山、小方饼、横铺，茗芽装面、横纹、仰山、稠平、木平、西山白露、鹤岭、紫清、香城、罗汉、鹤岭等茶也都比较有名。[⑤]

（三）矿冶、铸钱业

南唐保存了唐代在江淮地区的大部分官营坑冶，并开发了一些新的坑冶。江西的信、饶两州除产铜、铅外还产金和麸金，乐平县在唐代每年出银达10余万两，仅银税每年就有7000两之多。[⑥]至南唐这里的银冶仍在生产。据《江西通志》载：饶州德兴县，因产银而置场，至南唐昇元年间改场为县。信州铅山县，南唐保大中析弋阳等县所属乡设立，"盖其初本置铅场，借以收利，至是升为县也"。南唐因矿冶发展而新置县还很多，如泉州安溪县，置于保大十三年，因其地"冶有银铁、税

---

① 《东溪试茶录》，见〔宋〕蔡襄等著，唐晓云整理校点：《茶录》（外十种），第17—18页。

② 《十国春秋》卷一一五《拾遗》，第1702页。

③ 《十国春秋》卷一一五《拾遗》，第1675页。

④ 《册府元龟》卷二三二《僭伪部·称藩》，第2599页。

⑤ 《五代十国经济史》，第114页。

⑥ 《元和郡县图志》卷二八《江南道四》，第672页。

有竹木之征，……地实富饶"①，遂升小溪场为安溪县。南唐矿冶影响后世深远者，莫过于鄂州新开的大冶铁矿。据载：鄂州羊山镇、永兴大冶青山场院，皆置官冶。②大冶矿始创于吴武昌节度使秦裴任内，大约是公元906年。"裴在治七年，积军储二十万，开青山大冶，公家仰足。"③南唐代吴后，矿冶扩大，遂于保大十三年（955）"分阳新、武昌三乡置大冶县"④。从此，大冶成为重要产铁区，至于近代更为兴盛。大冶附近的兴国军（治所在南唐永兴，今湖北省阳新县），地产铜、铁、银。⑤此外，袁、洪、宣、润等州均有铜坑，有的还产铅或银。润州句容县有铜山，"周回二十里，高八十七丈，以旧出铜故名"⑥。始置于昇元四年的铅山铜场，至宋成为三大铜场之一，年征收胆铜38万斤。⑦《清异录》还说，上饶"铁精而工细"，所产剪刀有"二仪"之名，"皆交股屈环，遇物如风"⑧。扬州是唐代矿冶业的中心之一，出产铜镜特别有名，至南唐时仍兴盛不衰。这里的兵器制造业也很发达，质高量大，直到宋代这里仍是兵器制造中心之一。另外，宣、洪、蕲、鄂4州所造军器也很精良。

随着矿冶业的发展，南唐于产铜处置监铸钱，计有饶州永平监、池州永宁监、建州永丰监等，⑨其中永平监岁铸钱6万贯。⑩关于南唐每岁铸钱总数，据《宋史》卷一八〇《食货志下》记载："初，南唐李氏

① 〔清〕陆心源辑：《唐文拾遗》卷四八詹敦仁《初建安溪县记》，中华书局，1983年，第10921页。
② 《十国春秋》卷一一一《地理表上》，第1590页。
③ 《九国志》卷一《秦裴传》，第3227页。
④ 《十国春秋》卷一一一《地理表上》，第1590页。
⑤ 〔宋〕乐史撰，王文楚等点校：《太平寰宇记》卷一一三《江南西道十一》，中华书局，2007年，第2305页。
⑥ 〔明〕程文纂：《弘治句容县志》卷四《地理类》，天一阁藏明代方志选刊，明弘治刻本。
⑦ 《宋会要辑稿》食货三三之一九，第6726页。
⑧ 《清异录》卷下《二仪刀》，第105页。
⑨ 《续唐书》卷二〇《食货志》，第221页。
⑩ 《宋会要辑稿》食货一一之四，第6213页。

铸钱，一工为钱千五百，得三十万贯。"这个数字当为南唐每岁铸钱总数，而不可能是历年累计之数。因为仅永平监每年就铸6万贯，加上其他各监所铸，完全可以达到这个数字。而且永平监用唐"开元通宝"钱法，"肉好周郭精妙"。[①]到北宋景德至天禧（1004—1021）时，全国有4个铜钱监："饶州曰永平，池州曰永丰，江州曰广宁，建州曰丰国。"[②]其均位于南唐境内，其中前三监即南唐钱监的继续，不过规模有所扩大罢了。宋初张齐贤为江南西路转运使，"询知饶、信、虔州土产铜、铁、铅、锡之所，推求前代铸法，取饶州永平监所铸以为定式，岁铸五十万贯"[③]。可见宋初铸钱业是在南唐基础上发展起来的。南唐产铜地区甚多，故民间私铸钱很盛，形制粗恶、轻薄，政府虽严加禁止，仍不能止绝。除铜钱外，南唐末年一度铸造过铁钱。有人说南唐还铸造过铅、锡钱，翻检史籍，还未发现有此类记载。

（四）制盐业

五代十国时期的食盐分为池盐、海盐、末盐。所谓末盐，是碱土所煎之盐和井盐的统称。南唐所产之盐主要是海盐，尽出于淮南，主要分布于海州、通州、盐城监、海陵监等处。唐代在扬州置盐铁院，榷取盐利，输于长安。唐人杜牧也说"盐铁重务，根本在于江淮"[④]。

吴与南唐立国后，仍以盐利为重要财源。杨行密占据江淮，以盐茶收入作为财政支柱，其后行"盐米"之政（见前述）。其中通州的产盐区在静海县，所管盐场共有8个。宋初在这里设置了利丰监，"管亭户一千三百四十二，计一千六百九十四丁。每丁岁煎盐九十石，岁收一十五万八百五石"[⑤]南唐在这里设置了静海制置院（治今江苏省南通市境内），管理海盐的生产。

---

① 《宋会要辑稿》食货一一之四，第6213页。

② 《宋史》卷一八〇《食货志下二》，第4379页。

③ 《宋史》卷二六五《张齐贤传》，第9152页。

④ 〔唐〕杜牧撰，吴在庆校注：《杜牧集系年校注》卷一三《上盐铁裴侍郎书》，中华书局，2008年，第889页。

⑤ 《太平寰宇记》卷一三〇《淮南道·通州·利丰监》，第2570页。

另一个为盐城监，归海陵制置院（治今江苏省泰州市）管辖。徐复掌管海陵盐政时，曾修烹炼之亭，取名曰"金卤"①。史载，盐城监"古之盐亭也，历代海岸煎盐之所。元管九场。伪唐以为盐监"。这9个盐场全部临海，即五祐、紫庄、南八游、北八游、丁溪、竹子、新兴、七惠、四海。②

海陵监，"煮盐之务也。唐开元元年置海陵县为监，于海陵县置泰州，以辖其监"③。下辖有8个盐场。海陵监下辖盐场数虽然少于盐城监，但产量却高于盐城监，"一岁煮盐六十万石，而楚州盐城、浙西嘉兴临平两监所出次焉，计每岁天下所收盐利，当租赋二分之一"④。

南唐对制盐业非常重视，置盐铁官专领其事，宰相周宗曾"知盐铁职务，家遂大富"⑤。在泰州、宣州、静海等地均设盐铁官管理盐政。宣州似不产盐，设此官可能主管放盐之事，如是这样，其他各州也应有此类机构。后周攻取淮南后，南唐无盐，元宗曾请求周世宗将海陵归属南唐，被拒绝，但每年"支盐三十万斛以给江南"⑥。这仅为淮南盐产的一小部分。宋人朱熠说："淮盐以利博矣，以蜀、广、浙数路言之，皆不及淮额之半。"⑦至绍兴间，仅海陵一地"岁支盐三十余万席，为钱六七百万缗"⑧。可见淮南盐产之丰厚。

（五）制瓷业

五代十国的制瓷业继唐代之后有了一个新的飞跃，不仅种类比唐代多，而且制作技术、造型艺术、装饰手法及图案设计都有创新与发展。

① 《十国春秋》卷一一五《拾遗》，第1702页。
② 《太平寰宇记》卷一二四《淮南道·盐城监》，第2465页。
③ 《太平寰宇记》卷一三〇《淮南道·海陵监》，第2568—2569页。
④ 《太平寰宇记》卷一三〇《淮南道·泰州》，第2565页。
⑤ 《五国故事》卷上《伪吴杨氏》，第3183页。
⑥ 《资治通鉴》卷二九四，后周世宗显德五年五月，第9584页。
⑦ 〔明〕盛仪纂修：《嘉靖惟扬志》卷三二《诗文志》，天一阁明代方志选刊，明嘉靖刻本。
⑧ 《清波杂志校注》卷一〇，第431页。

尤其是南方的制瓷业发展更快，超过了北方。南唐制瓷业和南方其他各国一样也有较大的发展。

南唐的制瓷业主要集中于江西，根据考古资料，今景德镇地区尚未发现唐代以前的窑址，已发现的早期窑址均属五代时期，如胜梅亭、白虎湾、湖田、黄泥头、外小里、塘下、盈田、湘湖、凉伞树下、灵珠、柳家湾、南市街等，主要烧制白瓷和青瓷。[①]南唐时景德镇地区属饶州管辖。胜梅亭窑是目前发现的南方地区烧过白瓷的最早窑址之一，这里还兼烧青瓷。湖田窑位于景德镇东南方的湖田村，窑场遗址与遗物堆积面积达40万平方米。该窑以及黄泥头窑均烧造白、青瓷。这些窑场烧造白瓷的成功，对于宋代景德镇青、白瓷的制作，以及元、明、清时期这一地区制瓷业的发展，有着极为重要的作用。景德镇出土的白瓷，其瓷胎白度已达70%，接近现代细瓷的水平。[②]可见五代时这里的制瓷工艺水平之高。中华人民共和国成立后，在南唐烈祖、元宗二陵中发掘出了许多文物，其中有青、白两种瓷器。"胎质相当薄而且细致坚硬，釉色匀净明澈。"青瓷有深、浅两类。发掘报告认为其白瓷属邢窑系统，青瓷属越窑系统。[③]这两种瓷器可能是南唐本国生产的。根据文献记载："青瓷器皆云出自李王，号秘色，又曰出钱王。今处之龙溪出者，色粉青，越乃艾色。唐陆龟蒙有《进越器诗》，云：'九秋风露越窑开，夺得千峰翠色来。好向中宵盛沆瀣，共嵇中散斗传杯。'则知始于江南与钱镠皆非也。出自李王者，即今江西窑。"[④]据此看来，由于南唐江西所产青瓷与越窑产品相类，鱼目混珠，致使一些古人竟误认为南唐创烧了秘色瓷，可见南唐江西所烧青瓷水平之高。上述景德镇诸窑位于江西，上面所说的青瓷可能为其所产。五代还生产影青瓷，因为其釉色介于青、白

---

① 曹建文：《景德镇五代白瓷兴起原因初探》，《景德镇陶瓷》1998年第3期，第37页。

② 中国科学院考古研究所编著：《新中国的考古收获》，文物出版社，1961年，第100页。

③ 南京博物院：《南唐二陵发掘简略报告》，《文物参考资料》1951年第7期，第129—163页。

④ 《十国春秋》卷一一五《拾遗》，第1697页。

二色之间，青中有白，白中泛青，所以又称青白瓷，也有人叫它隐青、映青、罩青瓷。影青瓷以景德镇窑生产的最为著名，有人认为其创烧于唐代，但是直到目前景德镇还未发现这个时期的窑址，而在五代窑址中却有多处发现，因此创烧于唐代的说法是不能成立的。通常认为影青瓷创烧于五代，成熟于北宋中期。

饶州还产红瓷，宋人周辉《清波杂志校注》记载说："玉牒防御使仲楫，年八十余，居于饶（州），得数种（瓷器），出以相示，云：比之定州红瓷器，色尤鲜明。"[①]这里明确说是从饶州得到数种色彩鲜明的红瓷器，而景德镇诸窑正好在饶州境内，上面所说的红瓷很可能就是其产品。该书还说这种产品为窑变产品。窑变技术极难掌握，其发展有一个很长的过程，饶州这种技术的发端很可能始于南唐，至宋时趋于成熟，故产品才能如此精妙。此外，江州还产青、白瓷，抚州临川产青、黑瓷，饶州乐平亦产青、黑瓷，常州宜兴产青瓷。[②]

南唐江西的瓷窑还有吉州窑和七里镇窑。吉州窑位于今江西省吉安县永和镇西侧，是一处综合性民窑，创于唐代，吴、南唐时发展较快。它集南北名窑之大成，瓷器种类繁多，纹饰丰富，有青、黑、白、白釉彩绘等类，采用洒釉、剔花、印花、堆塑、彩绘、贴花等多种技法。其产品以黑瓷最负盛名。其产品除了在国内行销外，还行销国外。今安徽省泾县晏公窑、繁昌骆冲窑在五代时期生产的白瓷已经发掘出土，[③]质量也非常好。七里镇窑位于今江西省赣州市郊的七里镇。发现的窑址堆积16处，面积达3000平方米，创烧于晚唐，经吴、南唐，盛于宋。产品有青、白、黑、影青等类，多为日常用品。此后一度烧造外销瓷，韩国新安海底沉船上打捞的瓷器中就有七里镇的产品。据《茶经》卷中载，寿州、洪州均产瓷器，"寿州瓷黄"，"洪州瓷褐"。南唐时这些瓷窑仍

① 《青波杂志校注》卷五，第213页。

② 中国社会科学院考古研究所编著：《新中国的考古发现和研究》，文物出版社，1984年，第636页—640页。这些窑始于唐，历五代，至宋元仍在烧造。

③ 杜劲甫：《唐、五代长沙出土白瓷窑口探源》，《东南文化》2003年第1期，第79—81页。

在生产。泉州德化窑，有人认为创始于唐末或五代，[①]如果此说成立，那么，它就是南唐在福建的又一瓷窑了。此外，晋江产青、黑瓷，南安产青瓷，同安亦产青瓷，这些瓷窑均在泉州境内。[②]

（六）文具制造业

南唐的手工业和其他各国相比，有一个突出的特点，就是文化用品的制造比较发达，创造出一批名贵优质产品，也涌现了一批制作名匠。这种现象的出现和南唐文化繁荣、教育事业发达有密切的关系。文房四宝中的笔、墨、纸、砚均有佳品。

南唐的墨，以李廷珪墨最名贵。李廷珪本姓奚，由于制墨甚佳，被南唐君主赐姓李。唐末他和父亲奚超从北方移居江南，父子均以善制墨而著名。之后其弟李廷璋，其子李文用，文用子李惟庆、李惟一、李仲宣皆袭其业，他们和我国其他手工业者一样，为世代相袭的手工业工匠。相传其墨在水中经久不化。"当其时有贵族尝误遗廷珪墨一丸于池中，疑为水所坏，因不复取，既逾月，临池饮，偶坠金器，乃令善泅者下取之，并得所遗墨，光色不变，表里若新，缘是世多知宝藏云。"[③]其父奚超制墨也极佳，据徐铉云："幼年得李（奚）超墨一挺，长不过尺，细方如筋，与弟锴共用之，日书不下五千字，凡十年乃尽，磨处边际如刃，可以裁纸。"[④]另据记载："秦少游有李廷珪墨半丸，不为文理，质如金石，潘谷见之而拜曰：'真李氏故物也，我生再见矣！王四学士有之，与此为二也。'墨乃平甫之所宝，谷所见者，其子游以遗少游也。"[⑤]到了北宋徽宗时期，李氏所造之墨更加稀少，据载："至宣和年，黄金可得，李氏之墨不可得也。"[⑥]

---

① 史工：《有关德化瓷器发展史的学术讨论》，《厦门大学学报》（哲学社会科学版）1980年第3期，第136页。

② 《新中国的考古发现和研究》，第636—640页。

③ 《十国春秋》卷三二《李廷珪传》，第458—459页。

④ 《十国春秋》卷一一五《拾遗》，第1685页。

⑤ 〔宋〕陈师道撰，李伟国点校：《后山谈丛》卷二《论墨一》，中华书局，2007年，第32页。

⑥ 〔宋〕邵博：《邵氏闻见后录》卷二八，中华书局，1983年，第218页。

据《南村辍耕录》载，南唐造墨名家还有耿遂仁、耿文政、耿文寿、耿德、耿盛、盛匡道、盛通、盛真、盛舟、盛信、盛浩等。[①]《十国春秋》还说，朱君德、柴洵、柴成务、李父远、张遇、陈赟等，皆善制墨，"著名当时"[②]。"其制有剑脊圆饼、拙墨、进贡墨、供堂墨，其面多作龙纹，其幕有'宣府'字，或止云'宣'，或著姓氏，或别州府，今人间已少传者。"[③]

还不止于此，歙州工匠朱逢也是当时制墨名家，韩熙载就专用其墨，称其制墨之所为"化松堂"，墨曰"元中子""麝香月"，非常珍贵。[④]由于南唐制墨业兴盛，到后主时，置墨务官，统管此事。[⑤]据《清异录》卷下《月团》条载："徐铉兄弟工翰染，崇饰书具，尝出一'月团墨'，曰：'此价值三万。'"可知这也是一种非常珍贵的墨。

据《新唐书·地理志》载：蕲、升、越、宣等4州贡笔，除了越州外，其余3州皆在南唐境内。其中以宣城诸葛笔最为著名，一支笔价值10金。宣州笔乃用兔毫制成，这里盛产兔毛，有充足的原料，故"为笔精妙"[⑥]。诸葛笔亦用兔毛制造。其家自唐代以来世代从业，据载："伪唐宜春王从谦喜书札，学晋二王楷法，用宣城诸葛笔，一枝酬以十金，劲妙甲当时，号为'翘轩宝帚'。士人往往为呼'宝帚'。"[⑦]宋代文学家苏东坡也对诸葛笔赞扬备至，他说："诸葛笔譬如内库酒、北苑茶。"[⑧]蕲州笔则与宣州笔不同，用鹿毛制成，也是非常珍贵的。

---

① 〔元〕陶宗仪：《南村辍耕录》卷二九，中华书局，1959年，第364页。

② 《十国春秋》卷一一五《拾遗》，第1679页。

③ 〔宋〕王辟之撰，吕友仁点校：《渑水燕谈录》卷八《事志》，中华书局，1981年，第98页。

④ 〔清〕毛先舒撰，傅璇琮校点：《南唐拾遗记》，见傅璇琮、徐海荣、徐吉军主编：《五代史书汇编》九，杭州出版社，2004年，第5788页。

⑤ 《十国春秋》卷一一五《拾遗》，第1681页。

⑥ 《元和郡县图志》卷二八《江南道四·宣州》，第685页。

⑦ 〔元〕陶宗仪：《说郛》卷一二〇下《宝帚》，见《文渊阁四库全书》，台湾商务印书馆，1983年，第882册，第828—829页。

⑧ 《类说》卷一五《内库酒北苑茶》，第29页。

南唐时的砚以龙尾砚最著名,用歙州龙尾溪出产的砚料所造。[①]元宗时以李少微所造龙尾砚最为名贵,此外红丝砚、灵壁石砚等也很著名。[②]南唐曾在歙州置砚务,"选工之善者,命以九品之服,月有俸廪之给,号砚务官,岁为官造砚有数"[③]。李少微即当时砚官之一。欧阳修说他曾得南唐歙州所造的官砚,已用了20年,并说南唐官砚制作尤精,不似北宋时制作侈窳。[④]此外,南唐宫中所用的名贵砚还有红丝砚、灵壁石砚等种类。

南唐的造纸技术尤为高超,纸品众多。陶谷《清异录》卷下《发光地菩萨》条记载了一事:"舒雅才韵不在人下,以戏狎得韩熙载之心。一日,得海螺甚奇,宜用滑纸,以简献于熙载……"舒雅与韩熙载均为南唐名士,其所用的"滑纸",当是《唐国史补》所载的"临川之滑薄"[⑤]。这说明直到五代时临川仍在继续生产纸。南唐的产纸区是扬、江、池、宣、歙、信、抚等州,其中信州在《唐国史补》所述的唐代产纸地中未有提及,应是五代时新出现的产纸区,抑或其在唐代尚不知名,故未记之。信州所产为藤纸。至于宣州所产在五代时仍为名纸,宋人沈括曾在宣州宁国县发现杨吴时期文书数十纸,"纸札皆精善"[⑥],当是宣州当地所产。南唐与北宋交战,江南百姓有"以纸为甲,农器为兵者,号白甲军"[⑦]。这种能制造甲胄的纸,质量一定很好,比较牢固,否则起不到防护作用。这条记载也证明了淮南一带纸的产量不小,容易获取,因此百姓才有可能用来造甲。

南唐还生产一种叫"鄱阳白"的纸,陶谷记载说:"先君子蓄纸百幅,长如一匹绢,光紧厚白,谓之'鄱阳白'。问饶人,云:'本地无

① 《类说》卷五九《龙尾溪》,第6页。

② 《十国春秋》卷一一五《拾遗》,第1679页。

③ 〔宋〕欧阳修:《欧阳修全集》卷一三〇《试笔·南唐砚》,中华书局,2001年,第1975页。

④ 《欧阳修全集》卷一三〇《试笔·南唐砚》,第1975页。

⑤ 〔唐〕李肇:《唐国史补》卷下,上海古籍出版社,1957年,第60页。

⑥ 《梦溪笔谈》卷三《辩证一》,第25页。

⑦ 〔宋〕陆游:《南唐书》卷三《后主本纪》,第5491页。

此物也。'"①从引文的描写看，这种叫"鄱阳白"的纸无疑是好纸。这种纸比较罕见，故普通饶人竟不知其存在。

南唐最著名的乃澄心堂纸，为统治阶级专用的名贵纸张。澄心堂在南唐宫内，可能其中设有专门生产纸的手工业作坊。此纸除了南唐君主使用外，也"以供名人书画"②，南唐大画家徐熙画花果，就"多在澄心堂纸上"③。元人汤垕的《画鉴》说："徐熙画花果，多在澄心堂纸上。至于画绢，绢文稍粗，元章谓'徐熙绢如布'是也。"可证其事。澄心堂纸非常珍贵，尤为文人学士所珍视，宋人梅圣俞诗曰："江南李氏有国日，百金不许市一枚。"④在当时一幅澄心堂纸即值百金，连宋人都觉得太贵了。南唐之所以能造出好纸，与川蜀地区的自然条件也有很大的关系，中主李璟曾求"纸工于蜀"，"既得蜀工，使行境内，而六合之水与蜀同"，⑤从而促进了南唐造纸业的发展。

（七）印刷业

南唐印刷业也较发达，曾大量刻印佛经，以中主、后主时期刻印最多。其实南唐刻印的并非仅为佛经，宋灭南唐后，得其藏书10万余卷，其中虽不尽是印本书，但印本书当不会少。⑥具体理由有二。其一，据马令《南唐书》卷二三《朱弼传》载：这批图书"编秩完具"，"与诸国本不类"。如仍是手抄本则无所谓"不类"，只有印本书才可以说与他国所藏不同。又据南宋方崧卿《韩集举正》，使用的版本中就有南唐保大（943—957）本，此本当为刻本。其二，宋人洪迈在《容斋五笔》卷七《国初文籍》中说："国初承五季乱离之后，所

---

① 《清异录》卷下《鄱阳白》，第110页。

② 〔宋〕郭若虚：《图画见闻志》卷六《近事》，人民美术出版社，1963年，第155页。

③ 〔元〕夏文彦：《图绘宝鉴》卷三，见《文渊阁四库全书》，台湾商务印书馆，1983年，第814册，第574页。

④ 〔宋〕程大昌：《演繁露》卷九《澄心堂纸》，见《文渊阁四库全书》，台湾商务印书馆，1983年，第852册，第141页。

⑤ 《后山谈丛》卷二《论墨二》，第32页。

⑥ 参见杜文玉《我国五代时期雕版印刷业的发展》，《渭南师专学报》1987年第1期，第56页。

在书籍印板至少，宜其焚炀荡析，了无孑遗。然太平兴国中编次《御览》，引用一千六百九十种，其纲目并载于首卷，而杂书、古诗赋又不及具录，以今考之，无传者十之七八矣。"宋初编《太平御览》之所以有如此丰富的图书支撑，原因就在于其所获得的这批南唐藏书。洪迈说宋初书籍"印板至少"，接着又说编《御览》时引书多么丰富，显而易见，这丰富的图书中必然有不少印本书，而这些图书大都应该来自南唐。有人说："唐刘知几（661—721）的史学评论名著《史通》，有南唐建业文房本，这是刘书的第一个印本。"[1]这种观点聊备一说。

（八）造船业

南唐造船业亦颇发达，其境内的扬州、宣州、金陵、洪州、江州、饶州等地都有规模很大的造船业。江南多水道，运输、交通都离不开船。南唐与契丹往来运输大宗货物要经海上，与新罗、高丽、占城、大食等国贸易也经海上，本国又拥有庞大的水军，没有规模巨大的造船业是不行的。如前所述，烈祖不给其子杉木，说要留作造战舰用，亦可见南唐政府对造船业的重视。唐太宗曾命在洪州造浮海大航船数百艘，可见这里造船工场规模之大。南唐时，这里造船业仍很发达。南唐末年，洪州节度使朱令赟率15万大军南下，与宋军作战，其"大舰容千人。令赟所乘舰尤大，拥甲士，建大将旗鼓"[2]，其"高数十重"[3]。这些战舰均为洪州所造。造船必选良材，洪州盛产大木，为南唐在这里的造船业奠定了基础。由于江西盛产良材，故江州、饶州等地均有规模宏大的造船工场，自唐代以来都是如此。此外扬州也是南唐的重要造船基地，唐代刘晏在这里设十场造船，拥有工匠为数不少。南唐时扬州是最重要的对外通商口岸，造船业定然兴盛不衰。由于江南多水，各州县均能造船。如田頵镇守宣州时，本地船工不足，以厚利招上元（今南京市）冯

---

[1] 张秀民著，韩琦增订：《中国印刷史》上，浙江古籍出版社，2006年，第37页。

[2] 〔宋〕陆游：《南唐书》卷三《后主本纪》，第5492页。

[3] 《钓矶立谈》，第5021页。

宏铎船工为己造船。船工日："冯公每一舟必远求梗楠，既成，数十岁为用。余木性不禁水，非久必败。"由于田颎急需战船，说："'汝但以此地木造之，吾只图一用，不假多年尔。'因而急就。"①即是一例。淮南失去后，元宗迁都洪州，"国主舟行，旌麾仗卫，六军百司，凡千余里不绝"②。船舰可谓不少，其中定不乏大舰。隋杨素在永安造大楼船，船上起楼5层，高百余尺，可容战士800人。南唐大舰可容千人，比隋代船的载重量增加不少，说明造船技术有所提高。后周攻占淮南后，李璟被迫迁都洪州，所谓"国主舟行，旌麾仗卫，六军百司，凡千余里不绝"③。南唐灭亡后，后主被迫迁到汴梁，"（李）煜举族冒雨乘舟，百司官属仅十艘"④。李煜当了俘虏，还拥有如此大的排场，可见其船舰之多。

三、商业的繁荣

（一）国内商业

江淮地区物产丰富，商业向来都很发达。唐人说："淮海奥区，一方都会，兼水陆漕挽之利，有泽渔山伐之饶，俗具五方，地绵千里。"⑤而淮南地当"南北之冲"，是南北方经济交流的桥梁，这里水陆交通四通八达，汇总了南方巨大的财赋，再中转输往北方，扬州是这个地区经济交流的总枢纽。唐末这里几经战火的摧残，已残破不堪，经过吴长期恢复后，"广陵殷盛，士庶骈阗"，又呈旧日盛况，重新恢复了南北经济交流的枢纽作用。但也要看到，扬州的繁荣一定程度上是凭借了贯通南北的大运河的作用，五代时运河梗塞，扬州在经济上的盛况已无法与昔日相比了。南唐商业都会除扬州外，还有金陵、润州、洪州、江州、

---

① 《九国志》卷三《田颎传》，第3262页。
② 〔宋〕陆游：《南唐书》卷二《元宗本纪》，第5483页。
③ 〔宋〕陆游：《南唐书》卷二《元宗本纪》，第5483页。
④ 〔宋〕马令：《南唐书》卷五《后主书》，第5296页。
⑤ 〔唐〕陆贽：《陆贽集》卷九《杜亚淮南节度使制》，中华书局，2006年，第268页。

鄂州等处。这些城市水陆交通都非常发达，商业贸易活跃，尤其是南唐都城金陵，经过扩建兴修后，盛况逾前，"制度壮丽"①，甚为繁荣，成为当时的政治、经济中心。金陵城破时，"士大夫暨豪民富商之家"，被烧死于瓦棺阁者甚众②，可见其人数之多。由于江淮有"茶盐丝帛之利"，交通方便，"百货之交"频繁，从事贸易贩运的人很多，故逐渐形成了"俗喜商贾""行旅远至"的风俗习惯。③因而南唐无论官方或民间贸易都非常频繁，用于交易的商品种类也不断增加。比如茶叶，这是南唐贸易额最大的传统商品之一。每年采茶季节，各地商贩云集茶区，船载车运，"摩肩接迹而至"，一片繁忙景象，官府和民间无不积极从事此项贸易。商贾们为了获取暴利，往往"逾江涉淮"④，长途贩易。其他如丝帛、药材、水果、花草、木材、珠宝、铜铁器、木炭、草编、竹编、香料、鱼虾、纸墨、瓷器、牛羊、石灰、禽蛋等，几乎无物不售。唐代以邸店为中心的商品贸易，这时已发生了变化，日渐为行商贩贾所代替。

南唐商业发展和前代相比有以下几个特点：首先，人们对于商品经济的观念加强了，"俗喜商贾"的社会风气即可证明此点。为了求得厚利，人们不惜长途跋涉，甚至不怕冒险。如"豫章诸县，尽出良材，求利者采之，将至广陵，利则数倍"⑤。吴、南唐时，从事这一经营的人不少。军吏徐彦成"恒业市木"，可见其从事木材生意历时已久。有一次，他从江西水运木材至金陵，利用吴与吴越大战之际，"纳杉板为棺"，"获钱数十万"，⑥发了战争横财。豫章商人欠别人钱，也往往依靠贩卖木材还债。信州有一山，"川谷深远，采板之所"，因之得名

①　〔宋〕陆游：《南唐书》卷一《烈祖本纪》，第5464页。

②　〔宋〕马令：《南唐书》卷五《后主书》，第5295页。

③　〔明〕申嘉端：《隆庆仪真县志》卷一一《风俗考》，天一阁藏明代方志选刊，明隆庆刻本。

④　《续资治通鉴长编》卷一八，太宗太平兴国二年正月，第396页。

⑤　《太平广记》卷三三一《杨溥》，第2632页。

⑥　《太平广记》卷三五四《徐彦成》，第2807页。

"板山"。①可见木材经营之盛况。正由于南唐境内木材经营活跃，家具生意也兴隆起来。广陵有一商人，专"以柏木造床，凡什物百余事，制作甚精。其费已二十万。载之建康，卖以求利"②。一次买卖成本就达20万钱，可见其生意规模不小。当时从事粮食生意的人也不少。如"戊子岁（928），旱。庐陵人龙昌裔有米数千斛粜。既而米价稍贱"③。能使大灾之年的米价下降，可见其生意规模之大。利用灾年囤积居奇大发横财的，历代均有，而南唐更有甚者。如"吉州豪民龙氏，鬻谷不售，上神岗祷庙求旱，为暴震所杀"④。求灾以发横财，此类豪民死不足惜，但这个故事说明以商求富的观念已深入人心，故江淮之人才有"行旅远至"以求厚利的习惯。

其次，统治阶级也重视商业经济。中国古代的统治阶级从来就有重农轻商的传统习惯，斥商业为末业，推行抑商政策，士大夫阶层更以经营商业为耻。唐代统治阶级中虽有少部分人经营过商业，但多为藩镇武将或宦官集团中的某些人，士大夫和最高统治者却无论如何也是不肯下顾的。五代时期情况就大不相同了，各国统治者都比较重视商业经营，鼓励商业发展。如杨行密对楚将马賨说："勉为吾合二国之欢，通商贾、易有无以相资。"⑤吴越使者到吴时，吴赠钱300万，但不准带钱回去，要他买东西带回去。⑥南唐烈祖也很重视对外贸易。本节开头已谈过这个问题，在此就不多费笔墨了。所以南唐的士大夫阶层中不少人都竞相经商，以获巨利。如宰相周宗"既皁于家财而贩易"⑦。徐温之子徐知谔，也在润州"作列肆于牙城西，躬自贸易"⑧。寿州刺史李彦贞，"惟

---

① 《太平广记》卷四七九《熊遄》，第3948页。

② 《稽神录》卷三《广陵贾人》，第43页。

③ 《稽神录·拾遗》，第111页。

④ 《江南野史》卷一《先主》，第5157页。

⑤ 《新五代史》卷六六《楚世家》，第822页。

⑥ 〔宋〕钱俨撰，李最欣校点：《吴越备史》卷三，见傅璇琮、徐海荣、徐吉军主编：《五代史书汇编》十，杭州出版社，2004年，第6235页。

⑦ 《五国故事》卷上《伪唐李氏》，第3184页。

⑧ 《资治通鉴》卷二七九，后唐潞王清泰二年七月，第9132页。

务聚敛，不知纪极，列肆百业，尽收其利"①。商业活动的频繁使政府官吏对商业经营的管理也重视起来。如张宣镇守鄂州时，因炭肆一卖炭者所卖之炭不够斤两，遂将其斩首示众，以为警戒。轻罪重罚，失之残酷，确不足取，但严刑整顿起到了很好的效果，"自是卖炭者率以十五斤（又作五十斤）为秤，无敢轻重"②。商业的发达使南唐商人势力大大地增长了，不少商贾势力已和政治势力结合在一起。如金陵就有不少"富商大贾，遗赂内官"③。南唐灭闽时，商人臧循"具知山川险易，为陈进兵之计"④。南唐末年北宋军队虎视眈眈，准备进攻南唐，"有商人上密事，请往江陵窃烧皇朝战舰"⑤。这些事实充分说明南唐商人势力已大大地膨胀起来了。

再次，南唐商业的繁荣，商品经济向农业的渗透，使许多原来偏远落后地区也得到开发，农村间的草市、圩场也繁荣起来了。有许多市镇或圩场因此而升为县治，或者新置为镇。根据《十国春秋》卷一一一《地理表上》的统计，吴、南唐时期新设置州县镇院的情况如下：

制置院升为州者：泰州。

前朝废县复置者：芜湖、繁昌。

新设制置院者：静海、新淦。

新置场者：铅山、金谿、宜黄、羊山。

新置镇者：高安盐步镇、新淦万安镇、德化星子镇、海陵东洲镇。

场、镇升为县者：靖安、清江、海陵、如皋、嘉鱼、永安、通山、大冶、德兴、铅山、德安、湖口、东流、龙泉、瑞金、龙

---

① 《玉壶清话》卷一〇，第101页。

② 〔宋〕马令：《南唐书》卷一八《张宣传》，第5379页。

③ 〔宋〕马令：《南唐书》卷一八《苛政传》，第5379页。

④ 〔宋〕马令：《南唐书》卷二一《查文徽传》，第5397页。

⑤ 〔宋〕马令：《南唐书》卷五《后主书》，第5293页。

南、石城、上犹、万载、上高、吉水、安溪①，共计22县。

以上这些州、县、院、场、镇的设置，虽有少数是因为冶炼手工业的需要，但大多数是因商业发展而增置的。其中相当部分县、镇都是在丘陵地区设置的，表明南唐商业无论从深度还是广度都大大地发展了。

下面谈谈南唐与其境外各地的贸易情况。从唐末以来，直到南唐末年，江淮地区与北方的贸易虽时有间断，但一直顽强地进行着。如唐乾宁元年（894），杨行密就曾派使运茶万余斤与汴、宋贸易。②此后梁与吴交恶，贸易一度中断。实际上，中断的只是官方贸易，民间贸易则不是一纸命令所能禁止的。据史籍载，江南的茶商甚至已深入到河北幽州一带贸易牟利，以至于引起一些割据者的嫉妒。梁开平元年三月，卢龙节度使刘仁恭便"禁江南茶商无得入境，自采山中草木为茶，鬻之"③。这些江南商人可能是自海上而来的。后唐和吴关系正常，双方贸易一直顺利进行，但贸易额有限。长兴元年正月，"许州奏：准诏，放过淮南客二百三十人，通商也"④。既称准诏放行，可见是特许，为什么会出现这种情况呢？这是因为南方诸国多铸铅锡劣币，江淮地区也不免流通使用，中原王朝为了防止其流入北方，不得不采取措施。后唐庄宗同光二年三月敕："泉布之弊，杂以铅锡，惟是江湖之外，盗铸尤多，市肆之间，公行无畏。……沿江州县，每有舟船到岸，严加觉察，若私载往来，并宜收纳。"明宗天成元年十一月，再次下敕重申："其沿淮诸州县镇，亦准元降敕命处分。"⑤这里所说的原敕，即是指同光二年三月的敕命。据此可见，后唐采取这样的措施，乃是为了中原币制不致紊乱，并非不准南北贸易。限制南方商贾的入境人数，可能也是当时采取的措施之一。

---

① 《唐文拾遗》卷四八詹敦仁《初建安溪县记》，第10921页。

② 《资治通鉴》卷二五九，唐昭宗乾宁元年十一月，第8458页。

③ 《资治通鉴》卷二六六，后梁太祖开平元年三月，第8671页。

④ 《册府元龟》卷五〇四《邦计部·关市》，第5735页。

⑤ 〔宋〕王溥：《五代会要》卷二七《泉货》，上海古籍出版社，1978年，第434页。

后晋、后汉时期，南唐与中原的贸易比较频繁，后晋皇帝多次下诏，不准阻滞淮南、西川商旅入境。[①]后汉隐帝时，护国军节度使李守贞叛乱，南唐曾出兵策应，事平后，元宗李璟致书汉帝曰："先因河府李守贞求援，又闻大国沿淮屯军，当国亦于境上防备。昨闻大朝收军，当国寻已彻备，其商旅请依旧日通行。"[②]可见在此之前，双方一直通商，短暂停顿后，南唐再次要求通商。后周统治时期，南唐与中原的贸易达到高潮。后周建立仅数月之久，周太祖郭威针对沿淮官吏勒索过往商贾的恶习，下令"商旅行李经过，辄不得妄致邀难，如闻滞留，必行勘罪。更仰指挥沿边巡检，止绝贼盗，务在道途清肃，人户谧宁"[③]，以便商旅畅通无阻。此后，淮南发生旱灾，流民渡淮入籴者万计，"商贾利其善价，以舟车輂运"，南唐地方政府也立仓收籴而贮之。在这种情况下，后周政府也只是不准舟船大宗贩运，人民担挑背负养家者，依然不禁。[④]双方臣僚也积极从事与对方的贸易，如周宗"每自淮上通商，以市中国羊马"[⑤]。周世宗令大将周景疏浚汴口，周景预料"汴口既浚，舟楫无壅，将有淮、浙巨商贸粮斛贾，万货临汴"，乃建议修筑相应设施，自己则于汴口筑巨楼12座，以屯贮南来货物。后"岁入数万计"。[⑥]北宋建立后，双方贸易时断时续，乾德二年八月以前一度恢复正常。此月之后，北宋于江北设折博务，双方只进行边境贸易，不再允许南唐商贾过江深入境内，进行直接贸易。[⑦]但是，双方的朝贡贸易关系，自建隆元年（960）以来，一直保持不断。南唐每年上贡许多物品，而北宋于南唐"国主诞日，宋遣使馈羊万口、马三百匹、橐驼三十，自后岁以为常"[⑧]。

---

① 《册府元龟》卷九四《帝王部·赦宥》，第1033页。

② 《旧五代史》卷一〇一《汉隐帝纪上》，第1352页。

③ 《册府元龟》卷六六《帝王部·发号令第五》，第703—704页。

④ 《册府元龟》卷四二《帝王部·仁慈》，第461页。

⑤ 《五国故事》卷上《伪唐李氏》，第3184页。

⑥ 《玉壶清话》卷三，第26—27页。

⑦ 《十国春秋》卷一七《后主本纪》，第243页。

⑧ 《十国春秋》卷一六《元宗本纪》，第234页。

南唐在南方诸国中除和吴越、楚有贸易关系外，与南汉、闽、荆南等国的贸易也一直正常进行。比如南汉每年卖马给南唐，北宋攻取岭南后，"市易遂罢"[1]。但南唐不允许这些国家的商贾或使节穿越其境内去中原地区，所以这些国家的商贾一般经荆南去北方，或泛海北上。吴与吴越打了十几年仗，同光三年（925），钱镠被封为吴越国王，因国名有"吴"字，吴拒绝吴越使节带来的国书，并下令边境不得让吴越使节及商旅通过，可见在此之前双方还是时断时续地有商业往来。南唐建立后，烈祖李昪采取睦邻政策，双方贸易虽不频繁，但总还是勉强有往来。此外，吴、南唐和蜀也有商业往来。南唐和楚的贸易关系大体上与南唐和吴越的情况差不多。杨行密时，曾力图恢复两国的正常商业往来，由于在边境问题上发生争执，未能达成协议，但双方的民间贸易还保持着，只是规模有限。

南唐与契丹也保持着贸易关系。如昇元二年（938），契丹主耶律德光和东丹王各遣使至南唐，"以羊马入贡，别持羊三万口、马二百匹来鬻，以其价市罗纨、茶药"[2]。双方贸易并不仅限于此，再如昇元四年，契丹献马百匹。[3]这实际也是一种贸易往来。此后契丹还多次遣使送羊马于南唐，以交易江淮物品。南唐也遣人去契丹，并派有专门主持贸易与政治事务的"长直官"驻在契丹。契丹前后遣使入贡南唐24次，平均不到两年一次，往来非常频繁，运去的茶叶数量一定也不少。

（二）对外经济交流

五代时期南方诸国的对外经济往来远胜于北方，其中以吴越、闽、南汉三国的海上贸易最为发达。南唐虽有一段不短的海岸线，但缺乏良港，只有通过长江口以金陵、扬州为对外口岸，故不如以上三国外贸繁荣。南唐的对外经济交流主要为朝贡贸易关系，与大食、占城、阇婆、高丽等均有往来。史载："占城国献驯象使朝对，列方物为庭实，

---

[1] 《独醒杂志》卷一《李氏国中无马》，第3207页。

[2] 〔宋〕陆游：《南唐书》卷一八《契丹传》，第5605页。

[3] 《十国春秋》卷一五《烈祖本纪》，第197页。

所司引进，按皇唐《六典》及《开元礼》、《礼阁新仪》。"①据此可知，占城国除带驯象外，还带来不少方物，其仪式按照上面所引三种礼书办理。大食国进献过龙脑油，"以龙脑调酒服，香气连日"。又云"南海常贡奇物，有蔷薇水、龙脑浆"等。②可见这种往来是比较频繁的，所带多为香料等珍贵奢侈之物，专为统治阶级所享用。元宗保大七年（949），"召大臣宗室赴内，香燕（宴）凡中国、外夷所出，以至和合煎饮，佩带粉囊，共九十二种。江南素所无也"③。至北宋开宝四年（971）春，后主还"遣使如宋，贡占城、阇婆、大食国所送礼物"④。这说明直至南唐末这种对外往来仍兴盛未绝。南唐与高丽的往来，据史籍记载，主要在烈祖昇元年间。高丽曾多次遣使至南唐贡方物，得到烈祖亲自召见，并"出龟兹乐，作番戏"⑤，盛宴款待来使。此后是否再有往来，史籍缺载，就不得而知了。既然诸国使节能如此频繁地往来，外国一般商贾肯定也有往来，只是不如吴越、南汉等国往来频繁罢了。《稽神录》说，豫章（洪州）有波斯商人活动，即是一例。

关于吴、南唐是否输入猛火油（石油）的问题。吴越曾从大食国得到此物，并在公元919年与吴大战于狼山江时，用它焚烧吴军战船。《吴越备史》卷二说，钱镠曾用银装饰盛油的铁筒口，"脱为贼中所得，必剥银而弃其筒，则火油不为贼所有也"。一些学者据此认为吴不会拥有此物，故在其论著中只说吴越拥有此物，绝口不提吴国，其实是不对的。吴国早在公元917年就"遣使遗契丹主以猛火油"，并且告诉其用途，说："攻城，以此油然火焚楼橹，敌以水沃之，火愈炽。"⑥因此，《吴越备史》的记载并不可信。有的学者虽注意到此点，但断言吴、南

---

① 《全唐文》卷八七三陈致雍《奏蕃国使朝见仪状》，第9134页。
② 《十国春秋》卷三四《耿先生传》，第479页。
③ 《清异录》卷下《香燕》，第133页。
④ 《十国春秋》卷一七《后主本纪》，第246页。
⑤ 〔宋〕陆游：《南唐书》卷一八《高丽传》，第5608页。
⑥ 《资治通鉴》卷二六九，后梁均王贞明三年二月，第8814页。

唐是从占城得来猛火油的，此失之偏颇。其主要是根据《资治通鉴》卷二六九胡三省注下的结论，[①]而胡三省的注只是说猛火油出占城国，并未说吴是从那里得来的，因此，不能贸然下结论。既然吴、南唐与大食、占城均有往来，吴越能从大食获得猛火油，就不能排除吴、南唐也能从大食获得猛火油的可能，当然也可能是从占城获得的。总之，吴、南唐从海外获得此物是事实，但到底从哪个国家获得，却难以断定，在无确凿史料证实的情况下，稳妥的态度是留之待考。

在本节的开头，曾经分析了五代十国时期商业经济繁荣的原因，这仅是从宏观的全国范围的角度论述的，对南唐这个割据性政权来说，还有许多具体的历史条件使其商业发展遇到不少困难，限制了其发展的速度和规模，在此有必要略加分析。

首先是分裂的、对峙的政权之间的互相禁商。各割据政权为了求得生存，增强经济实力，一方面大力发展商业，聚敛财富；另一方面，由于政治上的冲突，又限制对方商品的流通，以削弱对方的经济力量，迫使对方在政治上让步，客观上阻碍了商业经济的发展。吴、南唐和南方其他小国不同，在政治上和中原王朝处于对等地位，不向其称臣。政治上的对立，使其在和中原王朝的贸易中得不到优惠待遇，在这方面远远竞争不过南方其他小国。吴越、荆南、楚不用说，就连南汉和闽也一度向中原王朝称臣纳贡，因此这些地区不论官方或民间的商旅基本上在中原畅行无阻。而吴、南唐和中原的贸易却时断时续，不能畅通无阻。后梁时，朱全忠曾扣押了杨行密派往北方卖茶的官吏和茶叶。此后，南唐几次支持中原王朝臣下的叛乱，导致双方贸易中断，直接影响了南唐的商业发展。南唐和南方诸国贸易由于政治原因也受到不小的影响。除了南汉、闽、荆南外，东面和吴越交恶，西和楚对立，甚至有时劫夺对方商船。如后主时期，南唐将领卢绛截获吴越商船百余艘，获"盐数万石，献之。后主赏其功，遂封爵柱国"[②]。这种行径不仅影响两国间的贸

---

① 韩国磬：《隋唐五代史纲》，人民出版社，1979年，第460页。

② 《江南野史》卷一〇《卢绛》，第5225页。

易，对全国的商品流通也很不利。

其次，南唐的对外贸易，输入品主要局限于体轻价高的奢侈性消费品，这种经济交流对南唐自身的商品经济发展并没有特别积极的促进作用，充其量不过是满足了统治阶级奢侈生活的需要。由于地理上的原因，南唐对外经济交流的规模受到一定影响，不如吴越、南汉、闽等其他临海政权活跃。

再次，南唐对某些重要商品控制过严，如茶、盐等类，其目的在于垄断这些商品，牟取暴利，增加财政收入。比如茶，其规定"诸州官市茶十分之八，余二分复税其什一，然后给符，听其货鬻"①。政府控制茶产量的80%，剩余的20%，还要再强征10%的茶税，因此导致茶价上升。商人收购的茶叶数量有限，直接影响茶叶贸易的发展。盐的情况也大致如此。官府控制巨量的茶、盐，干什么用呢？主要是"以茶盐强民而征其粟帛，谓之博征"②。就是说，强迫老百姓用粟帛来交换茶、盐，这种做法实际上是把本来应该进行流通的商品强行纳入自然经济轨道，是一种倒退行为，不利于商品经济的发展，使茶、盐的商品生产和交换受到人为的严重束缚。

应该承认，南唐时期江淮（包括江西在内）地区的商品经济有了长足的发展。但上述局限性使南唐的商品经济在当时全国商品经济中的比重受到影响，没有发展到本来应该达到的程度，在评价南唐经济发展时，应充分地注意到此点。当然其中某些局限性是由当时的历史条件决定的，这就证明了这样一个道理：在分裂局面的夹缝中发展起来的商业，一旦繁荣到一定的程度，便会要求终结分裂和动荡的政治局面，要求新的安宁统一的环境。各地域间的商业往来，促成了经济上的相互联系，当这种联系需要进一步发展却受种种阻碍时，便要求冲破这些障碍，建立一个统一的商品市场。这就是商品经济发展的规律，这个规律无论在古代还是现代都在发挥着重要的作用，并且商品经济越发

---

① 《续资治通鉴长编》卷一八，太宗太平兴国二年正月，第396页。
② 《资治通鉴》卷二九三，后周世宗显德三年七月，第9558页。

达，这个规律的作用就越强烈。从这个意义上说，五代分裂局面所带来的各地域间的商业竞争，不仅不是倒退，而是一大进步。其发展的结果，必然促进统一的政治局面的出现，从而导致一个统一的国内市场的形成。

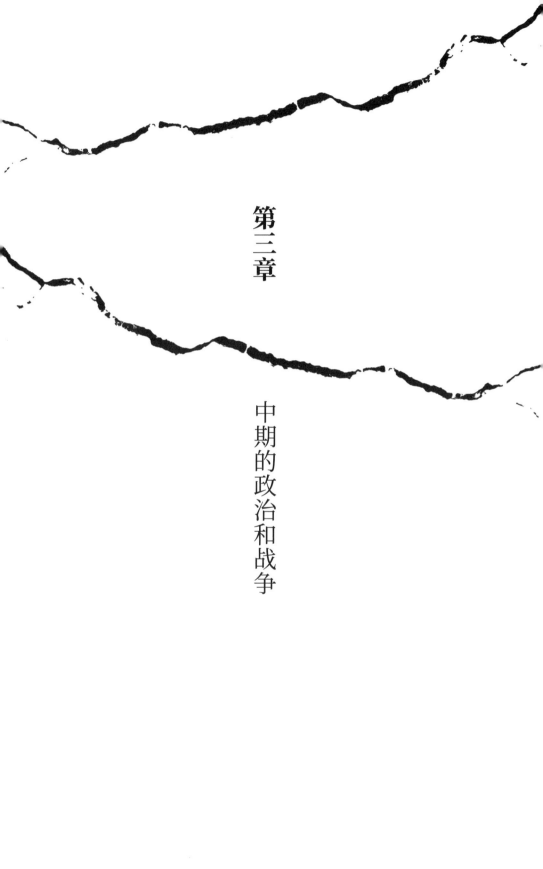

第三章

中期的政治和战争

南唐烈祖统治的昇元年间，即公元937年至943年，为南唐初期阶段。元宗统治的保大、交泰年间，即公元943年至961年，为其中期阶段。中期阶段又分为两段：从公元943年至955年，这期间南唐吞并闽、楚，疆域空前扩大，南方诸国震动，声威喧嚣一时，为上半段；从公元955年起，后周伐唐，淮南14州相继失落，南唐仅保有江南一隅，去帝号，奉中原正朔，称臣纳贡，从此走向衰亡之路，为下半段。后主统治期间，从公元961年至975年，南唐处于北宋的军事威胁之下，风雨飘摇，无疑是俎上肉、笼中鸡，为后期阶段。本章主要叙述南唐中期的政治演变，以及与闽、楚、后周的战争情况，将其由极盛转为衰落的历史状况做一概括阐述。

第一节　对闽、楚的战争及统一计划的失败

元宗，名璟，字伯玉，初名景通，烈祖长子也。昇元七年（943），烈祖服食丹药毒发身死，李璟即位，同年改元保大。元宗虽为嫡长子，但是他的即位并非一帆风顺，其间屡经坎坷。早在烈祖辅吴时，宋齐丘自结于烈祖次子景迁，又荐其亲信陈觉为景迁教授，以助成其声势。当时李璟居中辅政，宋齐丘也在广陵参决时政，烈祖镇守金陵。每有过失，宋齐丘辄归之于璟，并"盛称景迁之美"。于是烈祖召李璟至金陵，以景迁代秉国政，"有夺嫡之渐"。宋齐丘之所以如此，意在景迁幼懦，"他日得国授之，己为元老，易于窥窃"[1]。后李景迁不幸病卒。烈祖第四子景达，"刚毅开爽，烈祖爱之，屡欲以为嗣；宋齐丘亟称其才，唐

---

① 〔宋〕马令：《南唐书》卷七《楚王景迁传》，第5309页。

主以齐王璟年长而止"①。但烈祖在病危临终之时又改变了主意，以"其子景达类己，欲立之"，派人以书召景达，"使入，将付后事"。医官吴庭绍为烈祖诊病，知此事，"遂密告李璟，使人追回其书"②。李璟抢先入宫，才得继位。

李璟"天性谦谨，每接臣下，恭慎威仪，动循礼法，虽布素僚友无以加也。夏日御小殿，欲道服见诸学士，必先遣中使数四宣谕，或诉以小苦，巾裹不及冠褐可乎？常目宋齐丘为子嵩，李建勋为史馆，皆不之名也，君臣之间，待遇之礼率类于此"③。时人郑文宝说："帝谦和明睿，奢俭得中，搜访贤良，训齐师旅，政无大小，咸必躬亲。又善晓音律，不至耽溺。深知理体，洞明物情，盛德闻于邻国矣。"④这些话对即位初期的元宗来说不算过分，是比较中肯的。在我国古代君主中，南唐元宗为政宽仁，属于宽仁大度的儒雅之君，尤以文辞见长。元宗即位之初，于"听朝之暇，多开延英殿，召公卿议当世事，人皆欣然望治"⑤。但由于用非其人，轻薄浮躁之徒用事，"于是南生楚隙，西结越衅，晚举全国之力，而顿兵于瓯闽坚壁之下。飞挽刍粟，征发徭戍，四境之内，为之骚然"⑥。正如南唐元勋李建勋所说："上宽仁大度，优于先帝，但性习未定，宜得方正之士，朝夕献替，不然恐未必能守先朝基业也。"⑦李璟行事缺少一定之规，好大喜功，既不善识人，又不善用人，易受左右煽惑而轻率用事，使得南唐朝政混乱，国势日蹙，失地损兵，走上了衰亡之路。

① 《资治通鉴》卷二八三，后晋齐王天福八年二月，第9243页。

② 《五国故事》卷上《伪唐李氏》，第3184页。

③ 《南唐近事》卷一，第5050页。

④ 《江表志》卷中，第5083页。

⑤ 〔宋〕陆游：《南唐书》卷九《李建勋传》，第5540页。

⑥ 《钓矶立谈》，第5009页。

⑦ 〔宋〕陆游：《南唐书》卷九《李建勋传》，第5540页。

一、灭闽战争

闽为王审知所建，疆土包括今福建省全部，都城福州。唐末光启初年，王潮、王审知兄弟随光州刺史王绪率军辗转南下。王绪残暴，动辄杀人，军中人人怨愤。王潮利用众心不服的机会，设计擒杀王绪，夺取了军队领导权。王潮带兵，军纪严明，得到百姓拥护，逐步削平福建境内各股势力，夺取福建全境。王潮死后，王审知继任，于后梁开平三年（909），受后梁封为闽王，闽国名起于此。

"审知起自陇亩，以至富贵，每以节俭自处，选任良吏，省刑惜费，轻徭薄敛，与民休息，三十年间，一境晏然。"①他还礼贤下士，多方延揽避难于福建的北方衣冠，使闽地的文教事业大为发展。他又利用福建濒临南海的优越条件，大力发展对外贸易事业，不但坐收商利，还促进了中外文化经济的交流。

王审知死后，诸子侄争夺君位，干戈日寻，闽地大乱。王审知后，王璘继位，经过王昶、王曦，到王延政，共五主。后来的四人全都残暴荒淫，敲诈勒索，重敛苛法，使境内上下嗟怨。比如王璘，喜奢侈，中军使薛文杰聚敛求媚，被任为国计使。"文杰阴求富民之罪，籍没其财，被榜捶者胸背分受，仍以铜斗火熨之。建州土豪吴光入朝，文杰利其财，求其罪，将治之；光怨怒，帅其众且万人叛奔吴。"②再如王昶，"亦好巫，拜道士谭紫霄为正一先生，又拜陈守元为天师，而妖人林兴以巫见幸，事无大小，兴辄以宝皇语命之而后行。守元教昶起三清台三层，以黄金数千斤铸宝皇及元始天尊、太上老君像，日焚龙脑、熏陆诸香数斤，作乐于台下，昼夜声不辍，云如此可求大还丹"③。王曦在位，更加荒淫，他好为长夜之饮，"锻银叶为酒杯，以赐饮群下。银叶既柔弱，因目之为'冬瓜片'，又名之曰'醉如泥'。酒既盈，即不许复置

---

① 《旧五代史》卷一三四《僭伪·王审知传》，第1792页。
② 《资治通鉴》卷二七八，后唐明宗长兴四年七月，第9086页。
③ 《新五代史》卷六八《闽世家》，第851页。

他所，惟饮尽乃可舍”①。因此，宗室、宰相以下因拒饮被杀者众多。某夜，王曦大醉，下令斩宰相李准，李准也大醉不醒，在刑场上还呼其宠婢春莺，行刑者不敢下手，把他安排别处。次日王曦酒醒，召李准上朝，左右告以昨夜之事，王曦竟全无印象，乃复李准之位。君臣如此，国事可知矣。王曦还公开卖官，授官但以给钱多少而定，“又以空名堂牒使医工陈究卖官于外，专务聚敛，无有盈厌”②。王曦嫁女，“取班簿阅视之；朝士有不贺者十二人，皆杖之于朝堂”③。他还重用杨思恭，大“增田亩山泽之税，至于鱼盐蔬果，无不倍征”④。公元944年3月，王曦被部下大将连重遇、朱文进所杀，朱文进自立为主，占据福州。在此之前，王氏兄弟互攻，王曦之弟延政占据建州，于公元943年称帝，国号殷。王氏众旧将多不服朱文进，泉州将留从效首先发难，杀死朱文进派来的守将，迎王氏宗室王继勋为刺史。漳州迎王继成为刺史，汀州许文稹归降于王延政。不久，福州发生兵变，连重遇杀朱文进，请降于王延政，旋为裨将林仁翰所杀。王延政遣其侄王继昌守福州，被福州将李仁达所杀，立雪峰寺僧卓俨明为主，不久又杀卓俨明而自立。

就在福建乱成一团之际，南唐元宗一反烈祖“保境息民”的政策，趁闽中大乱，出兵攻闽。保大二年（944）十二月，元宗以枢密副使查文徽为江西安抚使，以边镐为行营招讨使，共攻建州王延政。南唐兵数千，首战于盖竹，由于南唐兵少势孤，战败退回。次年二月，元宗又以何敬洙为福建道行营招讨，祖全恩为应援使，姚凤为诸军都监，增兵添将，会同查文徽，再次攻讨王延政。“建人苦王氏之乱与杨思恭之重敛，争伐木开道以迎之。”⑤如果南唐能够顺应民心，安抚百姓，去重敛苛政，整肃军纪，不仅可以迅速平定闽地，扩大疆土，而且也不至于耗虚府库，损兵折将，疲惫国力，造成严重的历史后果。然而，历史的发

---

① 《五国故事》卷下《伪闽王氏》，第3196页。

② 《资治通鉴》卷二八一，后晋高祖天福二年六月，第9176页。

③ 《资治通鉴》卷二八三，后晋高祖天福八年十二月，第9260页。

④ 《资治通鉴》卷二八三，后晋高祖天福八年二月，第9247页。

⑤ 《资治通鉴》卷二八五，后晋齐王开运二年八月，第9296—9297页。

展并非如此。八月，南唐军攻下建州，擒王延政送于金陵。次月，许文積以汀州，王继勋以泉州，王继成以漳州，皆降于南唐。福州李仁达也送款来附，南唐几乎占有全闽。但是，南唐攻下建州后，"纵兵大掠，焚宫室庐舍俱尽；是夕，寒雨，冻死者相枕"[1]，"思效顺者解体矣"[2]，而"唐主以其有功，皆不问"[3]。九月，置永安军于建州，任王崇文为永安节度使，崇文治以宽简，建人遂安。此为伐闽战争的第一阶段。

保大四年五月，元宗本打算就此罢兵，"而查文徽、陈觉等皆言'仁达等余孽犹在，不若乘胜尽取之'"[4]。元宗耳软，不能坚持原议，竟委派陈觉为宣谕使，召李仁达朝金陵。同时，猜忌闽中降将，将原任各州刺史全部调走，另派南唐将佐接替，闽军将领更加不满。陈觉行前夸口不用一兵可致李仁达至金陵，谁知李仁达并不听命，"觉惭，还至建州，矫命发汀、建、信、抚州兵攻仁达"[5]。时魏岑正在安抚漳、泉等地，闻陈觉起兵，也擅发当州之兵，会同陈觉围攻福州。元宗听到消息后，大为震怒，冯延巳等劝说："兵业行，不可止。"[6]乃以王崇文为招讨使，增兵往攻。又以冯延鲁、魏岑、陈觉等为监军使。"诸将争功，自相违式。"延鲁等又处处掣肘，"崇文不能制"[7]。南唐军纪更加败坏，据《太平广记》载："丙午岁，江南之师围留安，军政不肃，军士发掘冢墓，以取财物，诸将莫禁。"[8]李仁达势孤力单，于是向吴越求救。十月，吴越命统军使张筠、赵承泰等率水陆军3万救福州。初战，吴越兵败，潜入福州城中，"福州援绝危蹙，且拔矣，而觉、延鲁、岑名

---

① 《资治通鉴》卷二八五，后晋齐王开运二年八月，第9297页。

② 《江南别录》，第5136页。

③ 《资治通鉴》卷二八五，后晋齐王开运二年八月，第9297页。

④ 《新五代史》卷六二《南唐世家》，第771页。

⑤ 《新五代史》卷六二《南唐世家》，第771页。

⑥ 《新五代史》卷六二《南唐世家》，第771页。

⑦ 《江南别录》，第5136页。

⑧ 《太平广记》卷三九〇《张绍军卒》，第3121页。

欲功在己，不相应接，偏裨莫肯用命，故未能克"①。陈觉又奏请济师，元宗又遣信州刺史王建封率军五千助攻。王建封攻破福州版寨，入东武门。因与诸将争功，倔强不用命，逗留不进，诸将解体。次年三月，吴越又遣余安率水军自海道以救福州。"至白虾浦。海岸泥淖，须布竹簿乃可行，唐之诸军在城南者，聚而射之，簿不得施。冯延鲁曰：'城所以不降者，恃此救也。今相持不战，徒老我师，不若纵其登岸尽杀之，则城不攻自降矣。'裨将孟坚曰：'浙兵至此，不能进退，求一战而死不可得。若纵其登岸，彼必致死于我，其锋不可当，安能尽杀乎！'延鲁不听，曰：'吾自击之。'吴越兵既登岸，大呼奋击，延鲁不能御，弃众而走，孟坚战死。吴越兵乘胜而进，城中兵亦出，夹击唐兵，大破之。"②福州城南诸军皆遁，吴越兵追之，亏得王崇文以牙兵300人断后死战，溃军方得还。围攻福州城东南的南唐军将领刘洪进等听说吴越军欲弃福州，连同李仁达之众返归吴越，要求城北的王建封纵其出城，然后夺取福州。泉州刺史留从效心怀叵测，不欲福州之平，因为"泉、福相为唇齿，福州平则泉州为之次矣"，极力反对。"建封亦忿陈觉等专横，乃曰：'吾军败矣，安能与人争城！'是夕，烧营而遁。"③于是福州城北的南唐诸军也相继而溃，冯延鲁无计可施，拔刀自杀，被亲吏救下。此战，南唐兵死2万余人，委弃军资器械数十万，仅殿后的南唐战棹指挥使陈诲就收所弃金帛20万以归。

留从效引兵自福州返回泉州后，知道南唐新败，无力多顾，于是对南唐驻守泉州的将领说："'泉州与福州世为仇敌，南接岭海瘴疠之乡，地险土瘠。比年军旅屡兴，农桑废业，冬征夏敛，仅能自赡，岂劳大军久戍于此！'置酒饯之，戍将不得已引兵归。唐主不能制，加从效检校太傅。"④保大七年十二月，留从效兄南（漳）州副使留从愿毒杀刺史董思安，取而代之，元宗无奈，只好置清源军于泉州，以留从效为节

① 〔宋〕陆游：《南唐书》卷八《王建封传》，第5526页。
② 《资治通鉴》卷二八六，后汉高祖天福十二年四月，第9349页。
③ 《资治通鉴》卷二八六，后汉高祖天福十二年四月及胡三省注，第9349—9350页。
④ 《资治通鉴》卷二八六，后汉高祖天福十二年四月，第9350页。

度使。自此留从效据有南、泉二州，名义上归属南唐，实际上"皆羁縻而已"①，并不听从南唐调遣。以上可为攻闽战争的第二阶段。

早在陈觉、冯延鲁伐闽之初，"征督军粮急于星火"，李建勋就曾写诗告诫冯延鲁说："粟多未必为全计，师老须防有援兵。"②但由于延鲁等不听忠告，轻敌浪战，果为吴越所败。此役之后，南唐"府库中耗，民不堪命"③，烈祖时所积贮的巨额财富耗费殆尽。虽取建、汀二州，得不偿失，反使本国实力大损。吴越入福州城，将李仁达迁入本国境内，遂并福州之地，留从效占据漳、泉，从此福建一分为二。"从效起自行阵，知人疾苦，勤俭养民，常衣布素。涉猎史传，延纳名士，部内清治，吏民爱之。"④他还进一步扩修泉州港，招徕外国商贾，影响后世甚大，为宋代泉州港发展为著名的外贸口岸打下了基础。

保大八年（950）二月，福州派人见建州留后查文徽，说吴越戍兵乱，准备弃福州而遁。"文徽暗而贪功"，随即命剑州刺史陈海率战舰入闽江。正值春雨绵绵，江水暴涨，"一夕七百里抵城下，击败福州兵，获其将马先进、叶仁安、郑彦华，始知福州未尝有变。海亲故多在城中，方遣间使招之，文徽勒步骑亦至福州来迎"⑤。查文徽传令马上入城，陈海以所闻告之，且曰："仆闽人也，岂不能料闽人之情。宜先立寨整众，俟所招亲故来，得其实，徐图之。"⑥查文徽不从，认为疑则生变，应乘其未定之际，乘机据城为上策。留陈海屯兵江口，自己率兵先进，进至福州西门，伏兵大起，生擒查文徽。由于陈海早有准备，"植旗鸣鼓，列兵江干"⑦，击退福州兵，南唐余兵方得生还。

此战之后，福建二分之势已定。不久，南唐送还被俘的吴越将领马

---

① 〔宋〕马令：《南唐书》卷二《嗣主书》，第5271页。
② 《江表志》卷中，第5086页。
③ 〔宋〕马令：《南唐书》卷二《嗣主书》，第5271页。
④ 《九国志》卷一〇《留从效传》，第3341页。
⑤ 〔宋〕陆游：《南唐书》卷一二《陈海传》，第5558页。
⑥ 〔宋〕陆游：《南唐书》卷一二《陈海传》，第5558页。
⑦ 《十国春秋》卷二四《陈海传》，第336页。

先进等，吴越也送还查文徽。从此，南唐与吴越在此再没发生过战争，福建人民安居乐业数十年。对闽战争结束后，"俘虏人口稍多"，李建勋请官出钱，赎之还本土，"东闽赖之"。[①]至公元978年，陈洪进以漳、泉二州版籍归北宋，福州也随着吴越的归宋而归之。北宋灭南唐时，建、汀等州并无战事，随着金陵的陷落，它们便和平地并入北宋版图。长期的和平环境为福建的经济、文化发展创造了极有利的条件。

以上为南唐攻闽的最后一个阶段。

二、灭楚战争

楚为马殷所建，境土包括今湖南全部、贵州东部、广西北部及广东北部的今连州市一带。马殷是许州人，唐末遭乱投入秦宗权部，孙儒南下江淮，马殷亦随之前往。杨行密灭孙儒，孙儒部将刘建锋率残部7000人逃向江西，马殷为其部下指挥使。刘建锋沿途招收流民散兵，众至10万，入江西后，被钟传所败，无法存身，只好折向湖南。唐末湖南大乱，割据者蜂起，但都实力不强，刘建锋击灭不少，夺取了潭州。刘建锋被部下所杀，众推马殷为首。马殷南征北战，逐一消灭境内割据势力，平定湖南。后梁开平元年（907）受封为楚王，梁末帝时加天策上将军之号，总治20余州，自署官吏。后唐明宗天成二年（927），封马殷为楚国王，于是立官殿，置百官，皆如天子制。

马殷在湖南，留心保境息民，他听从高郁建议，奖励农桑，发展茶业，提倡纺织，通商四境，"遂致一方富盛"[②]。但晚年多内宠，嫡庶无别，诸子骄奢猜忌，不识大体。据载："诸院公子长幼各八百余人，皆以侈靡放荡为务，识者多非之。公子之徒闻而且恐。时有国师张氏绐之曰：'彼所以见非者，恐祚之不永也。如君昆仲之众，使更而王，亦有

---

① 《江南余载》卷上，第5108页。

② 《旧五代史》卷一三三《世袭·马殷传》，第1757页。

八百年之家国，何忧何惧乎？'"①对于此种荒诞之说，当时就有人表示忧虑，认为马氏亡国有日矣。公元929年，79岁的马殷去世。由于长子马希振不愿卷入钩心斗角之中，"弃官为道士，居于家"②，由次子马希声继任楚王。希声以母宠得立，凶残贪婪，曾经杀海商以夺宝，又学朱全忠吃鸡臛，"命庖人日烹五十鸡以供膳"。③两年后这位"吃鸡专家"去世，马殷四子马希范继承王位。

马希范即位不久，就将马希声的同母弟马希旺囚禁起来，然后，又把在桂、朗二州颇得民心的异母弟马希杲鸩死。希范"且奢靡而喜淫，先王妾媵，多加无礼；又令尼僧潜搜士庶家女，有容色者，强委禽焉，前后数百人，犹有不足之色"④。马希范在位，平溪州蛮彭氏之乱，这是他的可称之处，此后，奢侈无度，暴敛不息。他建造天策府，"极栋宇之盛；户牖栏槛皆饰以金玉，涂壁用丹砂数十万斤；地衣，春夏用角簟，秋冬用木绵"⑤。又在长沙大兴土木，"建会春园、嘉宴堂、金华殿，其费巨万"⑥。公元943年，又建九龙殿，"刻沉香为八龙，饰以金宝，各长百尺，抱柱相向，作趋捧之势，己居其中，自言身一龙也。制襆头脚长丈许，以象龙角。向晨将御殿，先焚香龙腹中，烟气郁然而出，若口吐焉"⑦。这样疯狂地浪费，使财赋收入几乎罄尽，于是便肆意搜刮。"每遣使者行田，专以增顷亩为功，民不胜租赋而逃。王曰：'但令田在，何忧无谷！'命营田使邓懿文籍逃田，募民耕艺出租。民舍故从新，仅能自存，自西徂东，各失其业。"又"用孔目官周陟议，令常税之外，大县贡米二千斛，中千斛，小七百斛；无米者输布帛"。⑧

① 〔宋〕周羽翀撰，俞钢校点：《三楚新录》卷一，见傅璇琮、徐海荣、徐吉军主编：《五代史书汇编》一〇，杭州出版社，2004年，第6320页。
② 《新五代史》卷六六《楚世家》，第826页。
③ 《十国春秋》卷六八《楚衡阳王世家》，第949页。
④ 《十国春秋》卷六八《楚文昭王世家》，第958页。
⑤ 《资治通鉴》卷二八三，后晋高祖天福七年十月，第9241页。
⑥ 《十国春秋》卷六八《楚文昭王世家》，第956页。
⑦ 《十国春秋》卷六八《楚文昭王世家》，第956页。
⑧ 《资治通鉴》卷二八三，后晋高祖天福八年十二月，第9259页。

搞得楚地上下不安，社会矛盾急剧激化。

公元947年，马希范死，诸弟争立，楚将各自结党，分别拥立马希广、马希萼，从此干戈日寻，国无宁日。

马希广为希范嫡弟，留驻长沙，是希范的副手，希范死，诸将更立其为王。但也有一些人认为希萼最长当立。故当年冬，马希萼自朗州来长沙奔丧，马希广解除希萼部属武装，将其安置于碧湘宫，不准入见，不久用厚赂将他遣还朗州。希萼次年上书后汉王朝，请封为藩王，与希广分楚地而治，后汉不许，乃转而称臣于南唐，请求援助，并积极策划袭取长沙。初战希萼失利，于是又于公元949年发动第二次进攻。这次得到辰、溆等地的土家族首领的支持，又得到南唐的援助，大败希广军，攻下长沙，缢死马希广，希萼夺取王位。

马希萼夺位后，"淫于酒色，多为不道。小门使谢延泽有美貌，希萼逼幸之，每引延泽入内阁，与妻妾间坐而饮，大为众心所恶"①。攻战中，长沙府舍焚尽，希萼派朗州将王逵、周行逢率部卒营造宫室，士卒劳苦而不得赏赐，人人嗟怨，周行逢、王逵乘机煽动兵士，冲出长沙，奔回朗州，拥刘言为帅。马希萼遣将攻朗州，结果失败而回。混乱之中，希萼弟马希崇与湖南旧将徐威合谋，擒缚希萼，解送衡山囚禁，马希崇遂取而代之。马希萼在衡山被当地土豪廖偃和彭师暠拥立为衡山王，招募徒众，数日，众至万人，又遣使向南唐乞援。希崇深恐不保，也向南唐请兵。就在群马争槽乱成一片之际，南唐早已派信州刺史边镐屯兵袁州，准备看准时机出兵灭楚了。

保大九年（951）三月，楚派掌书记刘光辅入贡于南唐，元宗待之甚厚，刘光辅密言曰："湖南民疲主骄，可取也。"②元宗遂命边镐屯师袁州，准备进取湖南。十月，边镐引兵入醴陵，名义上是救援希崇，"其实伐也"。希崇此时也发觉南唐来意不善，打算抵抗，有人以当时童谣"鞭打马，马急走"③为词，劝说希崇不要抵御南唐。昏庸的马希崇便放

---

① 《三楚新录》卷一，第6319页。

② 《资治通鉴》卷二九〇，后周太祖广顺元年三月，第9458页。

③ 《三楚新录》卷一，第6319页。

弃了原来的打算，率弟侄迎接边镐进入长沙。岳州也被南唐将刘仁赡所取，马希萼也以衡山降，南唐迁马氏家族及将佐千余人去金陵，马氏长幼公子800余人在南唐军进入长沙后，"奔散寒馁而毙者过半焉"[①]。

南唐灭楚后，随即任边镐为武安军节度使，留镇楚地。起初，南唐尚能收买人心，边镐入长沙，时值大饥之年，"镐大发马氏仓粟赈之，楚人大悦"[②]。刘仁赡攻取岳州后，也能"抚纳降附，人忘其亡"[③]。这一政策如果能持久，则湖南可以稳定，南唐实力也可以增强。但此后南唐政府却倒行逆施，"悉收湖南金帛、珍玩、仓粟乃至舟舰、亭馆、花果之美者，皆徙于金陵，遣都官郎中杨继勋等收湖南租赋以赡戍兵。继勋等务为苛刻，湖南人失望"[④]。不仅如此，南唐还动用湖南当地人力、物力与南汉争夺原楚国南部疆土。马氏兄弟内讧，南汉也屯兵境上，伺机进取，南唐军进入长沙后，南汉军就占据了蒙州，接着又击败马殷少子静江节度副使、知桂州马希隐，夺取桂、宜、连、梧、严、富、昭、柳、龚、象等州，南汉始尽有岭南之地。此外，朗州也为刘言、王逵、周行逢所据，南唐曾遣将李建期屯益阳以图朗州，"以知全州张峦兼桂州招讨使以图桂州"，但南唐军屡败于南汉，一时不能得手。元宗曾打算"罢桂林之役，敛益阳之戍，以旌节授刘言"。[⑤]宰相孙晟认为此事可行，但另一宰相冯延巳反对，认为"吾出偏将举湖南，远近震惊；一旦三分丧二，人将轻我。请委边将察其形势"[⑥]。冯延巳坚持用兵的出发点，是此后用兵"不欲取费于国，专掊敛楚人，以给经费"[⑦]，搞得楚国人心更加离散怨愤。元宗遣统军使侯训将兵5000人自吉州直趋全州，与张峦合兵进攻桂州，南汉军士先埋伏于山谷，待南唐军抵达桂州城下，

---

① 《十国春秋》卷六九《楚恭孝王世家》，第972页。

② 《资治通鉴》卷二九〇，后周太祖广顺元年十月，第9466页。

③ 《资治通鉴》卷二九〇，后周太祖广顺元年十月，第9466页。

④ 《资治通鉴》卷二九〇，后周太祖广顺元年十二月，第9472页。

⑤ 《资治通鉴》卷二九〇，后周太祖广顺二年四月，第9477页。

⑥ 《资治通鉴》卷二九〇，后周太祖广顺二年四月，第9477页。

⑦ 〔宋〕陆游：《南唐书》卷五《边镐传》，第5504—5505页。

伏兵四起，城中又出兵夹攻，南唐军大败，侯训战死，张峦收拾残兵数百逃回全州。

再说南唐在湖南的最高统帅边镐，其人"柔懦寡断，惟好释氏。初从军平建州，凡所克捷，惟务全活，建人德之，号为'边罗汉'。及克湘潭，镐为统军，诸将欲纵掠，独镐不允，军入其城，巷不改市，潭（长沙）人益喜之，谓之'边菩萨'。及帅于潭，政出多门，绝无威断，惟事僧佛，楚人失望，谓之'边和尚'"①。南唐用非其人，国内早就有所议论，早在平楚初期，南唐百官共贺湖南之平，起居郎高远就已预料到，曾说："我乘楚乱，取之甚易。观诸将之才，但恐守之难耳！"老臣李建勋也说："祸其始于此乎！"②南唐布衣欧阳广上书元宗，直接指出边镐非帅才，如果不采取措施，失败将在所难免，其文如下："臣近游潭州，伏见节度使边镐，偶逢圣代，初非将才，措置乖刺，大失人心。致奉节兵乘夜呼噪，共焚谯门，会明而遁，不然几致大变，是仁不足惠下也。朗陵近在肘腋，曾不为虞，乃图桂林，以取奔败，是智不足谋远也。与监军使昌延恭不相协和，动辄疑阻，是义不足和众也。幕府无贤才，是礼不足得士也。号令朝出夕改，是信不足使人也。五者无一长，考之前古，未或不败。请择帅济师，以全境土。"③由于元宗正陶醉于胜利的喜悦之中，所以没有重视此书。南唐对待楚降臣降将甚厚，"位高者拜刺史、将军、卿监，卑者以次拜官"④，甚至以马希萼为江南西道观察使，镇洪州，仍赐爵楚王；以马希崇为永泰节度使，镇舒州。因此，"湖南刺史皆入朝于唐"⑤。但是对待以北方人为主的奉节军⑥，"廪给薄于楚之降卒，……而粮料使王绍颜每给奉节粮辄刻

---

① 《玉壶清话》卷二，第15页。

② 《资治通鉴》卷二九〇，后周太祖广顺元年十月，第9466页。

③ 〔宋〕陆游：《南唐书》卷一〇《欧阳广传》，第5548页。

④ 《资治通鉴》卷二九〇，后周太祖广顺元年十月，第9471页。

⑤ 《资治通鉴》卷二九〇，后周太祖广顺元年十月，第9471页。

⑥ 公元949年，后汉蒙城镇将咸师朗率部降南唐后，改编其部为奉节军，边镐攻楚，该军亦从行。

削之"①。有人请斩王绍颜以安定军心，边镐不听，军心益乱。奉节指挥使孙朗、曹进怒曰："昔吾从咸公降唐，唐待我岂如今日湖南将士之厚哉！今有功不增禄赐，又减之，不如杀绍颜及镐，据湖南，归中原，富贵可图也！"②于是，他们率领部下乘夜作乱，放火烧边镐府门，蒿草不燃，边镐发觉后，出兵格斗，"且命鸣鼓角，朗、进等以为将晓，斩关奔朗州"③，将长沙虚实尽告刘言，且鼓动刘言进攻长沙。

边镐本来对朗州防备甚严，以后听人说刘言忠顺，"镐由是不为备"④。保大十年（952）十月，刘言遣王逵等十将分路进攻长沙，以原奉节军指挥使孙朗、曹进为先锋使。边镐遣指挥使郭再诚等率兵屯益阳以拒之。朗州兵很快攻克沅江，擒南唐将刘承遇，裨将李师德率众投降。王逵又命军士乘小舟隐蔽接近益阳，然后"四面斧寨而入"，以迅雷不及掩耳之势攻下益阳，杀南唐戍兵3000人。不久，又攻克桥口及湘阴，逼近长沙。边镐一面派人求取救兵，一面派人守城，由于救兵未能赶到，城中兵少，边镐防守不住，只好弃城而逃。城中吏民争相逃命，致使东门桥折，死者万余人，道州刺史廖偃为乱兵所杀。王逵等攻下长沙后，又遣军进攻岳州，南唐岳州刺史宋德权逃走。"唐将守湖南诸州者，闻长沙陷，相继遁去。刘言尽复马氏岭北故地。"⑤南汉又获得郴、连二州及岭南诸州。

南唐攻楚的结果比之灭闽更糟，灭闽尽管得不偿失，但还得到数州之地，而攻楚非但没有得到尺寸之地，反而损兵折将，劳民伤财，使南唐国势更加衰弱。

---

① 〔宋〕陆游：《南唐书》卷五《边镐传》，第5505页。
② 《资治通鉴》卷二九〇，后周太祖广顺元年十二月，第9472页。
③ 《资治通鉴》卷二九〇，后周太祖广顺二年正月，第9472页。
④ 《资治通鉴》卷二九一，后周太祖广顺二年九月，第9483页。
⑤ 《资治通鉴》卷二九一，后周太祖广顺二年十月，第9484页。

三、统一计划的失败

五代时期，在南方各国中，地大财阜、兵力强盛、人才众多者，莫过于南唐。自烈祖李昪以来，奖励农桑，澄清吏治，保境安民，户口增殖，财用充足，"且据长江之险，隐然大邦也"[①]。由于南唐国力强盛，所以上自烈祖、元宗，下至南唐群臣中的不少人，均有进取中原、统一中国之志，不像其他各国君臣安于现状、胸无大志，只图保守疆土、安享富贵。烈祖李昪统一全国的策略，已在第一章第一节中做了阐述，主要是持重稳健，积蓄财力，训练士卒，待中原有变，全力北伐，不贪于邻国的疆土财富，不轻易对南方邻国用兵。对于这个深谋远虑的计划，虽没来得及具体实施，但他在生前已做了一些准备工作。

首先，结好邻国，和睦相处，不过多树敌，以免分散军力。除了东南诸国外，连远在西南的蜀也遣使通好。他还积蓄财力，为统一做好财力上的准备。在军事上，训练士卒，巩固边防，在与北方接界的淮水，东自霍邱（今安徽省霍邱县），西至光州（今河南省潢川县），每冬淮水浅涸时，发兵戍守，谓之"把浅"，实行以守图进的方针。

其次，结好契丹，以牵制中原军事力量。昇元中，宋齐丘向烈祖献策，"选宫嫔，杂以珠贝、罗绮，泛海，北通契丹，欲赖之以复中原。而虏使至，则厚币遣还"[②]。故昇元直至保大年间，双方往来频繁，贸易额也很大。为了诱使契丹侵扰中原，更大程度地削弱中原力量，南唐还派人在淮北刺杀自南唐返国的契丹使者，嫁祸于中原王朝，挑动双方发生冲突。中原王朝也以其人之道还治其人之身，比如保大十二年（954），后周大将荆罕儒得知契丹使者至南唐，以百金聘剑客田英前往刺杀，在南唐设宴款待契丹使时，乘席间其更衣之机刺杀契丹使臣。陆游《南唐书》卷一八《契丹传》载："自是唐与契丹遂绝。"这话有误，据《资治通鉴》卷二三九载，显德三年（956），后周伐淮南，南唐曾遣兵部郎中陈处尧持重币泛海向契丹求援，并"数面责契丹主，契

---

① 〔宋〕陆游：《南唐书》卷二《元宗本纪》，第5484页。
② 〔宋〕马令：《南唐书》卷三《嗣主书》，第5279页。

丹主亦不之罪也"，可见双方还是保持着关系。因为契丹需要南唐的茶叶、药材、丝帛等货，绝不会因个把人的死亡，轻率地断绝双方关系。南唐与契丹关系的断绝是在后主统治时期，此时南唐已失去淮南，统一已经无望，又处在北宋的威胁之下，和契丹往来政治上已无意义，而且惧于北宋也不敢和契丹保持关系。

司马光说："唐自烈祖以来，常遣使泛海与契丹相结，欲与之共制中国，更相馈遗，约为兄弟。然契丹利其货，徒以虚语往来，实不为唐用也。"[①]尽管如此，南唐的这种策略对中原王朝仍起了一定的牵制作用，使其不敢全力南下，巩固了南唐的北部边界，客观上也起了加强南唐政治影响的作用。中原王朝对此也深怀忧虑，极力想破坏双方的联盟，阻止双方关系的发展。比如后晋王朝臣服于契丹，对契丹极尽父子之礼，但是，当南唐出使契丹的使节假道前往契丹时，晋高祖石敬瑭竟不顾契丹的不满，断然不许。[②]这即可证明南唐与契丹的这种联盟绝非没有意义。古代的学者对此多有非议，乃是出于专制集权的正统观念。至于近现代一些学者非议，或出于对统一的不同看法，从中原王朝的角度批评南唐阻碍统一；或出于对历史上民族关系的不同理解，把契丹放在异族的位置，而没有将其看作我国境内众多民族中的一个，从而非议南唐和契丹的关系。1981年5月，在北京召开的全国性中国民族关系史学术座谈会上，有人提出契丹族从一开始就是中国的民族，得到与会同志的赞同。[③]既然如此，南唐和契丹发展关系，目的是统一中国而不是分裂蹂躏中国，所以不应该对此非议。尽管这个目的后来没有实现，但动机也是不错的，更何况这种关系对江淮地区和我国北方游牧民族的经济、文化交流还是起了很好的作用。

再次，重用中原降将，以便知其虚实，俟机北伐。后晋天福元年（936）十二月，安州节度使卢文进率其部众渡淮南下，烈祖待之甚厚，

---

① 《资治通鉴》卷二九〇，后周太祖广顺二年二月，第9475页。

② 《资治通鉴》卷二八二，后晋高祖天福六年四月，第9221页。

③ 白寿彝：《关于中国民族关系史上的几个问题——在中国民族关系史座谈会上的讲话》，《北京师范大学学报》1981年第6期，第1—12页。

任其为宣州节度使。天福五年（940）夏，后晋大将李金全率部来降，其为吐谷浑人，骁勇善骑射，烈祖任其为润州节度使。烈祖此举对于招徕中原降人及增强南唐的军事力量有极大作用。此后中原降将不断南下，其中一些人后来成为南唐的重要军事将领。

烈祖晚年告诫李璟说："汝善和邻好，以安宗祏为意。不宜袭隋炀帝之迹，恃食阻兵，以自取亡覆也。"[1]他临死之前，还再三对李璟说："北方有事，不可忽也。"[2]元宗践祚之后，不用宿臣旧将，而信任冯延巳、冯延鲁、魏岑、陈觉、查文徽等人，对他们言听计从，在他们的撺掇下，改变了烈祖的成策，用兵于闽、楚。"用事者皆少年，不更军旅，覆败相踵"[3]，导致国库空虚，从此国势日下，日渐趋于衰亡。

公元946年，契丹攻破汴梁，后晋灭亡。是时，晋密州刺史皇甫晖、青州刺史王建不甘事于契丹，举众南归，淮北抗辽诸部纷纷来降，连表请命者甚众。韩熙载也上书元宗曰："陛下有经营天下之志，当在今时。若戎主遁归，中原有主，安辑稍定，则未可图也。"[4]但南唐正陷入伐闽的泥潭之中，无力北顾，坐失了千载难逢的时机。元宗自己也叹息说："闽役惫矣，其能抗衡中原乎？"[5]保大五年（947）六月，元宗得知契丹弃中原北归，乃下诏命忠武节度使李金全为北面行营招讨使，"议经略北方"[6]。不久，听到刘知远已入汴梁，遂不出兵。南宋人陆游说："元宗举闽、楚之师，境内虚耗。及契丹灭晋，中原有隙可乘，而南唐兵力国用，既已弗支，熟视而不能出，世以为恨。予谓不然。……若用得其人，乘闽、楚昏乱，一举而平之，然后东取吴越，南下五岭，成南北之势，中原虽欲睥睨，岂易动哉！不幸诸将失律，贪功轻举，大事弗成，国势遂弱，非始谋之失，所以行之者非也。且陈觉、冯延鲁辈

---

① 《钓矶立谈》，第5007页。

② 《江南别录》，第5135页。

③ 〔宋〕陆游：《南唐书》卷一〇《李金全传》，第5543页。

④ 〔宋〕陆游：《南唐书》卷三《嗣主书》，第5276页。

⑤ 〔宋〕马令：《南唐书》卷三《嗣主书》，第5273页。

⑥ 《资治通鉴》卷二八七，后汉高祖天福十二年六月，第9368页。

用师闽、楚，犹丧败若此，若北乡而争天下，与秦、晋、赵、魏之师战于中原，角一旦胜负，其祸可胜言哉！"①明清之际的著名学者王夫之也认为："当其时，石敬瑭虽不竞，而李氏诸臣求可为刘知远、安重荣之敌者，亦无其人。……即令幸胜石氏，而北受契丹之劲敌，东启吴越之乘虚，南召马氏之争起，外成无已之争，内有空虚之害，江、淮亘立于中以撄众怒，危亡在旦夕之间，而夸功生事者谁执其咎乎？故曰量力度德，自保之令图也。"②以上这些议论，笔者不敢赞成。关于陆游所主张的成南北对峙之势，为南唐烈祖所不取，其不利之处，前面已做过论述，就不再重复。至于南唐丧师于闽、楚，主要是用人不当，并不能作为其军力不盛，不能北向争夺中原的论据。王夫之认为南唐诸将无有刘知远、安重荣之辈敌手者，也不能站住脚。南唐诸将中以李金全之骁勇稳健，卢文进之刚毅果敢，林仁肇之善战多谋，刘仁赡之忠义英武，均为一时之佼佼者。其中尤以林仁肇、刘仁赡最为突出。林仁肇人称林虎儿，能同士卒共甘苦，深得部众拥戴，后周南伐时，屡败周军，连后周大将张永德也很敬畏他。刘仁赡少以骁勇知名，为将重士轻财，"法令严肃，颇通兵法"③。其守寿州时，以周世宗之英武，后周军队之强盛，竟屡受其挫败，终其生寿州始终不能被攻下。不仅如此，他还忠心耿耿，在非常艰苦的条件下，始终不为利诱所动。如果南唐能够重用这些将领，安知不是刘知远、安重荣之流的敌手？虽然刘知远在政治上老奸巨猾，但终其世在军事上并无突出的战绩。至于安重荣，浮躁寡谋且骄横残暴，不是很好的将才，其轻举妄动，割据称霸，最终兵败身亡。这样的将才实在不足以称道。对于当时楚、吴越也不足过虑。当时楚为马希范所统治，他本人骄横残暴，人心离散，加上群马争槽，内乱迭起，自顾尚且不暇，何能威胁别国；吴越当时为钱元瓘所统治，国力无法与钱镠时相比，而且国小力弱，不能构成太大的威胁。更何况在中原混乱之际，南唐出兵北伐，鹿死谁手尚未分晓，吴越是否敢于贸然出兵攻袭

---

① 〔宋〕陆游：《南唐书》卷二《元宗本纪》，第5484—5485页。

② 《读通鉴论》卷三〇《五代下四》，第920页。

③ 〔宋〕马令：《南唐书》卷一六《刘仁赡传》，第5366页。

南唐，还很难定论。所以陆游、王夫之之论不能成立。至于契丹，虽说是劲敌，但在中原军民抗辽怒潮高涨之际，则与以往形势迥异。契丹在南唐尚未出兵的情况下，仅中原军民的自发打击，其便难以应付，不得已而退出中原。如果南唐不伐闽土，严守烈祖遗训，以其丰厚的财力和久练之师，断然北进，以当时的人心所向，招纳淮北诸部，安抚人民，收降诸州杀辽将，席卷山东、河南之地，不过举手之劳，至于河北也非难事。当然最后与太原刘知远争战，究竟谁胜谁败，还很难料定，不过南唐如果按上述方针执行，则在军队的数量、财力的来源以及人心向背等方面优于刘知远。刘知远早年支持石敬瑭称臣于契丹，后晋灭后，又接受契丹主的封赏及所赐木拐，为天下所共知，估计人心也不会倾向于他。加上他以一镇之兵抗拒南唐举国之力，也是非常困难。总之，晋汉之际的形势对南唐非常有利。断言南唐北伐一定失败，不免失之武断。

保大七年，"中国衰弱，淮北群盗多送款于景（璟）"①。于是，元宗命皇甫晖等将兵万人，出海、泗招纳之，"蒙城镇将咸师朗等降于晖"②。所谓"群盗"，就是指反抗后汉残暴统治的淮北起义农民，可见他们还是把希望寄予南唐。皇甫晖等北上受到小挫，于是引众返归。当然，即使不受挫折，依靠这支偏师也是不能取得北伐胜利的。在此前一年，后汉护国军节度使李守贞联合关中两镇叛军，并联络南唐以为援，元宗听从魏岑、查文徽的建议，命李金全再次出师北上。师次沂州，李金全认为关中遥远，救之无益，不愿惹是生非，退回海州。当时南唐国势衰弱，统一中原已经无望，所以，李金全能保有全军而归，实在是明智之举。其后，周师攻取淮南，"人始思金全，恨其已卒云"③。保大九年正月，"周太祖有天下，用事者犹议北伐，（韩）熙载曰：'北伐，吾本意也，但今已不可耳。郭氏奸雄，曹、马之流，虽有国日浅，守境已固，我兵妄动，岂止无功耶？'言虽切，而朝廷暗于机会，经营中原

---

① 《新五代史》卷六二《南唐世家》，第772页。
② 《资治通鉴》卷二八八，后汉隐帝乾祐二年正月，第9407页。
③ 〔宋〕陆游：《南唐书》卷一〇《李金全传》，第5543—5544页。

之志终不已"①。于是"乃命李金全耀兵于淮上而止"②。这年十二月，后周慕容彦超据泰宁镇叛，结南唐为援，元宗贸然遣燕敬权等四将率兵五千至下邳援之，为后周击败，四将被俘。周太祖赐予衣服金帛，放归本土，并面谕四将曰：南唐"助兹凶慝，非良算也"③。这几次行动南唐损失虽然不大，但证明统一的时机已经错过，元宗屡次轻动兵端，不过是轻薄浮躁的举动，徒损民力财力却无损于中原一寸土地。统一全国的重任已经由南转向北了。

第二节　农民起义

一、张遇贤起义

张遇贤领导的农民起义爆发在南汉统治区域内。南汉自高祖刘龑以下，诸帝残酷暴虐、穷奢极欲、荒淫昏庸。南汉地处岭南，四无强敌，内无骄兵悍将，加上商利甚厚、物产丰富，故能维持其残暴统治达数十年之久。刘龑时，建造宫殿，并用金银珠宝装饰，不知浪费多少财富。他还设置水牢，"聚毒蛇水中，以罪人投之，谓之水狱"④。南汉光天元年（942），刘龑死，子刘玢继位。他比其父有过之而无不及，不理政事，专事荒淫秽行。其父未葬，就"作乐酗饮；夜与娼妇微行，偎男女而观之。左右忤意辄死，无敢谏者"。他"常猜忌诸弟，每宴集，令宦者守门，群臣、宗室，皆露索，然后入"。⑤刘龑其他儿子也和刘玢差不多，大都昏庸残暴，如秦王刘弘度，判六军，募市井无赖子弟千余人为宿卫，军纪极其败坏，公然抢掠商贾金帛。刘玢的荒淫助长了其弟的篡权野心。晋王刘弘熙与循王刘弘杲合计，利用刘玢爱看角抵，进力

① 〔宋〕陆游：《南唐书》卷一二《韩熙载传》，第5559页。
② 〔宋〕马令：《南唐书》卷三《嗣主书》，第5276页。
③ 《旧五代史》卷一一二《周太祖纪》，第1480页。
④ 《资治通鉴》卷二八三，后晋高祖天福七年四月，第9236页。
⑤ 《资治通鉴》卷二八三，后晋齐王天福八年三月，第9249页。

士刘思潮等表演角抵，趁刘玢酒醉之机，将其勒杀。刘弘熙夺位，改名刘晟。他怕刘氏其他诸子对他的统治造成威胁，于是大杀诸王，就连他的亲信也难免杀身之祸。他还设镬汤、铁床、刳剔等刑，号为"生地狱"①，来对付政敌及劳动人民。南汉境内的农民起义，就是在这样的历史背景下爆发的，张遇贤起义不过是其中声势较大的一次。

在张遇贤起义之前，南汉境内的循州（治今广东省惠州市西北）已爆发过许多小股的农民起义，因为不相统一，势力分散，相继被镇压。公元942年7月，张遇贤率众在循州博罗县起义，很快形成一支声势浩大的起义军队。张遇贤本是博罗县小吏，县内有民家以神灵附体为名，言人祸福，他也前往拜祷之。是时，刘玢初立，"岭南盗贼起，群盗千余人，未有所统，问神当为主者"②，于是这位附民体的"神"说，"张遇贤是第十六罗汉，当为汝主"③。众人共推他为首，自号"中天八国王"，改元永乐，设置官署，起义军皆穿绛衣，"时谓之赤军子"④。起义军攻循州，又转攻潮、惠二州沿海地带，声势浩大。南汉政府派越王刘弘昌为都统，循王刘弘杲为副，率领大军前往镇压，兵至钱帛馆，起义军乘南汉军长途行军疲倦饥饿正在进食之机，突然以数万之众包围。弘杲、弘昌被围数重，"屡突不得出，矢下如雨，兵士大半中射死。洪杲矢尽，挺剑立战，血流满袖"⑤。经禁军将领陈道庠、万景忻奋力死战，才将二王救出重围。南汉派来镇压义军的军队被歼灭殆尽。⑥十月，义军攻破循州，杀刺史刘传，南汉"东方州县为遇贤所陷"⑦，队伍发展到10多万人。公元943年7月，南汉政府增兵反扑，起义军连战失利，循州也被南汉指挥使万景忻攻破。乃请示于"神"，答曰："可过岭，取

---

① 《旧五代史》卷一三五《僭伪列传二》，第1809页。
② 《新五代史》卷六二《南唐世家》，第769页。
③ 《十国春秋》卷六六《张遇贤传》，第925页。
④ 《江南野史》卷二《嗣主》，第5159页。
⑤ 〔清〕梁廷枏撰，李菁、吴在庆校点：《南汉书》卷八《循王洪杲传》，见傅璇琮、徐海荣、徐吉军主编：《五代史书汇编》一〇，杭州出版社，2004年，第6437页。
⑥ 《九国志》卷九《陈道庠传》，第3331页。
⑦ 《南汉书》卷三《殇帝纪》，第6377页。

虔州，当成大事"①。于是，义军便越过大庾岭，杀进南唐的虔州境内。

南唐承平已久，驻守在虔州的南唐百胜军节度使贾浩毫无防备，义军攻下南康县后，他还轻视义军，不做积极准备。义军轻易地连下诸县后，贾浩这才出动州兵进攻义军，为义军所败，吓得他"闭门登陴，不敢出"②。张遇贤选择白云洞作为根据地，在这里造宫室，设官署，盖营房，并派兵向四周发展。白云洞在今江西省于都县西20公里的白云峰下，有三洞可相互联络，每洞可容百余人，还有溪流贯注其间，是一处很险要的地方。③这里距虔州不过100多里，对虔州威胁很大。义军势力的发展震惊了南唐统治者，元宗李璟命徐铉起草一篇名为《招讨妖贼制》的诏书，施展欺骗和威胁利诱的手段。其文曰：

> 昨者领表遗氓，聚为寇盗，违其上命，犯彼战锋。而敢乘我国哀，伺我边隙，侵轶我封部，诱惑我黔黎，保据溪山，肆为剽掠。朕以肇膺丕业，先洽德音。矧彼狂徒，皆吾赤子，弗忍尽杀，冀其自新。所以虽命师徒，且令招抚。而凶愚不革，结聚愈繁，暴害吏民，攻围县邑。一至于此，其能久乎？国有常刑，吾又何爱？仍闻众军致讨，累有杀伤，平人无辜，曝骨于野。兴言及此，永恻朕心。况常赋及期，三农失业，特申矜恤，更示怀来。虔州今年应属省租税，并可放免。仍委诸县长吏，安存编户，宣示国恩。防护警巡，勿令扰动。妖贼张茂贤，首为劫盗，罪在难容。若能束身归降，亦与洗涤收录。如闻命之后，因循未宾，即令招抚诸军分路进讨。如所在百姓及徒党中，有能擒斩茂贤者，不计有官无官，并赐三品，赏钱一万贯，庄一区，并已分产业，并永放苗税差役，传之子孙，此恩不改。若能同心计划，及数内或擒获得称王、称统军军使之属，并次第首级止于一队一寨头领者，即约此例，等降优

① 《十国春秋》卷六六《张遇贤传》，第926页。
② 〔宋〕陆游：《南唐书》卷五《边镐传》，第5504页。
③ 《读史方舆纪要》卷八八《江西六》，第4058页。

赏，放免苗税差役。或能自出身归投，有田亩者各令归业，仍放三年赋租。无田者委本道录奏，各与逐便，优稳安排，及重加赏费。如凶恶不回，为诸军擒获者，不问人数，即便处斩。明申威信，汝自择焉。诸军将士，有能斩获茂贤，杀戮支党，官赏之制，并越常规。予不食言，尔宜自励。朕永惟止杀，许彼悛心。且妖贼等烧毁仓储，蹂践禾稼。聚食则资粮立尽，外取则谷实不收。进则大军扼其前，退则领兵掎其后。况乌合之众，本不同心，缓则苟避征租，急则各图恩赏。函首来献，翘足可期。咨尔群党等，自保家乡，共思宁息。与其碎身于锋刃，孰若乐业于闾里？咨尔将士等，各奋骁雄，早成功绩。与其暴师于境上，孰若受赏于辕门？体我深怀，速清边徼。布告本道，咸使闻知。①

这篇诏书将南唐政府对付义军的策略暴露无遗：首先宣布免除虔州当年的租税，企图收买人心，阻止义军与当地人民的联系，使义军得不到当地人民的支持与帮助；其次，利诱张遇贤②及其部下放下武器，以给复3年租税或给予高官重赏来分化瓦解义军，诱使义军内部自相残杀，以坐收渔人之利；再次，对于坚决抵抗的义军以残酷杀戮相威胁，企图动摇义军的战斗意志；最后，以重赏激励南唐军队去镇压义军。这篇诏书中以施用武力镇压和政治分化两种手段对付义军，就此而言，南唐统治者比南汉统治者要高明一些，因而，对农民军的威胁也就更大。

在采取政治分化的同时，南唐政府调洪州屯营都虞候严思和通事舍人边镐领军前往虔州镇压。边镐善笼络人心，他起用虔州土豪白昌裕为谋主，连败义军，焚其营署。义军地处异乡，人地生疏，又缺乏有政治军事才能的领袖人物，作战失利后，士气低下。不久，白昌裕与边镐定计，"刊木开道"，袭取白云洞，义军将领李台出卖了起义事业，执送

① 《徐铉集校注》卷七《制诰》，第284—285页。
② 张茂贤即张遇贤。

张遇贤及其副手黄伯雄、谋主僧景全等领导人于南唐军中，边镐将他们解送金陵，后全部杀害。历时3年，转战大庾岭两麓的张遇贤起义就此失败了。

这次声势浩大的农民起义不仅为南方各国所仅见，而且在当时的北方也少有。失败如此之快，主要是缺乏政治斗争与军事斗争的经验，又没有优秀军事、政治领导人，只靠宗教迷信来维系人心。史载："遇贤年少，无他方略，贼帅各以便宜剽掠州县，告其进退而已。"①由于没有形成坚强的领导核心，兵锋所向捷时尚能维持，一遇挫败，便惶恐无主；又轻易地抛弃熟悉而有群众基础的岭南，进入人地生疏的虔州一带，不能和当地百姓取得联系，故很难站稳脚跟。在强大而又较有作战经验的南唐军队镇压下，他们的失败是很难避免的。这次起义所称的"中天八国王"之号和"永乐"年号，从字义上看：前面的称号有反对割据，消灭当时南北方割据的8个政权，建立统一政权的愿望；后面的年号似有反对暴政，希望永远安居乐业之意。由于文献难征，无法详知这次起义的全部情况，姑且望文生义，留此一说，以待后来者补充考证。

二、诸祐等的起义

南唐昇元年间，蕲州黄梅县（今属湖北）境内独木村出现了由诸祐领导的农民组织。他以宗教联络农民，初有徒众数十，数年后发展到数百人，活动特点是"夜行昼伏"，势力最盛时，"州县亦惮之，不敢问"。②但诸祐仅利用宗教迷信对群众进行宣传，既没有组织武装，又没有明确的行动纲领，其事业在酝酿时就遭到地方官吏的镇压，诸祐本人连同参加的群众甚至妇女、童稚一并惨遭杀害。尽管如此，诸祐宣称"能使贫者富，富者贫"的口号反映了农民阶级要求改变贫富不均的愿望，是唐末农民起义"平均"口号的进一步发展，为以后北宋李顺、王

① 《十国春秋》卷六六《张遇贤传》，第925页。
② 〔宋〕陆游：《南唐书》卷一四《陈起传》，第5577页。

小波农民起义所继承，在中国古代农民战争史上具有一定的意义。

南唐后主时还有赵晟、萧荣及吴先等领导的小股农民起义，现分别简述如下：上江赵晟、萧荣等聚众数百，"深潜岩穴"，打击官府，郡邑患之，"官健不习险阻，收捕累年不获"。[①]庐陵人刘茂忠，最初也"剽略旁县，颇为民患"[②]，被官府捕获，会赦贷死，遂充当政府鹰犬。他伪装混入起义农民中，为官府军队做内应，镇压了这股义军。

吴先，庐陵（今江西省吉水县）人，本为县胥吏，以当地山中鹧鸪洞为据点，"四出攻剽"，打击官军。官府屡次镇压受挫。此时又是刘茂忠为统治阶级出谋划策，用苦肉计，鞭其亲信二人，使其混入农民军中，吴先缺乏警惕，"信而勿疑"[③]。结果，这两个打手杀死吴先，持其首回来请功，其众溃散，起义失败。

总的来看，南唐时期的农民起义规模小，多为分散的零星起义，宗教性质比较浓厚，群众基础比较薄弱，因而易被统治阶级所镇压。由于南唐的社会经济发展正处于上升阶段，国内社会环境比较安宁，阶级矛盾还不十分尖锐，爆发大规模农民起义的条件还不成熟。加上当时全国割据政权林立，农民军回旋余地较小，互相联络困难，又在唐末大起义失败后不久，农民斗争处于低潮。故此，不仅南唐，就是当时全国其他地区，均难于爆发大规模的农民起义，但这些分散的起义仍然给当时的统治阶级以不同程度的打击。

第三节　后周南伐与南唐的衰落

经过后梁、后唐、后晋、后汉等4个王朝的统治，至后周时期，我国北方地区的政治形势已发生很大的变化。唐末以来藩镇跋扈的局面已

---

① 《江南野史》卷一〇《刘茂忠》，第5229页。

② 〔宋〕马令：《南唐书》卷二二《刘茂忠传》，第5403页。

③ 《江南野史》卷一〇《刘茂忠》，第5229页。

有较大的改观，中央政府的威望空前提高，地位大大地巩固了，君弱臣强的局面已发生了很大变化，这与中原各朝长期坚持削藩政策分不开。总括起来，主要采取了如下一些措施：第一，中央禁军分驻地方，削弱或镇压了方镇割据势力，使各方镇不同程度地为中央所控制。第二，从诸道选募骁勇到中央禁军，加强了中央的军事力量，同时也削弱了各方镇的军事实力。第三，频繁地移易节帅，不使节帅长期任职于一地。第四，分割方镇地盘与支郡直属中央，使唐末以来拥地数十州或十数州的方镇此时不再存在。第五，堕城隍，拆城防之具。第六，限制方镇荐人、用人，提高州县官的权力，州县等地方官的任免权逐步收归中央。第七，收回财权。赋税的征收由中央逐渐委官主持，减少了地方留用的资财。[①]由于以上措施的推行，经过后周之前4个王朝的努力，到后周时期北方分裂割据的政治因素大为减少，为后周王朝推行军事、政治、经济诸方面改革创造了一定的条件。经过周太祖、周世宗的努力，北方地区政治稳定，社会生产恢复并有所发展，军力强盛；而南唐政权经过伐闽攻楚战争之后，元气大伤，不仅耗光了烈祖时的积贮，而且导致国库空虚，民困力乏，军事力量也大受削弱，又丧失了统一中原的时机，朝廷内部党争激烈，政治日趋混乱、腐败。由于南北方政治形势变化，统一全国的重任已落到后周一方。此后后周南伐，夺取了淮南地区，进一步削弱了南唐实力，使南唐国势更加衰落。

一、保大末年的南北形势

（一）后周的改革

后汉乾祐三年（950），汉隐帝一举诛杀朝中重要大臣杨邠、史弘肇、王章等3人，又密遣使者赴澶州，准备杀死枢密使、邺都留守郭威，导致郭威起兵，河北诸镇响应，攻下汴梁，后汉灭亡。第二年，后周建

---

① 参见齐勇锋：《五代藩镇兵制和五代宋初的削藩措施》，《河北学刊》1993年第4期，第75—81页；易图强：《五代朝廷行政上削藩制置》，《益阳师专学报》1996年第2期，第54—56页。

立，郭威即皇帝位，即周太祖。周太祖出身寒微，知民间疾苦。即位之后，采取了保守疆土、恢复生产、积蓄力量、稳步改革的方针，几年之间，成效斐然。公元954年，周世宗即位，延续了太祖的政策，并且开始了统一战争，取得了更大的成效。

1.经济方面

奖励耕植，招抚流亡。广顺三年（953），太祖颁诏，"至是以天下系官庄田仅万计，悉以分赐见佃户充永业"。"所有见牛犊并赐本户，官中永不收系。"①佃耕官田的农民获得官颁执证后，"比户欣然，于是葺屋植树，敢致功力"②。一年之内，据户部统计增加了3万余户。周世宗继位后，于显德二年（955）颁诏规定："应自前及今后有逃户庄田，许人请射承佃，供纳租税。"③其原户主3年内归业者，交还一半；5年内归业者，交还1/3；5年之外归业者，除原户主坟茔外，不再交还。对于被契丹掳掠去的人户，如有从北归来者，其庄田如被别户请射，5年内归还2/3，10年内归还一半，15年内归还1/3。

营田本为官府经营的土地，唐末"募高资户使输课佃之，户部别置官司总领，不隶州县，或丁多无役，或容庇奸盗，州县不能诘"④。营田实际上归高资地主所占有，而高资地主并不亲自耕种，又转租给普通农民耕种，而且使政府应征发的劳役转嫁到贫苦农民身上。周太祖罢去营田，将其分由原承佃户所有，充作永业之田，即使佃户变成小自耕农。这既有利于安定农民生活，发展农业生产，又增加了政府的赋税收入。周世宗许人请射逃户庄田，不但避免了田地抛荒，增加了社会财富，而且有招抚流亡农民归业的作用，尤其对被掳掠北去的农民的优待，更能激励其南归的决心，对于增加后周户口、加强边防都有积极的意义。国家赋税得到保证，社会秩序安定，是谋求专制国家长治久安的重要手段。

---

① 《旧五代史》卷一一二《周太祖纪三》，第1488页。
② 《旧五代史》卷一一二《周太祖纪三》，第1488页。
③ 《五代会要》卷二五《逃户》，第406页。
④ 《资治通鉴》卷二九一，后周广顺三年正月，第9488页。

均定租税，减免苛重。后梁太祖时，渡淮作战，掠得淮南民牛数十万计，全数配给沿淮诸州百姓，再征收受牛户的牛租。这在当时有发展生产的积极作用。但数十年后，牛死殆尽，而牛租犹存，百姓苦之。周太祖在罢去营田的同时，废去牛租，减轻了农户的负担。

五代时，诸道州府在两税正税之外，巧立名目，多征财赋。周太祖即位后，规定场院收税，"不得别纳斗余、秤耗，旧来所进羡余物色，今后一切停罢"①。羡余扰民，至晋、汉尤烈，罢黜此弊，深得人心。

此外，周太祖还改革了盐法、牛皮税等，减轻了百姓负担。周世宗时还制定《均田图》，派遣使者至诸州检定民租，查勘耕田，将两税税额按实有耕地田亩摊派，免除了农户的额外负担，打击了富豪地主多占耕地而少缴赋税的不法行为。

兴修水利，治理黄河。五代时期，黄河决口频繁。梁、唐相争，决河御敌，黄水之灾，日甚一日，既危及百姓身家性命，又影响社会经济的恢复和发展。后周之初，几次治河，成效不大。显德元年（954），周世宗决心治河，派宰相李谷亲率精工6万，赴澶、郓、齐一带治理黄河，30日而罢。自阳谷至张秋口，筑长堤以御洪水。此后在显德六年，又一次发动民夫2万，堵塞了原武的决口。经过两次治河，水灾大为减少。周世宗还派人在河北修浚胡芦河，收到了御敌、通漕、溉田3种功效。此后，又在关中修浚泾水以灌溉稻田。疏浚汴口、五丈河、蔡河，使汴梁水路四通八达，漕运畅通，不仅成为各地财货汇集之地，而且具有军事方面的重要意义，在日后的统一战争中发挥了运送军辎的重要作用。

打击寺院经济，增加社会劳动力。佛教自唐会昌灭佛的打击后，经唐宣宗的大力恢复，至五代时更加泛滥，僧尼甚至"竟占民舍以居之"②。后汉李钦明曾说当时每县不下20余处佛寺。佛教徒不但不耕不织，坐费衣食，而且广占民田，拥有众多的佃户，不仅盘剥百姓，也影响了政府的赋税收入。因而不打击寺院经济，社会生产的恢复和发展将

---

① 《旧五代史》卷一一〇《周太祖纪一》，第1459页。
② 《册府元龟》卷一六〇《帝王部·革弊二》，第1783页。

难以顺利进行。周世宗显德二年下令，寺院无敕额者，一律废去，凡国家籍账内无名的僧尼，均勒令还俗。据当年僧账统计仅存僧尼61200人，寺院存者2694所，[①]被废寺院共30336所。按平均每所寺院有僧尼22.7人计，还俗僧尼共688627人。世宗此举被僧侣认为是"三武[②]之祸"之后的再次大祸。但此举却对当时的历史发展起了积极作用，大批僧尼还俗，增加了社会劳动力；寺院田产的收回使国家的税田面积增加。同时，周世宗用所毁铜佛像及法器铸造铜钱，缓和了当时严重的钱荒问题，促进了货币经济的发展。

2.政治方面

澄清吏治，严惩贪残。周太祖即位不久，在平定慕容彦超之乱后，以端明殿学士颜衎知兖州事，这是文臣知州的开始，至北宋遂普遍推行文臣知州郡。接着，又限制方镇对州县的权力，实行军事、民政分别管理。在朝内贬杀专横的枢密使王峻，处死天雄军节度使、邺都留守王殷。对于不法官员也多以严刑惩处，如方城县令陈守遇克扣民户蚕盐1500斤，处斩；考城县巡检供奉官马彦勖私匿赦书，杀狱囚，处斩；供奉官武怀赞坐盗马价入己，处斩；莱州刺史叶仁鲁贪浊滥杀，处死。此类事还有很多，此处不一一列举。周世宗继续了此种方针，以防止贪滥，故后来有人论说世宗用法严苛。其实，世宗本意在于通过重罚来整顿吏风，后来，情况有所好转，他用刑也就轻了。

选拔人才，调整机构。周太祖即位后，对功臣宿将多所优遇，以安反侧，收揽人心。如对高行周、安审晖、安审信、白文珂、赵晖，以及窦贞固、冯道等莫不如此。与此同时，又下诏选拔人才，扶植后进。如李谷、范质、王溥等著名文臣，武将中的郭崇威、韩令坤、李重进、向训等莫不得到重用。世宗也选拔了不少优秀人才，文臣如王朴、魏仁甫、窦俨、陶谷，武将如曹彬、曹英、赵匡胤等。这些人入宋后大都成为一时的名臣宿将。太祖、世宗还广开言路，征求益国利民的意见。太

---

① 《五代会要》卷一一六《祠部》，第269页。
② 三武指魏太武帝、北周武帝、唐武宗。

祖即位之初，"又诏在朝文武臣僚，各上封事，凡有益国利民之事，速具以闻"①。世宗下诏要求臣下多指出自己的过失，凡兴利革弊、举贤荐能等方面均可直言上书。他还令翰林学士徐台符等20余人各撰《为君难为臣不易论》《平边策》各一篇，并亲自批阅，以广泛采纳各种意见。此外，还在科举中开了"直言极谏"和"详闲吏理"等制科科目，以广开言路，搜求人才。

后周还推行朝官外任地方官，宰相逐渐不用武人的政策。朝官知州县事掌握了地方实权，而团练、防御诸使反为虚名，入宋以后，基本成为定制。后周以前各朝，方镇带平章事者极多，不少人甚至目不识丁，尽管不是真宰相，但也颇干朝政，真宰相中也有目不识书者。世宗用士人李谷、范质、王溥、魏仁甫等人为相，开始扭转武人把持朝政的局面，为宋代"右文"政策开了先河。后周还重定县邑等级，整顿了地方基层机构。

此外，后周还整顿了司法制度，制定了《大周刑统》21卷，其编制体例为宋朝所继承，《宋刑统》即是以其为蓝本编制的，此举使得司法工作大为改观，对于纠正残酷滥刑、妄行决断有极为重要的作用。

3.军事方面

公元954年，世宗即位之初，北汉军进犯后周疆土，世宗亲率大军前去抵御，两军在山西高平发生大战。后周右翼军在大将樊爱能率领下，不战自溃，世宗临危不乱，亲督禁军力战，终于击败北汉军，获取大胜。高平战役后，世宗认识到骄兵悍将已不可用，首先处死樊爱能以下70余员将校，使诸将有所畏惧，然后开始了整顿禁军的行动。他首先淘汰了军中的老弱者，精选骁勇强壮者留之，"又以骁勇之士，多为外诸侯所占，于是招募天下豪杰，不以草泽为阻，进于阙下，躬亲试阅，选武艺超绝及有身首者，分署为殿前诸班"②。经过整编，"诸军士伍，无不精当。由是兵甲之盛，近代无比，且减冗食之费焉"③。此举不仅增强

---

① 《旧五代史》卷一一〇《周太祖纪一》，第1464页。

② 《五代会要》卷一二《京城诸军》，第206页。

③ 《旧五代史》卷一一四《周世宗纪一》，第1522页。

了禁军的战斗力，节省费用，而且也是加强中央集权的一个重要措施。

周世宗在高平之战后，深知民心所向，慨然有削平天下之志，他打算做30年皇帝，用10年开拓天下，10年休养民力，10年致太平。显德二年，他遣凤翔节度使王景等率兵伐后蜀，很快攻下了后蜀的秦、凤、阶、成等4州，世宗此举并无吞并后蜀之意，目的在于夺取战略要地，封锁后蜀，使其不敢越雷池一步，使后周的西部边境形势稳固。从此，后蜀完全陷入战略被动的局面，随时可能被吞并。

周世宗的战略重点在北面，以辽朝为主要对手，以收复燕云十六州为首要任务。为了完成这项艰巨的任务，必须求得本国形势的稳固，无后顾之忧，攻伐后蜀，目的在巩固西部边境。此后其目标必然要对准南唐，通过打击南唐，削弱其力量，夺取淮南地区，使其东南方面形势稳固，然后才可专力北伐，收复燕云地区。而此时南唐的国势却是每况愈下，南北双方的政治情况迥然不同，遂使后周计划得以顺利进行。

（二）南唐朝政的混乱

元宗即位以来，对于政事一直比较勤奋，大权独握，躬亲庶务，牢记烈祖遗法，使大臣权力不致过重。保大元年（943）时，南唐朝中勋旧唯宋齐丘、周宗、李建勋等人。元宗即位之后，以其为先朝重臣，任宋齐丘为太保兼中书令，周宗为侍中，虽为宰相，但"政事皆自决之"①。又将中书侍郎、平章事李建勋罢为昭武军节度使。②不久罢宋齐丘为浙西节度使，接着应其表请，赐归九华山隐居。次年正月，又将周宗罢为江西节度使。保大四年，元宗弟齐王景达受陈觉之托劝元宗召回齐丘，曰："宋齐丘先朝布衣之旧，委诸山林，不允中外之望。"③于是才"以齐丘为太傅兼中书令，但奉朝请，不预政事"④。元宗虽能遵奉烈祖遗训，躬亲政事，然临事不能决断，"好文章，而喜人佞己，由是谄谀之

---

① 《资治通鉴》卷二八三，后晋齐王天福八年三月，第9248页。
② 〔宋〕马令：《南唐书》卷二《嗣主书》，第5268页。
③ 〔宋〕马令：《南唐书》卷二《嗣主书》，第5271页。
④ 《资治通鉴》卷二八五，后晋齐王开运三年正月，第9301页。

臣多进用"①，终使政事日非，朝政混乱，国势一衰再衰。

周文矩《重屏会棋图》局部线描图（中心人物为中宗李璟）

　　元宗即位之初，就以冯延巳为翰林学士，冯延鲁为中书舍人，陈觉为枢密使，魏岑、查文徽为副使。此后，一度曾用冯延巳等为宰相，"皆以邪佞用事，吴人谓之'五鬼'"②。他们都奉宋齐丘为首，而"望风尘而投款者，至不可以数计"③。元宗好文学，延巳、延鲁等皆以文学见长，故得以充任要职，加之二冯与魏岑等皆为元宗为齐王时的旧僚，相遇甚厚，齐王即位后倍加重用。冯延巳、延鲁兄弟早就想广置姬妾，但由于烈祖严禁以良为贱，一直不能得逞。保大元年，烈祖崩，元宗刚刚即位，他们"辄矫遗制，托称民贫，许卖子女"④，改变了烈祖的一贯之策。冯延巳担任宰相时，"谓己之才略，经营天下有余"，讥笑烈祖龌龊无大略，曾曰："安陆之役，丧兵数千，辍食咨嗟者旬日。此田舍翁，安能成天下事？"⑤所以他支持陈觉、冯延鲁伐闽之役，导致兵败国削。本应处之国法，而宋齐丘救之，冯延巳亦助之，致使重罪轻罚，只

---

① 《资治通鉴》卷二九二，后周世宗显德二年十月，第9531页。

② 《新五代史》卷六二《南唐世家》，第770页。

③ 《钓矶立谈》，第5016页。

④ 〔宋〕陆游：《南唐书》卷一五《萧俨传》，第5582页。

⑤ 〔宋〕陆游：《南唐书》卷一一《冯延巳传》，第5550页。

贬陈觉、冯延鲁于外州。不久，又得起复任事。翰林学士常梦锡曾力谏元宗，认为5人不可重用，元宗不听。伐闽之役失败后，朝议哗然，以为必斩冯延巳、魏岑，方能谢天下。御史中丞江文蔚上表元宗，直指朝中弊端，慷慨陈词，言语激昂，其文曰：

> "陛下践祚以来，所信任者，延巳、延鲁、岑、觉四人而已，皆阴狡弄权，雍蔽聪明，排斥忠良，引用群小，谏争者逐，窃议者刑，上下相蒙，道路以目。今觉、延鲁虽伏辜，而延巳、岑犹在，本根未殄，枝干复生。同罪异诛，人心疑惑。"又曰："上之视听，惟在数人，虽日接群臣，终成孤立。"又曰："在外者握兵，居中者当国。"又曰："岑、觉、延鲁，更相违戾。彼前则我却，彼东则我西。天生五材，国之利器，一旦为小人忿争妄动之具。"又曰："征讨之柄，在岑折简，帑藏取与，系岑一言。"①

要求"请行典法，以谢四方"②。据说唐朝自王义之后，"旷数百年，宪署之间，举无废职，然未有危言激论，如此之彰灼者也，故权右振竦，朝野喧腾，传写弹文，为之纸贵"③。常梦锡甚至激动地说："白麻虽佳，要不如江文蔚疏耳！"④但是，元宗以冯延巳为齐王府旧人，曰："相从二十年，宾客故寮独此人在中书，亦何足怪！云龙风虎，自古有之，且厚于旧人，则于斯人亦不得薄矣。"⑤反认为江文蔚言之太过，将其贬为江州司士参军。伐闽之役的失败，受害最重的还是广大百姓，重敛豪夺，"以至父征子饷"，元宗也认为这是武夫悍将"务为穷黩"的

---

①　《资治通鉴》卷二八六，后汉高祖天福十二年四月，第9355页。

②　〔宋〕陆游：《南唐书》卷一〇《江文蔚传》，第5547页。

③　《全唐文》卷八八五徐铉《唐故左谏议大夫翰林学士江公墓志铭》，第9251页。

④　〔宋〕陆游：《南唐书》卷一〇《江文蔚传》，第5547页。

⑤　《江南余载》卷上，第5109页。

结果。①但其不能力纠其弊端，严惩首恶，反倒百般回护说："咎将谁执，在予一人。"②元宗对此是要负主要责任的，但这样不分彼此，大包大揽，却也昏庸得可笑。此后，边镐伐楚丧师，元宗亦不能正其罪，朝典颠倒，是非不明，奸人得志，正人敛足，朝政混乱得一发不可收拾了。

元宗除重用上述诸人外，还以钟谟、李德明"敏于占对"而爱之。其实此二人皆天资浮躁，属于"沾沾自炫"一类的小人。他们虽与魏岑等不是一党，但为恶却同出一辙。二人自恃君宠，旁若无人、得意忘形起来，有时对元宗也表现得非常无礼。如："德明尝奏事别殿，取元宗所御笔记事，元宗不能堪，曰：'卿他日自可持笔来。'德明亦自若。"③连禁军军帅王建封也都看不惯钟、李作为，上书元宗"请选用正人"，元宗大怒，以为武人握兵，"不当辄议国政，流建封池州，未至杀之"，④使正义之士扼腕叹息。

元宗的昏庸还不止于此。冯权以早年给事左右，为其所宠幸，"每曰：'我富贵之日，为尔置银靴焉。'保大初，听政之暇，命亲王及东宫旧僚击鞠欢极，颁赏有等。语及前事，即日赐银三十斛以代银靴。权遂命工锻靴穿焉，人皆哂之"⑤。刘承勋为德昌宫使。⑥烈祖时德昌宫藏有巨额金帛，"保大后贡奉事兴，仓卒取办，（刘承勋）愈得以为奸利。畜妓乐数十百人，每置一妓，价数十万，教以艺，又费数十万，而服饰、珠犀、金翠称之。又厚以宝货赂遗权要，故终无发其罪者"⑦，从而使德昌宫所藏资财消耗不少。后周太祖、世宗时常严禁边将过淮骚扰，也不准阻滞南来的商贾，注意保守境土，而南唐元宗则放纵臣下，滋生事端，和后周君主形成鲜明对照。如刘崇俊守濠州时，"多蓄无赖

① 《全唐文》卷一二八李璟《恤民诏》，第1279页。

② 《全唐文》卷一二八李璟《恤民诏》，第1279页。

③ 〔宋〕陆游：《南唐书》卷七《钟谟传》，第5516页。

④ 〔宋〕陆游：《南唐书》卷七《钟谟传》，第5516页。

⑤ 《南唐近事》卷二，第5057页。

⑥ 〔宋〕陆游：《南唐书》说：德昌宫"盖南唐内帑别藏也"。马令《南唐书》说："德昌宫其外府也。"未知孰是。

⑦ 〔宋〕陆游：《南唐书》卷一五《刘承勋传》，第5583页。

辈”，使之过淮剽掠后周乡邑，“获美妇、良马以自奉”。[1]

烈祖时期，南唐政平讼理，滥刑之事较少。元宗执政初期，任江文蔚为御史中丞，“持宪平直，无所阿枉”[2]，遂被排挤罢去。此后，小人用事，刑法逐渐残酷，如陈觉之兄居乡里，犯法被泰州刺史褚仁规笞之。陈觉挟私怨反告褚仁规贪残，元宗于是罢去仁规之职，仁规不服，上章自诉，元宗竟命陈觉前去审理，可谓昏庸之至。“觉还，条其罪状甚众，诏赐死。”[3]李德柔，人称李猫儿，因“善伺人之私，捕获亡命，所至必得”，从小吏累迁为大理寺卿，其“持法苛峻，狱有未成，则以芦席卷囚而倒置之，死者甚众”，[4]深为元宗所赏识。元宗时，这样的酷吏并不仅此，据《太平广记》载：“袁州录事参军王某尝劾一盗，狱具而遇赦，王以盗罪□不可恕，乃先杀之而后宣赦。”[5]金毅为御史判官，主管覆刑司，用法残酷，在不长的时间内，就误判3人死刑。[6]刚正的官吏往往备受排挤打击，如建阳录事陈勋，“平生以刚直称”，被诬处死。[7]

保大十一年（953）六月，江淮大旱，“民大饥，疫死大半”，“城内外傍水际，积尸臭不堪行”。[8]先是，楚州刺史何敬洙奏请修筑白水塘溉屯田以实边，冯延巳乘机建议各州县陂塘废坏者“皆修复之”，李德明又请“大辟旷土为屯田”。[9]于是“力役暴兴，楚州、常州为甚”，元宗又派亲吏车延规主持此役，征发洪、饶、吉、筠等州民牛以往，“吏缘为奸，强夺民田为屯田，江淮骚然。百姓以数丈竹去节，焚香于中，

---

① 〔宋〕马令：《南唐书》卷一一《刘崇俊传》，第5339页。

② 〔宋〕陆游：《南唐书》卷一〇《江文蔚传》，第5545页。

③ 〔宋〕陆游：《南唐书》卷九《陈觉传》，第5537页。

④ 〔宋〕马令：《南唐书》卷一八《李德柔传》，第5379页。

⑤ 《太平广记》卷一二四《袁州录事》，第876页。

⑥ 《江南余载》卷下，第5118页。

⑦ 《太平广记》卷一二四《陈勋》，第878页。

⑧ 《江南野史》卷二《嗣主》，第5164页。

⑨ 《资治通鉴》卷二九一，后周太祖广顺三年十二月，第9498页。

仰天诉冤者不可胜数"。①此举无疑是天灾之外的又一人为巨灾，使广大百姓更加痛苦不堪。知制诰徐铉力陈其弊，元宗乃遣其按视之。徐铉至楚州取所夺田尽数还民，又欲治车延规之罪，被元宗左右交相诬谮，以为擅作威福，元宗大怒，竟欲将徐铉沉于长江，后将其流放舒州。元宗这些作为使人心尽失，淮南一带人民无法生活，渡淮流入后周境内者相继，濠、寿两州发兵阻截，"民与兵斗而北来"②。人心向背于此可见矣！此后，周师南伐，淮南之民，"争奉牛酒迎劳"③，双方胜败，自无待龟蓍了。

二、后周南伐与淮南的失落

早在后周南伐之前，南唐一些有识之士就预料到周军必然南下，上书元宗早做准备，如布衣邵棠上书说："近游淮上，闻周主恭俭，增修德政。吾兵新破于潭、朗，恐其有南征之志，宜为之备。"④对于这些议论，"元宗闻而恶之"⑤。先是，每年淮水涸浅之时都增兵以防侵轶，主要在霍丘至光州一段沿淮布防，谓之"把浅"。寿州监军吴廷绍认为疆场无事，"坐费资粮，悉罢之"⑥。清淮军（治所寿州）节度使刘仁赡上表固争而不可得。就在这时，后周出兵南下。保大十三年底，周世宗以宰相李谷为淮南道前军行营都部署兼知庐、寿等行府事，以忠武节度使王彦超为行营副部署，统领侍卫亲军都指挥使韩令坤等十二将南下江淮。南唐举朝震恐。元宗急令神武统军刘彦贞为北面行营都部署，率军3万，赶赴寿州；又以奉化节度使同平章事皇甫晖为北面行营应援使，常州团练使姚凤为应援都监，领军3万，屯定远为后援。先是，南唐侍中

① 〔宋〕陆游：《南唐书》卷二《元宗本纪》，第5478—5479页。
② 《资治通鉴》卷二九一，后周太祖广顺三年七月，第9496页。
③ 《资治通鉴》卷二九三，后周世宗显德三年七月，第9558页。
④ 《资治通鉴》卷二九一，后周太祖广顺三年正月，第9490页。
⑤ 〔宋〕陆游：《南唐书》卷一三《刘仁赡传》，第5562页。
⑥ 《资治通鉴》卷二九二，后周世宗显德二年十月，第9532页。

周宗"每自淮上通商，以市中国羊马"，周军从正阳渡淮时，"乃使军中人蒙一羊皮，人执一马，伪为商旅，以渡浮桥而守"。①周军过淮之后，连败唐兵，并进围寿州。这仅是战争的序幕，南唐军主力尚未投入战斗。

　　保大十四年（956）初，周军久攻寿州（治今安徽省寿县）不下，周世宗离开汴梁亲自前往督师。刘彦贞所率增援寿州的大军也到达距寿州200里的来远镇（今安徽省寿县西南），又以战舰数百艘趋向正阳（今安徽省寿县西），欲攻占浮桥。李谷因周军不习水战，又恐浮桥被占，归路断绝，腹背受敌，乃焚刍粮，退保正阳。"军回之际，无复严整，公私之间，颇多亡失，淮北役夫，亦有陷于贼境者。"②世宗至开封雍丘县境内的圉镇，闻李谷退兵之谋，急遣使阻止，但已来不及了。刘彦贞见周军退走，以为怯己，麾军急追，直抵正阳，"旌旗辎重数百里"，清淮军节度使刘仁赡、池州刺史张全约皆极力劝止，刘彦贞不从，刘仁赡见其不从，料到必败，"乃益兵乘城为备"。③刘彦贞生长富贵，"无才略，不习兵，所历藩镇，专为贪暴，积财巨亿，以赂权要，由是魏岑等争誉之，以为治民如龚、黄，用兵如韩、彭，故周师至，唐主首用之"④。而"裨将武彦晖、张延翰、成师朗皆斗将，无筹略，见周师退，以为怯，惟恐不得速战，士未及朝食，即督以进"⑤。南唐军将帅如此骄横无谋，焉能不败。周世宗将出汴梁时，就命侍卫都指挥使、归德节度使李重进率军赴正阳，此时急督李重进军渡正阳浮桥阻截刘彦贞军。两军相遇后，南唐军表面气势汹汹，实则十分怯懦，不敢主动进攻，而于阵前横布拒马，"联贯利刃，以铁绳维之，刻木为猛兽攫拿状，饰以丹碧，立阵前，号捷马牌，又以革囊贮铁蒺藜布于地。周兵望而笑其怯，

---

①　《五国故事》上《伪唐李氏》，第3184—3185页。

②　《旧五代史》卷一一六《周世宗纪三》，第1540页。

③　《资治通鉴》卷二九二，后周世宗显德三年正月，第9535页。

④　《资治通鉴》卷二九二，后周世宗显德三年正月，第9535页。

⑤　〔宋〕陆游：《南唐书》卷九《刘彦贞传》，第5534页。

锐气已增"①。李重进、李谷两军合势急击，大败南唐军，追击20余里。刘彦贞被斩杀，咸师朗等将被活捉，"斩首二万余级，伏尸三十里"，周兵获戎甲30万副、马500匹。②正阳之役使周兵士气大振，连战连胜，南唐朝野震惊，东都营屯使贾崇弃扬州逃跑，副使冯延鲁被俘。周世宗到正阳后，调整了军政人事，以李重进为淮南道行营招讨使，改命李谷判寿州行府事。周军重新包围寿州，世宗征宋、亳、陈、颍、徐、宿、许、蔡等州丁夫数十万以攻城，并将浮桥东移55里至下蔡镇（今安徽省凤台县），并"备攻击云梯，洞屋下临城中，数道进攻，填堑陷壁，昼夜不少息。如是者累月，鼓角声震，墙壁皆动，援兵屡败，仁赡意气弥壮，周人以方舟载炮，自淝河中流击其城，又编巨竹数十万为筏，上施版屋，号为'竹龙'，覆甲士以攻之；仍决其水寨，俾入淝河"③。尽管如此，仍不能攻下寿州。寿州自烈祖时，由高审思镇守，其"在镇治守备，常如有警"④。经过多年经营，城池坚固，守备之具齐备，加之刘仁赡善守，故"以世宗英武，将士皆精练"⑤，亦不能取。刘彦贞败亡后，担任后援的皇甫晖、姚凤等率军退保清流关（今安徽省滁州市西北）。

二月，周将赵匡胤率军奔袭，从山后绕道袭唐军背后。皇甫晖大惊，退入滁州（治今安徽省滁州市）城中，被周军攻破，皇甫晖、姚凤被擒。皇甫晖因伤重，不久死去。"滁州既破，则寿为孤军。"⑥形势更加危急。且"淮南无山，惟滁州有高山大川，为淮南屏蔽，去金陵才一水隔耳！"⑦得滁州，地无险阻，周军得以施功，而南唐尽丧地理之优势，对整个战局影响甚大。接着，周军又连下泰、光、舒等州。元宗惶恐，遣翰林学士钟谟、文理院学士李德明至寿州下蔡镇世宗行在乞和，并献金

① 〔宋〕陆游：《南唐书》卷九《刘彦贞传》，第5534页。
② 《旧五代史》卷一一六《周世宗纪三》，第1539页。
③ 《十国春秋》卷二七《刘仁赡传》，第384—385页。
④ 〔宋〕陆游：《南唐书》卷七《高审思传》，第5516页。
⑤ 〔宋〕陆游：《南唐书》卷七《高审思传》，第5516页。
⑥ 《南唐拾遗记》，第5780页。
⑦ 《南唐拾遗记》，第5780页。

器千两、银器5000两、锦绮纹帛2000匹及御衣、犀带、茶、药，又进奉牛500头、酒2000石犒军，请罢兵。三月，又遣宰相孙晟等出使后周，请削去帝号，奉表称臣，割淮南寿、濠、泗、楚、光、海6州，岁贡金帛百万。世宗认为仍可用帝号，但要求尽割淮南之地，划江为界。双方争议未决，而寿州又久攻不下，会大雨，城外周营水深数尺，攻城之具及士卒亡损严重，粮运又不继。于是，留李重进继续围困寿州，世宗乃返回汴梁。

刘彦贞正阳大败后，元宗又命其弟齐王李景达为诸道兵马元帅，以陈觉为监军使，以边镐为应援都军使，率大军援救寿州。中书舍人韩熙载上书说："信莫信于亲王，重莫重于元帅，安用监军使为！"①元宗不听，这就为日后的溃败种下了祸根。后周军在世宗北归后，屡有失利，所得州府不少复为唐所攻占，浮桥也从下蔡移至涡口（今安徽省蚌埠市西北的涡河与淮河交汇处）。六月，刘仁赡出兵攻寿州城南的围城周军，由于周将李继勋疏于守御，南唐军大胜，周军"死者数万"②，用来攻城的云梯、洞屋也被焚毁。驻在城北的李重进闻城南之败，"几不能守，将议退军"③，正好赵匡胤自六合还师，留驻寿州，周军复振。刘仁赡遣人至濠州，请求驻于此地的齐王景达派边镐守城，自己乘此机会出城与周军决战。"景达畏懦，又方任陈觉，固不许。仁赡愤郁得疾。"④驻在扬州的周将向训奏请放弃扬州，收缩兵力，以专力攻取寿州。各地周军纷纷撤退，淮南诸州皆为南唐收复，诸将又请乘机据险邀击周军，朝中执政怕事态扩大，不许行动，周军安然退至正阳，使寿州之围更加难以解救。齐王景达虽为元帅，而"军政皆决于（陈）觉，景达署牒尾而已"⑤。陈觉拥兵5万，无意决战，将吏畏其权势，无人敢言。寿州危急，元宗先遣使从陆路入契丹求援，使者被周捕获。又泛海北上，契丹

---

① 《资治通鉴》卷二九三，后周世宗显德三年三月，第9551页。

② 《宋史》卷二五四《李继勋传》，第8892页。

③ 《册府元龟》卷一一八《帝王部·亲征三》，第1293页。

④ 〔宋〕陆游：《南唐书》卷一三《刘仁赡传》，第5563页。

⑤ 〔宋〕陆游：《南唐书》卷一六《齐王景达传》，第5592页。

不肯发兵，留使者陈处尧不遣，陈处尧多次面争，契丹主不理，南唐联辽制周的计划破灭，形势更加窘迫。

南唐虽收复诸州，但寿州之围益固。而周军得以集中军力，整饬军纪，重又振作。周殿前都指挥使张永德与李重进不睦，听信了南唐的离间挑拨，密奏李重进心怀二志，世宗不信。李重进闻知后，单骑过营拜访，饮酒谈心，开诚布公，张永德感动，二人关系紧密，同心攻城。至保大十五年（957），周军的水军也编成练好了。"初，帝之渡淮也，比无水战之备，每遇贼之战棹，无如之何，敌人亦以此自恃，有轻我之意。帝即于京师大集工徒，修成艛舰。逾岁得数百艘，兼得江、淮舟船，遂令所获南军教北人习水战出没之势，未几，舟师大备。至是水陆皆捷，故江南大震。"[1]是年初，周军虽未攻下寿州，但城中粮草已尽，情况更加危急。刘仁赡矢志死守，其子欲夜泛舟渡淮降周，被抓获，仁赡斩之以儆全军，"将士皆感泣"。李景达遣许文稹、边镐、朱元将兵数万，溯淮救寿州，于城南紫金山列十八寨如连珠，与城中烽火相应，又筑甬道以通城中，欲运粮救助，绵亘数十里，将及寿州时，被李重进邀击，死者5000人，夺去两寨，使南唐援救计划失败。三月，世宗再次抵达寿州城下，命赵匡胤率军攻紫金山唐军，破其先锋寨及山北一寨，斩获唐军3000人，断甬道，使唐军首尾不能相救。就在这危急关头，南唐军内部矛盾激化，导致其速败。南唐大将朱元，本后汉李守贞部下，原名舒元。李守贞叛，遣其赴南唐求救，李守贞败亡后，遂留仕于南唐，并改名朱元。此次他随李景达救寿州，战功卓著，连下舒、和两州，元宗升其为淮南西北面行营应援都监。"元善抚士卒，与之同甘苦，每临战誓众，词指慷慨，流涕被面，闻者皆有效死赴敌之意"[2]。此时驻军于紫金山，朱元恃功，颇违李景达节制，监军陈觉与朱元素有隙，"且嫉其能，屡表元本学纵横，不可信，不宜付以兵柄"[3]。元宗于是命杨守忠代之。杨守忠至濠州后，陈觉以李景达的名义，召朱元至濠

---

① 《旧五代史》卷一一七《周世宗纪》，第1563—1564页。

② 〔宋〕陆游：《南唐书》卷一二《朱元传》，第5560页。

③ 〔宋〕陆游：《南唐书》卷一二《朱元传》，第5560页。

州议事，谋夺其兵权。朱元闻知，悲愤欲自杀，其门客劝其投降后周，朱元于是率本部万余人投降，"世宗素知元骁果，得之甚喜"①。"由是诸军皆溃"，沿淮而东逃，被事先埋伏在赵步的周军截击，世宗亲率大军自北岸追击，诸将自南岸追之，周水军顺流而下。"唐兵战溺死及降者殆四万人，获船舰粮仗以十万数。"②边镐、许文稹、杨守忠皆被擒。③李景达、陈觉逃回金陵，寿州援兵完全断绝，刘仁赡闻败，"扼吭叹息"，病情愈重，将吏乘机开城迎降。世宗下令移州治于下蔡，以旧寿州为寿春县。是日刘仁赡病死，世宗追封其为彭城郡王，"以旌仁赡之节"。④直到宋代寿州当地人民仍立刘仁赡像于"淮南庙"中，岁时祭祀，以纪念他保守寿州之功。⑤

此后，世宗回归汴梁。不久，又于当年十月返回濠州前线，第三次亲征南唐。经过寿州攻防战后，后周已取得决定性的胜利，南唐败局已定。濠州的守将是郭廷谓，早在后周进攻淮南初期，他与州将黄仁谨约以死守，将城中不逞之徒，聚于寺院，严兵守卫，命其制造守城之具，故周军始终不知城中虚实，久攻不下。他曾率军援救过寿州，在涡口焚毁周军浮桥，周兵死者不可计，并焚其资粮，又袭败周将武行德、周务勔于定远，周师大溃，武行德单骑逃走。紫金山之战，唐将多降周，独郭廷谓还军守濠州，"治壁垒缮戈甲为守备"⑥。周军围城后，他看准时机，夜出敢死队袭击周营，战果甚丰。世宗抵濠州后，指挥大军，在濠州东北十八里滩上大破唐军，攻破其寨，又在涡口击败唐援兵。郭廷谓多次请援，终不可得，濠州势孤力单，不得已奏请元宗后降周。周军乘胜而东，连取泗、泰、扬3州。

交泰元年正月，周军自攻下濠、泗后，浮淮直攻楚州（治今江苏省

---

① 《宋史》卷四七八《南唐世家》，第13864页。
② 《资治通鉴》卷二九三，后周世宗显德四年正月，第9565页。
③ 〔宋〕陆游：《南唐书》卷一二《朱元传》，第5560页。
④ 《资治通鉴》卷二九三，后周世宗显德四年正月，第9568页。
⑤ 〔宋〕姚宽、陆游：《家世旧闻》下，中华书局，1993年，第208页。
⑥ 〔宋〕陆游：《南唐书》卷一四《郭廷谓传》，第5571页。

淮安市），又欲自淮入江，由于其齐云战舰巨大，阻于楚州城北5里的五神堰而不得过。世宗亲自察看老鹳河一带地形，"授以规画，发楚州民夫浚之，旬日而成，用功甚省，巨舰数百艘皆达于江，唐人大惊，以为神"[①]。此时海州、静海院皆已被周兵攻占，楚州已成孤城，援路完全断绝，但是唐楚州防御使张彦卿"独不为动。及梯冲临城，凿城为窟室，实薪而焚之，城皆摧圮，遂陷，彦卿犹列阵城内，誓死奋击，谓之巷斗。日暮，转至州廨，长短兵皆尽，彦卿取绳床搏战，及兵马都监郑昭业等千余人皆死之，无一人生降者"[②]。周军围攻楚州4旬，付出极大的代价才攻下，战斗之激烈程度不亚于寿州之战。楚州位于江南运河与淮河交汇处，通过运河南与扬州相接，是江南通向中原的漕运咽喉之地。攻下楚州不仅可以使淮南地区乃至江南地区的漕船直通汴宋，而且可以使战舰顺淮通过运河直入长江，威胁南唐统治中心，地理位置非常重要。二月，南唐建武军（治今安徽省天长市）使易文赟举城降周。这样，淮南除庐、舒、蕲、黄4州外，其余各州全为后周攻占。

南唐屡败，元宗惧甚，害怕周兵渡江，遣枢密使陈觉奉表称臣并贡方物。陈觉见周军之战舰陈列江津，势甚盛，心中恐惧，对世宗请求说："臣愿还国取景表，尽献江北诸州，如约。"[③]世宗许之。于是，后周尽得江淮之间的光、黄、蕲、舒、寿、庐、滁、和、濠、泗、楚、海、扬、泰共14州62县[④]226574户。南唐犒后周军银10万两、绢10万匹、钱10万贯、茶50万斤、米麦20万石，[⑤]并每年输贡物10万。元宗去皇帝称号，上表称国主，用中原年号。后周遣还被俘获的南唐将士及冯延鲁、许文稹、边镐、周廷构等。淮南战争至此以南唐惨败而告结束。

周师南征，吴越、荆南、湖南都奉世宗之命，出兵攻唐，均无功而返。吴越军奉命进攻常、宣诸州以牵制南唐军力。攻常州时，反被唐

---

① 《资治通鉴》卷二九四，后周世宗显德五年正月，第9578页。
② 〔宋〕陆游：《南唐书》卷一四《张彦卿传》，第5572页。
③ 《新五代史》卷六二《南唐世家》，第776页。
④ 包括鄂州在江北的汉阳、（汉）川二县。
⑤ 《旧五代史》卷一一八《周世宗纪五》，第1571页。

将柴克宏以偏师数千击败，"斩首万级"，攻宣州也不克，根本没有起到牵制南唐军力的作用。荆南以水师东下，受阻于鄂州，亦未尝有功。割据湖南的武安节度使王逵奉周命，自朗州（治今湖南省常德市）率军进攻南唐的鄂州，其部下岳州团练使潘叔嗣乘虚袭击朗州，王逵回军救之，双方大战于朗州城外，王逵败死。此后，湖南为周行逢所控制。经此扰攘，湖南助周攻唐之事遂成画饼。故周攻取淮南完全依靠本国的力量，南方其他各国基本没有发挥什么作用，从而也证明了当初烈祖制定统一策略时，把重点放在争夺中原，而置南方各国于不顾的决策非常英明。

三、淮南战争的分析及其历史影响

周世宗征伐南唐，已经夺取淮南，饮马长江，正要得手之时，何以答应南唐请求，罢兵言和呢？其原因前面已略有提到，但还不甚透彻，有必要进一步展开论述。对于这一问题，清代著名学者王夫之在《读通鉴论》一书中有一段精辟的论述，现摘录如下：

> 周主南伐江南，劳师三载，躬亲三驾，履行阵，冒矢石，数十战以极兵力，必得江北而后止。江北既献，无难席卷以渡江，而修好休兵，馈盐还俘，置之若忘。呜呼！此其所以明于定纷乱之天下而得用兵之略也。盖周主之志，不在江南而在契丹也。当时中原之所急者，莫有大于契丹也。石敬瑭割地以使为主于塞内，南向而俯临中夏，有建瓴之势焉。叛臣降将，导以窃中国之政令，而民且奉之为主。德光死，兀欲、述律交相戕贼，至是而其势亦衰矣，是可乘之机也。然其控弦驰马犷悍之力，犹未易折棰以驱之出塞。且自朱温以来，所号为中国主者，仅横亘一线于雍、豫、兖、青之中，地狭力微，不足以逞志。而立国之形，犬牙互入，未能截然有其四封，以保其内而

应乎外。则不收淮南、江北之地，中国不成其中国。守不固，兵不强，食不裕，强起而问燕云之故壤，石重贵之覆轨，念之而寒心矣。①

周世宗正是出于这样的目的，才出兵攻取淮南的，一旦目的达到，马上收兵北上，乘契丹势力衰弱之机，收复燕云失地，不贪于江南之地而贻误时机。尽管后来因他病亡而事业中堕，但这样的决策不失为英明之至。宋代史学家欧阳修针对有人批评周世宗轻社稷之重，亲蹈契丹腹地"而侥幸一胜于仓卒"时说："殊不知其料强弱，较彼我而乘述律之殆，得不可失之机，此非明于决胜者，孰能至哉？诚非史氏之所及也！"②可谓深察时事的评论。后周的北撤也使南唐有喘息之机，得以苟延残喘十数年。

淮南之战，因"周室方强，李氏政乱"，按理应该比较容易结束战争。但实际情况恰恰相反，从显德二年（保大十三年）冬起，讫显德五年（交泰元年）春，"首尾四年，至于乘舆三驾，仅得江北"③。宋人洪迈以元宗因朱元降而斩其妻，郭廷谓不能守濠州，请命后方才出降为例，认为战争旷日持久，颇费干戈，是由于"（李）景法度犹存，尚能制将帅死命故也"④。这种看法是片面的，导致这种现象的根本原因是人心向背的变化。早在保大十一年时，江淮大旱，后周政府允许淮南之民渡淮就食或籴米，获得淮南人民的好感。因此，当周军初次南伐时，当地人苦于南唐"虐用民力"，而"皆以牛酒迎之"。⑤如果此时周军能安抚人民，废除南唐苛政，那么战争也许不会如此艰苦。但周军诸将多是毫无政治眼光的武夫，不知恤民，"皆奴隶俘虏，视之如草芥"⑥。有

① 《读通鉴论》卷三〇《五代下·二五》，第945—946页。
② 《新五代史》卷一二《周本纪》，第126页。
③ 《容斋续笔》卷四《淮南守备》，第258页。
④ 《容斋续笔》卷四《淮南守备》，第258页。
⑤ 《江南野史》卷二《嗣主》，第5165页。
⑥ 《江南野史》卷二《嗣主》，第5165页。

人根据淮南故老的回忆记载说："周师之出也，亩无栖粮，廪无留藏，卷地以往，视人如土芥。坟墓圮毁，老幼系缧，墟落之地，骼腐骨填，里鼓绝响，殆无炊烟。"①如此野蛮地对待人民，破坏当地生活、生产条件，自然激起人民的强烈反抗。他们"相聚山泽，立堡壁自固，操农器为兵，积纸为甲，时人谓之'白甲军'。周兵讨之，屡为所败，先所得唐诸州，多复为唐有"②。"是以刘仁赡以死守，寿春人相啖食，而城卒不肯下"③，在这种情况下，南唐将吏号召人民抵抗周军也容易得到响应。不仅寿州人支持刘仁赡死守，江州的柴克宏也于保大十四年三月，率诸郡屯田军民"相率起义，以农器为兵"，打击敌人，"周师苦之"。④而楚州的张彦卿率领当地军民奋战至死，无一降者。究其原因，都是周军相逼所致。这也是百年之后，寿州人民仍怀念刘仁赡，立庙祭祀的原因所在。对于周军的残暴行为，周世宗是有直接责任的。据载，李重进初攻正阳时，将南唐降卒3000人交付赵晁收管，"晁一夕尽杀之。世宗不之罪"⑤。在战争一开始世宗就不严格约束诸将，反而纵容之，就使得周师攻入淮南后残酷暴虐行为愈加严重。周世宗本人有时也残酷好杀，控制不住自己。如周军攻下寿州后，因为当地卖饼小贩的饼薄小，"世宗怒，执十余辈将诛之"⑥，经人苦劝后才释放。周军吃了不少苦头后，世宗也能吸取一点教训。如公元956年6月，下令"赦淮南诸州系囚，除李氏非理赋役"。公元957年3月，攻下寿州后，"赦州境死罪以下。州民受唐文书聚山林者，并召令复业，勿问罪；有尝为其杀伤者，毋得仇讼。向日政令有不便于民者，令本州条奏"。同年12月，攻下泗州后，"禁军中刍荛者毋得犯民田"。⑦但是，这种改变是有限的，

---

① 《钓矶立谈》，第5008页。

② 《资治通鉴》卷二九三，后周世宗显德三年七月，第9558页。

③ 《钓矶立谈》，第5009页。

④ 〔宋〕马令：《南唐书》卷四《嗣主书》，第5282页。

⑤ 《宋史》卷二五四《赵晁传》，第8898页。

⑥ 《宋史》卷一《太祖本纪》，第2页。

⑦ 以上分见《资治通鉴》卷二九三，后周世宗显德三年六月、四年三月、四年十二月，第9555、9567、9574页。

并且不能始终贯彻如一。公元958年元月，在攻下楚州后，由于周军死伤甚多，世宗大怒，下令"尽屠城中居民，焚其室庐"①。

淮南地区经此一场大战后，已经恢复起来的社会生产又一次遭到极大的破坏，带来很严重的历史影响，寿、濠、泗、楚等州人民死伤众多，生产和生活设施破坏严重，尤其是楚州，庐室焚毁殆尽。自古以来繁荣兴盛的扬州，自唐末混战后，再次遭到毁灭性破坏。南唐军撤往江南之时，将当地人民尽数迁过江去，又焚毁了州城，迫使周军占领后，不得不另筑新城。②洪迈在《容斋随笔》中说，扬州"自毕师铎、孙儒之乱，荡为丘墟。杨行密复葺之，稍成壮藩，又毁于显德。本朝承平百七十年，尚不能及唐之什一，今日真可酸鼻也"③。可见此次战争破坏性之大。广大农村的情况也大体如此，已达到了"墟落之地，骼腐骨填，里鼓绝响，殆无炊烟"④的程度。据南宋人陆游的《入蜀记》卷二载，他从江南溯江而上到四川，途经江北当年周唐旧战场，看到这一带"自江淮兵火，官寺民庐，莫不残坏"，独有瓜步一寺庙比较兴盛，"不减承平"，竟感到非常惊奇。这就证明淮南的一些地区，经过这次战火摧残后，直到200多年以后仍没有恢复元气。

南唐之所以会在这次战争中失败，原因是多方面的，最根本的原因是后周顺应了统一的历史潮流，以顺讨逆，故战无不胜，攻无不克。其次，双方力量对比强弱不同。南唐元宗改变其父成策，南攻闽，西伐楚，一败再败，国削力弱，其国力已无法与烈祖时相比。在攻闽、楚失败后，元宗本人也认识到此点："始议弭兵务农。或曰：'愿陛下十数年勿复用兵。'元宗曰：'兵可终身不用，何十数年之有？'"⑤但是，这种醒悟已经太迟了，后周随即就发动攻取淮南的战争了。另外，由于南唐屡兴兵端，加上政治腐败，国内阶级矛盾异常激化，淮南人民以牛

① 〔宋〕陆游：《南唐书》卷一四《张彦卿传》，第5572页。

② 《宋史》卷二五一《韩令坤传》，第8832页。

③ 《容斋随笔》卷九《唐扬州之盛》，第123—124页。

④ 《钓矶立谈》，第5008页。

⑤ 〔宋〕陆游：《南唐书》卷二《元宗纪》，第5484页。

酒欢迎周师，即可证明此点。不过后周并没有很好地利用这种局势。后周经过太祖、世宗的改革，生产恢复，军力、经济力量空前强盛，加之周军多为精选的能征惯战之师，军事指挥正确，上下齐心协力，南唐当然不是其对手。再次，元宗用人不当也是南唐失败的一个原因。通过这次战争可以看到，南唐并不是没有很好的将才，如刘仁赡、张彦卿、柴克宏、朱元等。问题在于元宗不能重用这些人才，充分地发挥他们的作用，反使他们处处受制于人。元宗重用的不是宗室亲王就是亲信宠臣，如李景达、陈觉、冯延鲁、边镐等，以及他们所推荐的刘彦贞之流。在以往征闽、伐楚的战争中，已证明他们是一伙毫无军事才能的庸人，但由于是元宗的亲信而再次受到重用。这些人对付比较弱小的闽、楚尚不能取胜，遇上后周这样强大的敌手，失败自是难免的了。当时南唐朝中主持军务的枢密使李徵古，也是一个如陈觉一样的小人，主持军务全以个人恩怨任意胡为。如柴克宏在奉命抵御吴越军的进攻时，李徵古由于和其关系不睦，就"以铠仗之朽蠹者给之。克宏诉于徵古，徵古慢骂之，众皆愤患"。柴克宏领军出发后，途中，他还屡次派人要召回柴克宏，另派别人前往，全不顾常州的危急。①再其次，南唐刑律废弛。陈觉、冯延鲁、查文徽、边镐等攻闽、楚时，丧师失地，而"未尝少正典刑"。前有车，后有辙。后周南伐时，南唐许多将领也不战自逃。如贾崇位至使相，镇守扬州，"周师未及境，尽焚其井邑，弃垒而渡"②。泗州刺史范再遇、雄州（建武军）刺史易文赟、泰州刺史方讷、静海制置使姚彦洪、光州兵马都监张延翰、蕲州军将李福、天长制置使耿谦等一大批将领，或以城降周，或弃城逃遁。究其原因，主要是元宗执法不严或不公，无以御众，故将士皆无效死之意。

　　淮南失去后，南唐都城金陵与周境仅隔一水，又在长江下游，处于对方军事力量的直接威胁之下。为了摆脱此种状态，元宗以洪州据长江上游，又远离后周控制的淮南地区，据之可制根本，遂于元宗十七年

---

① 《资治通鉴》卷二九三，后周世宗显德三年三月，第9550页。

② 《十国春秋》卷二三《贾崇传》，第328页。

（959）升洪州为南昌府，建南都。元宗十九年（961）二月，迁都于南昌府，"国主舟行，旌麾仗卫，六军百司，凡千余里不绝"①。但是，南昌城小迫隘，"宫府营署皆不能容，群臣日夕思归"②。元宗本人亦悔迁，"北望金陵，郁郁不乐"③，于当年六月病死于洪州，时年46岁。

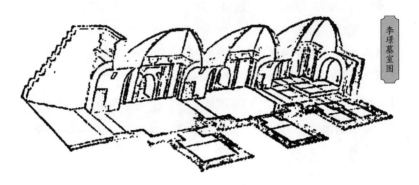

李璟墓室图

　　淮南的失去对南唐政权产生了极大的影响。首先，一下子减少了40%的疆土，减少了22万多的户口。南唐本来是南方诸国中最为强大的国家，经此一战沦为次等国家，疆土居于南汉、后蜀之后，精兵强将也损失殆尽。从军事态势看，后周夺取淮南后，不仅疆土扩大，内外形势稳固，防御有纵深，而且为此后北宋灭南唐创下了进攻的基地，可以直接威胁南唐统治中心。对于南唐来说，失去淮南就等于失去军事屏障。顾炎武说："唐末杨行密据有江淮，既死而李昪取之，建都金陵，以孙权自处。迨其有淮南诸郡，则阔步高视，东攻二浙，西取湖南，南取闽越，南方莫强焉。及淮南为周世宗所取，则自窘以至于亡，亦失淮南则不能守江南之明验也。"④因为淮南被占后，不仅江南失去屏障，"然有淮则有江，无淮则长江以北，港汊芦苇之处，敌人皆可潜师以济，江面数千里，何从而防哉"⑤。试看周世宗凿通老鹳河后，周水师直达长江，

① 〔宋〕陆游：《南唐书》卷二《元宗本纪》，第5483页。
② 〔宋〕马令：《南唐书》卷四《嗣主书》，第5288页。
③ 〔宋〕陆游：《南唐书》卷二《元宗本纪》，第5484页。
④ 《全宋文》卷五八八六吕祖谦《陈论》，第261册，第334页。
⑤ 《宋史》卷四一七《赵葵传赵范传》，第12507页。

耀兵于江面，而江南大震，迫使元宗迁都洪州，以避敌锋，长江之险又何以可恃呢？故古人曰："自古天下裂为南北，其得失皆在淮南。……南得淮则足以拒北，北得淮则南不可复保矣。"①历史上南朝刘宋的削弱，在于北魏对淮南的破坏；陈朝的灭亡，始于淮南的丧失。这些事实莫不证明长江之险不足恃、守江必须先守淮这个道理。

此次淮南之战，对南唐的社会经济影响也是很严重的。南唐用盐主要靠淮南滨海地区供给，南唐政府在那一带设置了静海制置院管理制盐业。这里盐产甚多，唐代这里的盐不仅供应江南，而且还输往全国其他地区。盐和茶是南唐两大经济支柱。淮南失去后，南唐的江南疆土都不滨海，也不产盐，不仅失去了盐利的丰厚收入，而且连日常用盐也愈加困难。因此，元宗曾上书周世宗，要求将泰州划归南唐，虽被拒绝，但世宗同意每年供给食盐30万石。不过并非白白送给，南唐每岁需输土贡数10万于后周。这样一出一入，南唐的经济损失就相当大了。战争期间，巨大的军费开支也使南唐难以负担，这一点在元宗给世宗的上表中已有清楚的反映，表曰："今既六师返旆，万乘还京，合申解甲之仪，粗表充庭之实，但以自经保境，今已累年，供给既繁，困虚颇甚，曾无厚币，可达深诚。……"②这里所说的"保境"，即指南唐为了保有淮南而和后周进行的这场战争。仅这场战争已使南唐"困虚颇甚"，再加上为了达到求和目的而送给后周的巨额资财，以及此后每年例贡的10万金帛，对于残破的南唐经济无疑是釜底抽薪了。宋朝代周后，"每岁冬、正、端午、长春节皆以土产珍异、金银器用、缯帛、片茶为贡"③。这使南唐的经济负担更加沉重，直接影响了社会生产的发展。

由于以上因素，淮南战争后，南唐虽然还延续了十几年的统治，但只不过是苟延残喘而已。所以陆放翁评论说南唐"虽未即亡，而亡形成矣"④，确是很有见地的看法。

---

① 《读史方舆纪要》卷一九《南直一》，第916页。

② 《全唐文》卷一二八南唐嗣主李景《进奉钱绢茶米等表》，第1282页。

③ 《宋史》卷四七八《南唐世家》，第13855页。

④ 〔宋〕陆游：《南唐书》卷一二《朱元传》，第5561页。

四、宋孙党争

马令《南唐书》卷二〇《党与传》说："南唐之士亦各有党，智者观之，君子小人见矣。或曰：宋齐丘、陈觉、李徵古、冯延巳、延鲁、魏岑、查文徽为一党；孙晟、常梦锡、萧俨、韩熙载、江文蔚、钟谟、李德明为一党。"南唐的党争，开始于烈祖代吴前夕，大盛于元宗统治期间，后主时期基本消失。其中宋党的形成比较早。徐温生前，李昪欲大用宋齐丘，由于徐温憎恶其为人，故不得重用。徐温死后，李昪专吴大政，始得重用。吴大和三年（931），李昪出镇金陵，留子李璟在广陵辅政，以宋齐丘辅佐李璟，并任为宰相兼枢密使。"齐丘于是益树朋党，潜自封殖。"①《玉壶清话》也说："（徐）温卒，方用（宋齐丘）为平章事。遂树朋党，阴自封殖。"②宋党的初步形成大致可定在大和三年。其势力大盛时期却在昪元末至保大初。宋齐丘最亲信的乃是其门人陈觉，冯延巳"与陈觉善，因觉以附宋齐丘"③。李徵古于昪元末入仕，"时宋齐丘广树党与，以张声势，徵古常出入门下"④。元宗即位后，遂得重用。魏岑也是这时投入宋齐丘门下的，他自从南渡以来，"久不得志。数以计策干宋齐丘，荐授校书郎"⑤。查文徽也是因宋齐丘推荐才得授元帅府掌书记（时李璟为元帅）。元宗即位，迁为中书舍人。以上这些人均为宋党骨干分子，宋齐丘就是依靠这些人把持南唐大政排斥异己的。

孙党形成较宋党晚一些。大和六年（934），周宗知李昪有代吴之意，乃劝吴王禅位于李昪，当时徐玠、李建勋、贾潭、王令谋及孙晟等人都力促其事，"相为推挽，决行大事"⑥。孙党的形成大体可定在这时。而宋齐丘本来也赞成禅代，但因周宗等先已提出，功不在己，于是极力反对，并请斩周宗以谢吴主。经李建勋、徐玠等人的劝谏，才没有

① 〔宋〕马令：《南唐书》卷二〇《宋齐丘传》，第5388页。
② 《玉壶清话》卷一〇《江南遗事》，第103页。
③ 〔宋〕陆游：《南唐书》卷一一《冯延巳传》，第5549页。
④ 〔宋〕马令：《南唐书》卷二一《李徵古传》，第5393页。
⑤ 〔宋〕马令：《南唐书》卷二一《魏岑传》，第5397页。
⑥ 〔宋〕马令：《南唐书》卷二〇《宋齐丘传》，第5389页。

使宋齐丘的主张实现。不过孙晟当时在这个集团中并未占据首要地位，他们也并非是一个结合紧密的政治集团。实际上孙党始终都是一个松散的政治集团，他们和宋党之间的分歧，主要是政治主张的对立，并未有意识地或自觉地联合为一个团体。后人之所以把他们看作一党，完全是因他们的政治主张相近或是对宋党斗争的一致性，其内部的每个个人并未视他们作一党。如钟谟、李德明被视作孙党中人，而孙晟和他们并无过深的交往。孙党中的常梦锡被冯延巳、魏岑排挤出宣政院后，钟、李二人"以梦锡人望，言于元宗，求为长吏，拜户部尚书、知省事"。而常梦锡却看不起二人作为，"耻为小人所推荐，固辞不得请，惟署牍尾，无所可否"①，即可证明此点。孙晟被视作其党之首，完全是因徐玠早亡，周宗、李建勋又过早地退隐，在朝中与宋党相对立的一派人中，他是宰相，地位和威望也最高，并不像宋党那样唯宋齐丘马首是瞻。

　　有人认为宋孙两党是以地域划分为对立的两大政治集团，并列举两党主要人物的籍贯为据。②这种看法并不准确。孙党中虽有不少南渡而来的侨寓人士，但也有许多江淮土著人士，如：李建勋，广陵人；周宗，秣陵（今江苏省南京市江宁区中南部）人；萧俨，为宋齐丘同乡，庐陵人；钟谟，会稽（今浙江省绍兴市）人；徐铉、徐锴，会稽人。会稽地处两浙地区，无论从地理、政治、经济、文化等方面来说都和江淮地区没有显著差异，两浙和江淮地主应属于同一地主阶级集团。宋党中虽多为江淮一带土著人士，但宋齐丘树党并不仅以地域划界。史载：宋齐丘"益轻财好客，识与不识，皆附之"③。又曰：其"在富贵权要之地三十年，唯欲人之顺己，其一言不同者，必被排摈"④。宋党基本上以这样的标准划分异己，也正因为如此，"躁进之士争附之，推奖以为国之元

---

① 〔宋〕陆游：《南唐书》卷七《常梦锡传》，第5519页。

② 任爽：《南唐党争试探》，《求是学刊》1985年第5期，第79—85页。

③ 〔宋〕陆游：《南唐书》卷四《宋齐丘传》，第5497页。

④ 〔宋〕马令：《南唐书》卷二〇《宋齐丘传》，第5390页。

老"①，甚至"延卜祝占相者数十辈置门下"②。故宋党中多谄谀狡险贪残之辈，缺乏具有远见卓识和政治才干的人才。决定政事之可否完全以同党利益为出发点，以宋齐丘的意志为意志，所谓"宋子嵩（齐丘）用意一变，群憸人乘资以骋。二冯、魏、查、陈遂有五鬼之目。望风尘而投款者，至不可以数计"③。宋齐丘憎恶周宗，是因他首倡禅代之议，烈祖待之亲厚，并没有因他是南唐本国人而稍减。他排挤史虚白，是因史虚白初投烈祖时，见他方得任用，说了一句"吾可代彼"的话，因而心中不平，④并不是因为史虚白为北来的侨寓人士。宋党倾轧韩熙载，是因其数言朝廷之事，"展尽无所回隐"，触及他们的利益，致使"宋齐丘、冯延巳辈皆侧目"⑤。萧俨尽管是宋齐丘的同乡，但由于政治主张不同，也被视为异己，必欲置之死地而后快。如果上述事例还不能充分说明这个问题，那么宋齐丘对待乔匡舜的态度则可以更清楚地证明此点。乔匡舜，字亚元，高邮（今江苏省高邮市）人，属江淮土著人士。南唐开国后，被宋齐丘辟置其幕府中十数年，可谓亲信故吏，然"齐丘喜人谀己，而匡舜真率，故虽赏其文艺，未尝荐拔"。烈祖了解到匡舜的才干，命公卿推荐人才，"意齐丘且举匡舜"。结果，事情完全出乎烈祖意料，宋齐丘根本不举荐乔匡舜。事后烈祖叹息说："吾不意其舍匡舜也。"⑥连孙党中的常梦锡、韩熙载也感到很奇怪。乔匡舜既是齐丘的亲吏，又是江淮土著，按理应得其重用，可事实并非如此，这就进一步证明地域划界的说法是不合史实的，没有透过现象看到问题的实质。宋党中的其他人行事大体都是如此，如冯延巳为齐王元帅府掌书记时，"同府在己上者，延巳稍以计逐之"⑦，根本不分什么土著或侨寓人士。

---

① 《资治通鉴》卷二九四，后周世宗显德五年十一月，第9589页。

② 《玉壶清话》卷一○《江南遗事》，第103页。

③ 《钓矶立谈》，第5016页。

④ 〔宋〕陆游：《南唐书》卷七《史虚白传》，第5519页。

⑤ 〔宋〕陆游：《南唐书》卷一二《韩熙载传》，第5559页。

⑥ 〔宋〕陆游：《南唐书》卷八《乔匡舜传》，第5530页。

⑦ 《资治通鉴》卷二八三，后晋齐王天福八年二月，第9244页。

　　论到宋孙党争，有必要把两党的首要人物做一介绍。宋齐丘，庐陵人，其父宋诚为洪州节度使钟传的副使，早死。钟氏被杨氏消灭后，宋齐丘陷于穷困之中，流落东下。李昪在升州时，广招四方之士，经骑将姚洞天的推荐，结识了宋齐丘，对其颇为赏识。宋齐丘早年好学，有大志，但为徐温所厌恶，曾遣人监视他的行动。他伪作狂羁，“自是晨出暮返，归必大醉，或以花间柳曲讴歌之辞以示之”①。徐温由是以狂士待之，遂不介意。在辅佐李昪期间，他有较大的建树，所谓辅烈祖“讲典礼，明赏罚，礼贤能，宽征赋”②，做了许多有益的事。但其为人“狡险贪愎”，权力欲极强，且好大喜功，自谓学识古今独步，又心胸狭窄，故容不得贤才能人，尤其是和自己见解不同的人。他广树朋党，排斥异己，在晚年干了不少误国误民的事。尽管他一生几起几落，权力欲非但无减，反倒愈来愈强，尤其是元宗时期，几乎成了朝中一切奸佞之人的后台，最终落了个可悲的下场。吴大和六年，他和周宗、徐玠等因禅代之争而发生冲突，是两党斗争的开端。由于宋齐丘的发难完全是出于争功之目的，所以此后烈祖对他颇见疏忌。因此，烈祖建国后，以“徐玠为侍中，李建勋为中书侍郎、同平章事，周宗为枢密使，齐丘但迁司徒”③而已。他自感失计，久之，计无所出，乃上书请迁吴主家族于他郡，并请烈祖和吴世子杨琏绝婚（烈祖女为杨琏妻），说什么“非独妇人有七出，夫有罪，亦可出之”④。这种自固恩宠的愚蠢举动遭到当时舆论的嘲笑。他本人生活非常奢侈，担任洪州节度使时为政残暴。在洪州任上，“委任群小，政事不治。所居旧里爱亲坊改为衣锦坊，大启第宅，穷极宏壮。居坊中人，皆使修饰墙屋门巷，极备华洁。民不堪命，相率逃去，坊中为之空。前后四任本州，其行事多类此”⑤。宋齐丘在朝中，凡视为异己者，必百计倾之，韩熙载因直言得罪其党，韩本人并不

---

① 《五国故事》卷上《伪吴杨氏》，第3182。
② 〔宋〕陆游：《南唐书》卷四《宋齐丘传》，第5494页。
③ 〔宋〕陆游：《南唐书》卷四《宋齐丘传》，第5495页。
④ 〔宋〕马令：《南唐书》卷二〇《宋齐丘传》，第5389页。
⑤ 〔宋〕马令：《南唐书》卷二〇《宋齐丘传》，第5389—5390页。

饮酒，而"齐丘诬以酒狂，贬和州司士参军"[①]。诸如此类的事件并不仅此。他不仅倾轧朝臣，对皇室亦是如此。为了巩固权势，他极力称赞元宗之弟宣城王景达之才，欲使烈祖立之为嗣，因此李璟对宋齐丘也非常不满。元代著名史学家胡三省说："既以赞夺嫡之谋怨之，又以争权误国怒之，宋齐丘于是不得免矣。"[②]这话有一定道理，他的死与此不无关系。他改变烈祖成策，"首开拓境之说"，"于是南生楚隙，西结越衅，晚举全国之力，而顿兵于瓯闽坚壁之下。飞挽刍粟，征发徭戍，四境之内，为之骚然"，[③]致使南唐由盛转衰，终至于灭亡。虽然元宗本人要负较大的责任，但宋齐丘极力煽惑，首倡提议，也有不可推卸的责任。

孙晟，又名忌，密州（今山东省高密市）人。进士出身，后唐天成年间事秦王李重荣，秦王败亡，他亡命南奔于吴，投奔李昪门下。参与禅代密计，深受烈祖赏识，历任中书舍人、翰林学士、中书侍郎。元宗时，为宰相。为人刚直，善文辞，与冯延巳不睦，延巳曾讽刺孙晟说："'君有何所解而为丞郎？'忌愤然答曰：'仆山东书生，鸿笔丽藻，十生不及君；诙谐歌酒，百生不及君；谄媚险诈，累劫不及君。然上所以置君于王邸者，欲君以道义规益，非遣君为声色狗马之友也。仆固无所解，君之所解，适足以败国家耳。'延巳惭，不得对。"[④]（时冯延巳为齐王元帅府掌书记）这段话不能仅看作是两党之间的口舌之辩，还反映了他们之间行事为人及品格上的高低不同。周师南伐，南唐屡败，元宗遣孙晟、王崇质奉使于周。临行前，他估计此行不免一死，对王崇质说："吾思之熟矣，终不忍负永陵[⑤]一抔土！"周军围攻寿州不下，以楼车载孙晟于城下，要其劝说刘仁赡投降。孙晟遥对刘仁赡说："君受国恩，不可开门纳寇。"周世宗质问时，他大义凛然地说："臣为唐

---

① 〔宋〕陆游：《南唐书》卷一二《韩熙载传》，第5559页。

② 《资治通鉴》卷二八三，后晋齐王天福八年二月胡三省注，第9243页。

③ 《钓矶立谈》，第5009页。

④ 〔宋〕陆游：《南唐书》卷一一《冯延巳传》，第5549页。

⑤ 永陵乃烈祖之陵墓。

大臣，岂可教节度使外叛？"①周军作战不利，先得南唐诸州先后失去，世宗忧之，召问孙晟江南虚实，晟拒绝回答，世宗大怒，下狱处死。临刑前神色怡然，正衣冠，南望而拜，说："臣以死报国。"②由于孙晟以死赴国难，对南唐忠贞不贰，故受到当时人们的尊敬，陆游也评论说："皆天下伟丈夫事，虽敌仇不敢议也。"③一般来说，孙党之中多刚正不阿之士，他们处事多能从国家大局出发，并且疾恶如仇，慷慨激昂，如常梦锡、江文蔚、张易、韩熙载、徐铉、徐锴、萧俨等，莫不如此。这一点和宋党中人正好形成鲜明的对照。至于钟谟、李德明二人，因其和宋党对立而被后人看作孙党中人，其实孙党人物多不和他们往来，并将他们视作小人，从常梦锡对待他们的态度即可说明。

烈祖时期是两党积蓄力量的时期，所以无太大的公开冲突，加之烈祖富有政治经验，对宋齐丘、李建勋等人往往采取抑制政策，并不过多地授予权力。所以这一时期南唐朝内的矛盾并不尖锐，政治也较清明。及至元宗时期，宋党势力急剧膨胀，双方斗争逐渐白热化。烈祖刚一逝世，矛盾随即就公开化了。当时任中书侍郎的孙晟，"惧魏岑、冯延巳、延鲁以东宫旧僚用事，欲称遗诏奉（太）后临朝听政"④。翰林学士李贻业极力反对，加之太后不许，此议遂罢。而宋党中人在烈祖死后，喜形于色，积极活动，欲乘机攫取大权。如冯延巳等，元宗刚刚即位，"未听政，屡入白事"，此种行为连元宗都表示反感，说："书记自有常职，余各有司存，何为不惮烦也？"⑤元宗即位之初，不见朝臣，委政于其弟齐王李景遂，只有冯延巳、魏岑等可以出入禁中，中外隔绝，形势对孙党极不利，萧俨于是上书极谏，晓以利害，使元宗重新出来听政。当时与宋齐丘同时担任宰相的周宗，也遭到宋党的围攻。此后，双方互相攻击，极力排斥对方人物，一时唇枪舌剑，闹得不可开交。如孙

---

① 〔宋〕陆游：《南唐书》卷一一《孙忌传》，第5554页。
② 〔宋〕马令：《南唐书》卷一六《孙晟传》，第5368页。
③ 〔宋〕陆游：《南唐书》卷一一《孙忌传》，第5554页。
④ 〔宋〕陆游：《南唐书》卷一六《元敬皇后传》，第5587页。
⑤ 〔宋〕陆游：《南唐书》卷一一《冯延巳传》，第5549页。

党的常梦锡，在元宗为齐王时，对其行为多直言规正，深得元宗赏识。及李璟即位，许以翰林学士一职。"齐丘之党疾之"，借口他封驳制书不当，将其贬为池州判官。①重新起用后，常梦锡也不甘示弱，"常与元宗苦论齐丘辈"，顿首极谏曰："大奸似忠，陛下若终不觉悟，家国将为墟矣！"②不过当时元宗正信任宋党，所以孙党在斗争中处于下风。在朝中凡一党有所作为，必然引起另一党的强烈反对。比如，孙党韩熙载博学多才，精熟典章，"又吉凶礼仪不如式者，随事举正。由是宋齐丘之党大忌之"③。江文蔚主持科举考试时，取士公正，不徇私情。元宗曾问他取士何如前朝，答曰："前朝公举、私谒相半，臣专任至公耳！"④当时执政的宋党人物多不由科举入仕，于是"相与诅毁"，罢去了贡举。元宗初期，冯氏兄弟矫烈祖遗制，恢复卖良为贱之法时，也引起孙党的极大反响，萧俨上书反对，终因元宗宠信宋党中人而不遂。

元宗宠信宋党中人，并不是不了解他们结为朋党的事实。翰林学士常梦锡与中书侍郎严续皆忠直无私，元宗曾对常梦锡说："大臣惟严续中立，然无才，恐不胜其党，卿宜左右之。"⑤可见元宗非常清楚当时朝中大臣的情况。他之所以信任宋党中人，一是因为在其即位初期，孙晟等提出过太后称制的问题，引起元宗不满。事后他对反对此事的李贻业说："疾风知劲草，于卿见之。"⑥尽管宋齐丘因支持宣城王李景达而使元宗不满，但必定其父李昪当时也有此意，宋齐丘不过附和而已。二是宋党中的主要骨干分子冯延巳、冯延鲁、魏岑等均是齐王府旧僚，从个人关系上看，要比孙党人物更为亲近，因而信任他们，觉得他们靠得住。三是宋党中人多为阿谀谄媚之徒，且多具有文学才能，颇投元宗的喜好，如冯延巳就是当时著名词人。史书上也说元宗"特以旧人，不能

① 《资治通鉴》卷二八三，后晋齐王天福八年三月，第9248页。
② 〔宋〕陆游：《南唐书》卷七《常梦锡传》，第5519页。
③ 〔宋〕马令：《南唐书》卷一三《韩熙载传》，第5347页。
④ 《资治通鉴》卷二九〇，后周太祖广顺二年二月，第9475页。
⑤ 《资治通鉴》卷二八五，后晋齐王开运三年正月，第9302页。
⑥ 〔宋〕陆游：《南唐书》卷一五《李贻业传》，第5579页。

离也"①。他们经常陪伴元宗走马弄狗，赋诗唱和，诙谐歌酒，自然博得元宗欢心。且他们善于揣度元宗心理，百般迎合，所以其主张也容易为元宗所接受。尽管元宗偶尔也支持孙党抗衡一下宋党咄咄逼人之势，但终究抵不住宋党的攻势，有时反而被其利用，充当了打击孙党的工具，所以元宗一朝基本上是宋党得势。

元宗时期的主要大事为伐闽、攻楚及淮南抗周，宋孙党争的焦点也主要围绕着这几件大事展开。在这些问题上双方存在策略上的根本分歧：孙党坚持烈祖成策，主张审时度势，等待时机，不轻动兵端；宋党则主张扩土开疆，以经营天下为己任，以干戈为儿戏，轻率用兵。在宋党的极力倡导下，南唐发动攻闽战争，宋党主要人物几乎都参与到这次战争中去。在朝中主持军务、政务的是宋齐丘、冯延巳等，在外前后统兵的有冯延鲁、魏岑、陈觉、查文徽等，由于他们的无能，伐闽战争彻底失败。孙党对于这场战争本来就不赞成，对于宋党人物统兵更是反对，当时徐锴就指出冯延鲁等无才，"人望至浅"②，不是适当的统兵人选，结果遭到贬逐。而宋齐丘主张发动战争的目的是"欲使（其党）立功以取柄任"③。他当时刚从九华山退隐之地归朝不久，就推荐陈觉充当宣谕使，鼓吹他有智略，"必不劳寸刃"，可使割据福州的李仁达"坐致阙下"，④导致陈觉擅发诸军，败军辱国。战争失败后，孙党力主斩杀元凶，以正国典，由于宋齐丘、冯延巳的阻拦，也没有达到目的。

攻楚战争也是宋党人物发动的。南唐军队进攻得手之后，元宗曾打算就此罢兵，孙晟也主张见好就收，不要陷入泥潭而难以自拔。但冯延巳、魏岑等反对，坚持要攻取楚国全境。结果，劳师费财，搞得本国及湖南人民怨声载道，最终不仅未占得尺寸之地，反而损兵折将，进一步削弱了南唐国力。

淮南战争就是后周乘南唐伐闽、攻楚失败后国弱民疲之际发动的。

① 〔宋〕马令：《南唐书》卷二一《冯延巳传》，第5394页。
② 〔宋〕陆游：《南唐书》卷五《徐锴传》，第5501页。
③ 〔宋〕陆游：《南唐书》卷九《陈觉传》，第5537页。
④ 〔宋〕陆游：《南唐书》卷二一《陈觉传》，第5392页。

战争期间，宋孙两党斗争得更加激烈。当时孙党的严续、孙晟虽为宰相，但"百司政事往往归枢密院，续言多不见用"①，不久罢去了相位。孙晟出使后周，长期未归。而宋党的陈觉、李徵古当时任枢密正、副使，以后陈觉监李景达之军，朝中主持军务的乃是同党李徵古，故中央决策皆出于宋党人物。南唐军事在他们的主持下，一战不如一战，终于导致淮南战争的彻底失败。虽然孙党提出过一些有益的建议，但不能被采纳。如陈觉任监军使增援寿州时，韩熙载深知陈觉的为人和能力，曾主张不要设置此职，元宗没有听从。后来在战斗中，陈觉果然拥兵数万，"无决战意"②，一再贻误战机，且一意孤行，军政皆决于他一人，"景达署牍尾而已。朱元叛，寿州陷，皆觉为之"③。在战争中，宋齐丘也起了一些不好的作用，在周军撤退时，他怕结怨于后周，阻止诸将据险邀击，"由是周兵皆聚于正阳，而寿州之围遂不可解，终失淮南"④。

　　南唐军屡战屡败，淮南大部分州郡已为周军攻占，南唐军力衰竭，无力继续战争，而后周又有不尽占淮南绝不罢兵之势，在这种情况下，只有尽快与后周妥协，才能摆脱当时困境挽救危亡的局势。因此，李德明出使后周归来后，力主割地求和，宋齐丘出于门户之见，力诋割地无益。陈觉则指责"德明卖国以悦敌，不可赦"⑤。当时孙晟、王崇质也出使于后周，"齐丘、觉、徵古素恶忌（晟）及德明"。王崇质归朝后，又指使王崇质"使异其辞"，⑥攻击孙晟和李德明，终于将李德明斩于建康市。宋党反对割地求和，完全出于朋党之间的斗争，并无继续进行战争的决心。交泰元年，陈觉出使后周时，看到周军强盛，心中大惧，"请遣人取本国画江为界表，世宗可之"。⑦双方遂达成停战和议。本来

①　〔宋〕陆游：《南唐书》卷一三《严续传》，第5568页。

②　《资治通鉴》卷二九三，后周世宗显德三年七月，第9559页。

③　〔宋〕陆游：《南唐书》卷一六《齐王景达传》，第5592页。

④　〔宋〕陆游：《南唐书》卷四《宋齐丘传》，第5497页。

⑤　〔宋〕陆游：《南唐书》卷七《钟谟、李德明传》，第5517页。

⑥　〔宋〕陆游：《南唐书》卷九《陈觉传》，第5537页。

⑦　《十国春秋》卷二六《陈觉传》，第361页。

反对李德明割地卖国的宋党，"及是觉身自为之"①，成了划江割地的积极倡导者，真是莫大的讽刺。

南唐失地丧师，国势窘迫，而宋党仍不放过倾轧孙党的机会，使两党之争愈演愈烈。陈觉从周归国后，矫周世宗之命，对元宗说："闻江南连岁拒命，皆宰相严续之谋，当为我斩之。"元宗素知两党矛盾，"固未之信"。孙党钟谟要求复使于周，核对此事。"唐主乃因谟复命，上言：'久拒王师，皆臣愚迷，非续之罪。'帝闻之，大惊曰：'审如此，则续乃忠臣，朕为天下主，岂教人杀忠臣乎！'谟还，以白唐主。"②这才使真相大白，严续因之才不得冤死。

有人认为孙党及北方来的侨寓人士政治上比较保守，不如宋党锐意进取，积极扩土开疆。③此种看法并不合乎史实。孙党人物一般都能坚持烈祖制定的统一策略，在军事、外交诸方面有着比较清醒的认识，他们不主张轻率地对外用兵，并非一味地保守境土，一旦时机成熟，他们还是极力主张用兵。当契丹入主中原，晋帝北迁，中原人民反对契丹的斗争如火如荼之时，孙党韩熙载上书元宗，要求乘机北伐，收复中原，并指出："若戎主遁归，中原有主，则不可图矣。"④但由于宋党发动的伐闽战争拖住了南唐的手足，才丧失了千古良机。后周建立后，中原恢复了社会安宁，而宋党却打算北伐，理所当然地要遭到孙党的反对。韩熙载明确表示："北伐，吾本意也，但今已不可耳。"并指出后周虽得国日浅，但"守境已固，我兵妄动，岂止无功耶？"⑤这就将孙党对统一问题的态度表达得再清楚不过了。被宋齐丘排挤的侨寓人士史虚白，也具有统一大志，他"数为烈祖言中原方横流，独江淮丰阜，兵食俱足，当长驱以定大业，毋失事机，为它日悔"⑥。被旧史家看作孙党人物的颍州

---

① 〔宋〕陆游：《南唐书》卷九《陈觉传》，第5538页。

② 《资治通鉴》卷二九四，后周世宗显德五年十二月，第9590页。

③ 任爽：《南唐党争试探》，《求是学刊》1985年第5期，第79—85页。

④ 〔宋〕陆游：《南唐书》卷一二《韩熙载传》，第5559页。

⑤ 〔宋〕陆游：《南唐书》卷一二《韩熙载传》，第5559页。

⑥ 〔宋〕陆游：《南唐书》卷七《史虚白传》，第5520页。

（今安徽省阜阳市）人朱元，也多次上书说："今幸中原多故，苟支岁月，非所以为国，当取湖湘、闽越、钱塘，以固基本，且请专任军旅，以次讨定。"①这个方针和孙党其他人的看法并不相同，反倒和宋党的对外方针相吻合。结果也遭宋党毁谤，认为这是"远人"谋握兵，包藏祸心，将其贬官。这就说明宋党排挤异党，不择手段，凡对方提出的方针，不管正确与否，即使和自己的主张偶合，也一律排斥。以上事实充分说明，孙党在政治上并不保守，把他们反对宋党轻率用兵、祸国殃民的行动看成保守行为，恰恰是对南唐历史缺乏深入考察的结果，是一种片面的观点。

元宗末年是南唐党争最激烈的时期，也是即将结束的时期。准确地说，可以交泰元年底为党争基本结束的时期。当然作为政治斗争不会戛然而止，其余波还延续了几年，到交泰三年（960）完全结束，后主即位时可以说已经不存在什么朋党之争了。交泰元年初，淮南战争结束后，由于宋党实际把持了南唐的军事指挥权，对战争的失败负有主要责任，他们"自度事定必不为群臣所容，若齐丘专大柄，则可以无患"②。于是，陈觉、李徵古等乘南唐危困之际，向元宗建议将国政交宋齐丘摄理，元宗本人退居后苑，"从容谭释、老而已"③。元宗认为此议出自宋齐丘，心中大恨，陈乔、钟谟等均力阻此议，钟谟说："齐丘当国危之际，遣门人献议，欲因便以夺主位，无人臣之礼。"④于是宋齐丘被元宗下令放归九华山旧居，幽禁之，次年死去。削李徵古官爵，贬陈觉于饶州安置，不久，二人一同被处死。冯延鲁、许文稹、边镐被后周放回后，皆不复重用。冯延巳也被贬官，于交泰三年死去。宋党中另一骨干查文徽在伐闽战争中被吴越俘获，放归后，不久也死去。魏岑在此之前已死去。这样宋党主要人物已贬杀殆尽。孙党中的孙晟早已被后周所杀，周宗、徐玠、江文蔚、李德明、常梦锡、李建勋等在此之前已死

---

① 〔宋〕陆游：《南唐书》卷一二《朱元传》，第5560页。

② 〔宋〕陆游：《南唐书》卷四《宋齐丘传》，第5497页。

③ 〔宋〕马令：《南唐书》卷二一《陈觉传》，第5392页。

④ 《册府元龟》卷九二〇《总录部·雠怨二》，第10680页。

去，钟谟在交泰三年被诛杀于饶州。所以孙党的主要人物除韩熙载、严续、徐铉等个别人外，也基本死亡殆尽。在这种情况下，朋党斗争的条件不复存在，更何况南唐丧失淮南以后，局限于江南一隅，苟且偏安，政治上已无大的作为。后主时期南唐统治阶层内部尽管还存在矛盾，但是这种矛盾斗争和宋孙党争并无必然的联系，属于统治阶层内部一般性的矛盾斗争。

通观两党主要人物的作为，以及他们在政治、经济、外交方针上的分歧，孙党比宋党的主张更为成熟，更具有积极意义。其主要人物个人的品德和行为，也比宋党人物正直、高洁，政治目光也比较远大。因此，后来的史学家，如司马光、陆游、马令，以及五代两宋众多野史和笔记小说的作者，凡论到南唐历史时，莫不对宋党的大多数人物进行鞭挞与批评，这绝不是偶然的现象。如马令评论宋党时说："凡文武百司，皆布朋党，每国家有善政，其党辄但言宋公之为也；事有不合群望者，则曰'不用宋公之言也'。每举一事，必知物议不可，则群党竟以巧词先为之地，及有论议者，皆以堕其计中。群臣敢言者，常梦锡、萧俨、江文蔚、韩熙载等十数人，而常、萧尤甚。梦锡性褊而简言，俨无文而辞繁碎，故皆不能胜。然虽正人切齿，而流俗疏远之人，犹瞻仰以为元老，故趋附者益多。"①

陆游评论宋齐丘时说："若谓窥伺谋篡窃，则过也。特好权利，尚诡谲，造虚誉，植朋党，矜功忌能，饰诈护前，富贵满溢，犹不知惧。狃于要君，暗于知人，衅隙遂成，蒙大恶以死，悲夫！"②这些评论可谓至公之言。正因为宋党的作为使正人切齿，所以在陈觉、李徵古势力正盛之时，判大理寺并宿直禁中的张易曾恨恨地说道："吾忝廷尉，职诛邪孽，当手毙二竖，以谢旷官！"③宋齐丘被幽死后，元宗也叹息说："（常）梦锡生平欲杀齐丘，恨不使见之。"④这都反映了当时南唐朝中

① 〔宋〕马令：《南唐书》卷二〇《宋齐丘传》，第5390页。
② 〔宋〕陆游：《南唐书》卷四《宋齐丘传》，第5497—5498页。
③ 〔宋〕陆游：《南唐书》卷一三《张易传》，第5569页。
④ 〔宋〕马令：《南唐书》卷一〇《常梦锡传》，第5330页。

正直之士对宋党作为的愤恨情绪。

南唐党争对其国势的影响极大，导致政治的腐败与混乱，使南唐对外战争屡遭惨败，从而削弱了国家的实力，使一大批有影响的文臣武将成为党争的牺牲品。所以后人评论说："然则南唐之亡，非人亡之，亦自亡也。为国而自去其股肱，譬诸排空之鸟，而自折其羽翮，孰有不困者哉！"[1]尽管南唐的衰亡有种种客观原因，但党争带来的不利影响也不可忽视。如果不存在这种不利因素，对外遵循烈祖制定的正确策略，正像当时人张易所说的："国家被山带河，守奕世之业。昔者夫差以无道之兵，威陵齐、晋；孙权以草创之国，势逼曹、刘。今若上下并力，敌何足畏哉！"[2]

---

① 〔宋〕马令：《南唐书》卷一九《诛死传序》，第5381页。
② 〔宋〕陆游：《南唐书》卷一三《张易传》，第5568页。

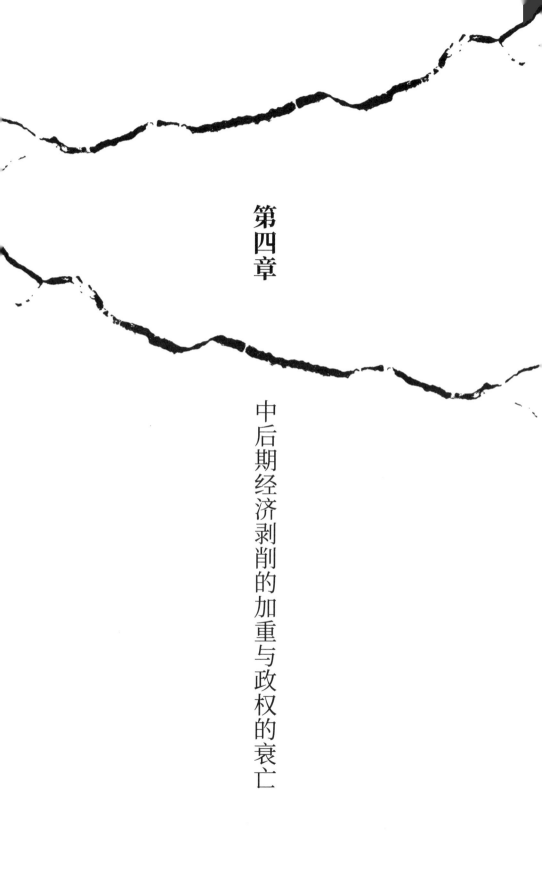

第四章

中后期经济剥削的加重与政权的衰亡

第一节　中后期的经济政策

通观南唐一朝，赋役比之当时南方诸国并不为重，然就南唐一国论之，其经济政策则呈现出明显的阶段性。自杨氏、徐氏以来，直到烈祖统治期间，休兵生息，轻徭薄赋，为前一阶段。元宗即位以来，屡兴兵端，劳民费财，赋役渐重，加之淮南的失去，使南唐的社会经济发展停滞不前。至后主统治时期，地狭国小，外贡中原，内奉释教，耗蠹国力，兼并民田，经济衰退日甚一日，为后一阶段。南唐经济的这种明显变化，是与其政治的盛衰密切相关的。关于南唐政治的盛衰变化，前面已做了论述，本节主要将南唐中后期的经济状况做一概述，以便对这一阶段的社会状况有一个完整的反映。

一、土地兼并的加剧

烈祖统治时期土地兼并尚不激烈，直到元宗保大十年之前，关于土地兼并的记载尚属寥寥，至少较大规模的兼并还未出现。由于元宗伐闽攻楚耗虚府库，加之北方后周的威胁愈来愈严重，淮南又连年灾害频生，军食困难，于是南唐政府采用李德明的建议，从保大十年起，在江淮一带广置屯田以解决兵食问题。屯田之议始于何敬洙任楚州团练使时，其任职楚州是在保大三年（945），当时只在楚州一地屯田实边，后遂大规模地推行屯田。原议是兴复荒田旷土为屯田，但由于用人不当，"吏缘为奸，强夺民田为屯田"[1]，使江淮一带"人不堪命，致盗贼群起"[2]。直到保大十四年，周师已经南下，为了缓和社会矛盾，才"罢其尤剧者"，其未罢者，

---

① 《十国春秋》卷一六《南唐元宗本纪》，第220页。

② 《宋史》卷四四一《徐铉传》，第13045页。

"尚处处有之"。①至后主元年（961）七月，才罢去诸路屯田使，将屯田租佃于农民，由当地州县官与常赋一起征收田租。②尽管如此，由于南唐在主要经济区推行屯田达8年之久，危害范围过大，后果仍是很严重的。

随着南唐地主阶级经济力量的发展，土地兼并的速度也越来越快，使大批自耕农失去土地，沦为佃农。比如"庐州营田吏施汴，尝恃势夺民田数十顷，其主退为其耕夫，不能自理"③，即是一例。其实施汴掠夺土地的程度，比起一些身居高位的官僚来说，不过是小巫见大巫罢了。据载，刘彦贞任寿州节度使时，"惟务聚敛，不知纪极，列肆百业，尽收其利"④，犹不知足，寿州有"古安丰塘，溉田万顷，寿阳赖之。彦贞托浚濠为名，决塘以涨濠，濠满塘竭，遂不复筑，民田皆涸，无以供舆赋，尽卖之而去。彦贞选上腴贱价以市之，买足，再壅塘以畜水，岁积巨亿"⑤。巧取豪夺手法之卑劣，令人咋舌。不仅贵族官僚大肆兼并土地，一般地主掠夺土地也很频繁。由于土地大量被兼并，社会矛盾极度激化。后主时，潘佑、李平建议，"深抑兼并"，复井田之法，"豪民有买贫户田者，勒令还之"⑥，于是，农民"夺田者纷纷于州县"。可见豪强地主兼并土地已成普遍之风，也反映了农民阶级对地主掠夺土地的愤恨情绪。由于李平等急于成功，措施不甚得当，加之"又按《周礼》造民籍，旷土皆使树桑，民间舟车、碓硙、箱箧、环钏之物悉籍之"，"吏胥为奸，百姓大挠"，⑦朝中不少人起而反对，后主悉命罢去此法。这样，终南唐之世，土地兼并问题始终没有得到解决。

自从佛教在中国兴盛以来，寺庙皆有田产，唐代尤甚，五代时仍无改变。南唐烈祖李昪尚不甚佞佛，至元宗、后主时，佞佛之风大盛，上

---

① 《续资治通鉴长编》卷二太祖建隆二年七月，第48页。
② 〔宋〕马令：《南唐书》卷五《后主书》，第5289页。
③ 《太平广记》卷一三四《施汴》，第960页。
④ 《玉壶清话》卷一〇《江南遗事》，第101页。
⑤ 《玉壶清话》卷一〇《江南遗事》，第101页。
⑥ 《十国春秋》卷二四《李平传》，第341页。
⑦ 〔宋〕文莹：《湘山野录》卷中，中华书局，1984年，第29页。

至皇帝，下至百官，莫不崇信佛教，遂使境内寺院林立，僧徒众多。马令说："予闻故老说南唐好释，……南唐每建兰若，必均其土田，谓之常住产。"①如"庐山圆通寺在马耳峰下，江左之名刹也。南唐时，赐田千顷，其徒数百众，养之极其丰厚"②。此外，一些南唐的官吏也将兼并来的土地奉献于佛寺，如李建勋曾将其庄田舍入能仁寺。③由于统治阶级的支持，寺院占去大批耕地，而"建康寺院，跨州隔县，地过豪右"④。寺院占地过多，必然使佃户增加，自耕农减少，进一步助长了兼并之风。

此外，南唐的皇庄占田亦不在少，南唐设有庄宅使和园苑使，园苑使管理北苑，庄宅使专管皇庄，其详情，因史籍缺载，不得而知。但据《图画见闻志》载，后主曾令周文矩画《南庄图》，"尽写其山川气象"⑤。可知其规模不小，占地亦很可观。又据《宋史》载：后主有"土田在常州"，南唐亡后由官府管理。其后，李煜子孙贫，宋真宗曾命鬻其半，"置资产以赡之"⑥，亦可为一证。

二、赋税剥削的加重

两税"惟以资产为宗"，对于农民来说，资产主要指土地，即以土地的多寡确定每户应纳的税额。烈祖辅吴确定地税税额时，不仅以土地多少为依据，而且还参之以土地的肥瘠程度。这样定出的税额比较公正、客观。一般来说，豪民富户多占肥沃良田，普通农户占地少且多贫瘠，缴纳地税参以这个因素，税户负担比较公平，对于广大贫苦农民来说是有好处的。因此，南唐初期的两税较之唐代，税额要公平合理得

---

① 〔宋〕马令：《南唐书》卷二六《浮屠传》，第5425页。
② 《独醒杂志》卷一《李煜厚养僧》，第3208页。
③ 〔宋〕张敦颐撰，张枕石点校：《六朝事迹编类》卷一一《寺院门》，中华书局，2012年，第151页。
④ 〔宋〕马令：《南唐书》卷二六《浮屠传》，第5425页。
⑤ 《图画见闻志》卷六《近事》，第154页。
⑥ 《宋史》卷四七八《南唐世家》，第13864页。

多，农民的生产积极性也较高，生产发展较快，呈现出"野无闲田，桑无隙地"①的繁荣景象。南唐中后期赋税不断变重，两税亦是如此。在前面第一章第二节的有关部分，已经论到烈祖辅吴期间一度改两税征钱为征实物，昇元年间再度恢复征钱为主的旧制。由于史料缺载，无法列出具体数字比较，但是从一些叙述性的文字中仍可清楚地看到这种变化。如宋人曾敏行的《独醒杂志》卷一记载："予里中有僧寺曰南华，藏杨、李二氏税帖，今尚无恙。予观行密时所征产钱，较李氏轻数倍。故老相传云：（李）煜在位时，纵侈无度，故增至是。""产钱"即指两税，因为两税"惟以资产为宗"。烈祖李昇辅吴时及昇元年间，基本上是继承杨行密轻徭薄赋的政策，甚至税额比杨行密生前还要轻一些。因此上面的记载基本可以反映南唐后期尤其是后主时期两税变重的趋势。

前面已经论到，南唐昇元时期形成了夏钱秋米的制度。由于夏税征收现钱"民以变直折阅为苦"，后主时期，李元清任职吉州，奏请纳帛一匹，折钱一贯，"以为定制"，"常以便宜科率，民无怨望"，②又将征纳现钱的制度变为征纳实物了。这样的折算还是比较重的，但由于明确易于执行，可以避免官吏从中作弊、盘剥人民，所以"民甚便之"③。之所以产生这样的看法，是因为南唐后期的夏税税额比北宋要重得多。据宋人沈括记载，北宋统一全国后，各地税额不一者，"国初悉皆蠲正，税额一定。其间有或重轻未均处，随事均之。福、歙州税额太重，福州则令以钱二贯五百折纳绢一匹，歙州输官之绢止重数两，太原府输赋全除，乃以减价籴粜补之。后人往往疑福、歙折绢太贵，太原折米太贱，盖不见当时均赋之意也"④。"以钱二贯五百折纳绢一匹"，换句话说，即纳绢一匹，折钱二贯五百。歙州为南唐属州，自李元清奏请改征钱为征实物并为定制后，歙州也当如是。可见南唐后期夏税税额

---

① 《十国春秋》卷三《吴睿帝本纪》，第59页。

② 〔宋〕马令：《南唐书》卷二二《李元清传》，第5404页。

③ 《十国春秋》卷二九《李元清传》，第422页。

④ 《梦溪笔谈》卷一一《官政一》，第111页。

为北宋初期福、歙两州的2.5倍。南唐中后期的田税也非常苛重。据宋人记载："两浙田税亩三斗，钱氏国除，朝廷遣王方赘均两浙杂税，方赘悉令亩出一斗。使还，责擅减税额，方赘以谓：'亩税一斗者，天下之通法。两浙既已为王民，岂当复循伪国之法？'上从其说。至今亩税一斗者，自方赘始。唯江南、福建犹循旧额，盖当时无人论列，遂为永式。"①据此段义看，似乎南唐田税亦是每亩3斗。《日知录》载：南宋绍兴二十三年，池州知州黄子游反映说青阳县原为宋齐丘食邑，亩输3斗，七八倍于诸县，"后遂为额"②。食封户可以享用食邑内的赋税收入，至于税额一般还是按照国家统一税额征收，不许擅自变动。这样看来南唐的田税当是亩税3斗。南唐中后期不仅两税税额繁重，而且还巧立名目，盘剥农民，预借就是其中手法之一。马端临说："五季时，江南李氏暴敛害民，江西一路税苗数外倍借三分，以应军须。"③即是一例。

除了正税之外，中后期其他杂税也日渐苛重，名目繁多。先说盐税，昇元初年规定，每正苗1斛，多缴3斗，授盐2斤，谓之盐米。这在当时有一定的积极作用，既解决了百姓吃盐问题，又增加了政府收入，因此，"百姓便之"④。淮南战争后，南唐盐产地均陷于后周，"遂不支盐，而输米如初，以为定式"⑤。至两宋时期，盐米才相继免去，而饶州乐平县直到南宋咸淳六年（1270）才最后蠲免，危害农民竟达300多年之久。据《文献通考》载：乐平县正苗每石加盐米、簇米共计6.82斗。⑥此数比初定的3斗已增加了1倍多，虽不敢断定南唐全国都已达到此数，但可以断言，数字是不断增长的，南唐后期肯定比前期有所增加。另据

---

① 《梦溪笔谈》卷九《人事一》，第94页。

② 〔清〕顾炎武撰，黄汝成集释，栾保群、吕宗力校点：《日知录集释》卷一〇《苏松二府田赋之重》，上海古籍出版社，2006年，第605页。

③ 《文献通考》卷五《田赋考五》，第122页。

④ 《文献通考》卷四《田赋考四》，第84页。

⑤ 〔宋〕马令：《南唐书》卷四《嗣主书》，第5285页。

⑥ 《文献通考》卷四《田赋考四》载："乐平正苗二万七千五百余石，每石加'盐米'四斗、'簇米'二斗八升二合，于是一石正苗，非三石不可了纳。"第84页。

记载："江东诸郡丁口盐钱，李氏有国日所创也。盖以泰州及静海军。盐货计口俵散，收钱入官。其后失淮南，而盐不可得，既又令折绵绢输之，民益以为病。"①《资治通鉴》也记载："初，（南）唐人以茶盐强民而征其粟帛，谓之博征。"②根据以上资料记载可知，南唐除了盐米之外，似乎还有盐钱之征。从文献分析看，盐米是按正苗税即两税中的田税数量的多寡，按每斛征收3斗米的比例，配给食盐2斤；就是说应纳的田税越多，配给的盐也相应增多。而后一种盐钱则是计口征收，当户丁口越多得盐就多，相应地纳钱也多，和资产的多寡没有关系。中原的后唐也征收随税盐钱，有随丝盐钱和蚕盐钱两种。前者是随两税丝征收的，后者是每年二月民户得到官府俵散的盐，五月售蚕茧后收回盐钱。总之，是在征收夏税时一块征收的。南唐的盐钱征收时间虽无记载，但从此后折绵绢输纳来看，也和后唐一样，大约是在农历五月前后与夏税一起征收的。按照两税夏钱秋米的制度，南唐盐米应和秋税一起征收。这样看来，南唐的盐钱与盐米之征，实际上成了两税的附加税。由于此后南唐只征钱米，而无盐可俵散，遂成为一种额外的盘剥，连旧史家也认为这是害民的"暴赋"③。

南唐的其他杂税也很繁多，据《文献通考》载："江东、西酿酒则有'曲引钱'，食盐则输'盐米'，供军须则有'鞋钱'，入仓库则有'篓钱'。"④其中篓钱早在烈祖辅吴时已有，其他税钱不知起于何时。此外，"江南诸州小民，居官地者有地房钱，吉州缘江地虽沦没，犹纳勾栏地钱，编木而浮居者名水场钱"⑤。羊彘、薪炭之类无不征税，"人甚苦之"⑥。南唐盛产茶叶，对于产茶区官府收市其产量的80%，余下

① 《文献通考》卷一一《户口考二》，第308页。
② 《资治通鉴》卷二九三，后周世宗显德三年七月，第9558页。
③ 《文献通考》卷四《田赋考四》，第84页。
④ 《文献通考》卷四《田赋考四》，第84页。篓即籧篨也，《淮南子·本经训》："若簟籧篨。"高诱注："籧篨，苇席。"所谓"篓钱"，则为苇席钱。
⑤ 《宋史》卷二六五《张齐贤传》，第9152页。
⑥ 《册府元龟》卷一六〇《帝王部·革弊二》，第1787页。

部分"复税其什一，然后给符，听其货鬻"①。对于不产茶区人民的用茶，采取了和俵散盐相同的办法，"抑配户民"，"令输缣帛稻米以充其值，谓之转征"。②《资治通鉴》卷二九三将此称为"博征"，胡三省注曰："博，博易也，言以茶盐博易而征其粟帛。""转征"和"博易"，在这里的含义都是一样的。此外，还有"供军税茶"，"盖江南李氏所取以助军也"。③这种税大约也是保大年间增加的。

不仅赋税苛重，自元宗以来徭役也逐渐繁重起来。伐楚时力役暴兴，以洪、饶、抚、信等州之民最苦；攻闽时除了大征上述诸州之民力役外，虔、吉、汀等州人民也大受牵连，吃苦不少；保大十一年，诏各州县修复湮废陂塘，楚、常、洪、饶、吉、筠诸州之民又受骚扰，致使整个江淮地区动荡不安。综观南唐，凡大的力役征发，莫不和战争有关。即使保大十一年的征发力役，也是由于伐闽伐楚失败，军食困难，而兴屯田修陂塘的。力役的暴兴，完全是南唐统治者盲目地开拓疆土、穷兵黩武造成的，从另一个侧面反映出南唐中后期政治腐败的客观事实。

三、货币经济的衰落

在五代十国中，南唐是货币经济最为发达的国家之一。发达的原因有以下三点：一是南唐商品经济发达和商业贸易异常繁荣。二是赋税征钱。五代时期不论中原还是南方各国，征赋税时都不同程度地征收现钱，但是像南唐这样比较广泛地征钱，还是很少见的。由于赋税征钱，就迫使农民将其产品投入市场交易，换得钱币以完税，这就进一步扩大了商品经济的领域，促进了货币经济的发展。三是南唐境内铜矿资源比较丰富，官办的铸钱监就有饶州永平监、池州永宁监、建州永丰监等数

---

① 《续资治通鉴长编》卷一八，太宗太平兴国二年正月，第396页。

② 《册府元龟》卷一六〇《帝王部·革弊二》，第1787页。

③ 〔宋〕王得臣：《麈史》卷上《利疚》，见《宋元笔记小说大观》，上海古籍出版社，2007年，第1331页。

十钱炉。[①]其中仅永平监就岁铸铜钱6万贯。这就为货币经济的发展提供了最基本的保障。

南唐初期币制稳定，烈祖李昪曾铸过"大齐通宝"（受吴主封齐王时所铸）。元宗时铸过"保大元宝""开元通宝"等钱，均采用唐朝旧制，钱法甚好。加之当时主要行用唐朝旧钱（主要是"开元通宝"），因此，钱币流通正常，国用充足。后来，元宗屡兴兵端，国用困竭，于是铸"唐国通宝""大唐通宝"等钱。其中前一种每贯重3斤12两，数年后，流弊屡兴，百姓盗铸，每贯仅重1斤，"置水上不沉，虽严禁不止"[②]。于是改铸大钱，"以一当十，文曰'永通泉货'"[③]，每枚重18铢。此钱行数月后，旋废。后主时期钱币紧缺现象更加严重。后主四年（964）始铸铁钱，下令每十钱以铁钱六杂铜钱四的比例使用，由于人们纷纷收藏铜钱，实际上民间贸易只用铁钱。铁的来源比铜广泛，所以民间私铸蜂起，虽重刑严禁，但"犯者益众"，至南唐末年，10枚铁钱只能换铜钱1枚，币制严重紊乱。直到宋初，江西一带仍用铁钱。[④]

铜钱紧缺是南唐币制紊乱的根本原因，导致铜钱紧缺的原因又是什么呢？这个问题不能不深入讨论。主要有如下几个原因：首先，南"唐自淮上用兵及割江北，臣事于周，岁时贡献，府藏空竭，钱益少，物价腾贵"[⑤]。南唐铜钱流出境外并不仅限于此方面，由于币制的紊乱，劣币充斥市场，"商贾出境，辄以铁钱十易铜钱一，官不能禁，因从其便"[⑥]，也使得大批铜钱流出境外，使本来紧缺的铜钱愈加紧缺。这是由于劣币币值小，流入他国往往破坏或扰乱当地货币经济，所以中原及南方一些国家都严禁劣币入境，加之劣币的贮藏价值极低，商贾出境当然不愿携带劣币，必然换易好钱带出。其次，铁钱流通后，必然驱逐铜

①　《续唐书》卷二〇《食货志》，第221页。

②　《续唐书》卷二〇《食货志》，第221页。

③　〔宋〕马令：《南唐书》卷五《后主书》，第5290页。

④　《独醒杂志》卷二《国初江西亦用铁钱》，第3214页。

⑤　《资治通鉴》卷二九四，后周世宗显德六年七月，第9603页。

⑥　《续资治通鉴长编》卷五，太祖乾德二年三月，第124页。

钱于流通领域之外。劣币驱逐良币是经济规律决定的，我国各个历史时期的情况都证明了这个事实。南唐使用铁钱导致"民间多藏匿旧钱，旧钱益少"①。旧钱即铸造精良的铜钱。而官府也"藏铜钱靳弗出"，其国亡后，诸郡所积铜钱就达67万缗。②按照货币流通规律，货币流通速度越快，同一时间内单位货币周转的次数就越多，流通中所需的货币量便相应地减少；反之亦然。南唐铜钱本来就紧缺，应该加快流通速度，结果反倒人为地减少流通量，甚至壅塞流通渠道，铜币紧缺的现象自然便愈加严重了。再次，五代时期白银已作为货币开始进入流通领域，表现在白银此时已具备货币贮藏手段的职能。时人将白银作为货币而贮藏已成普遍现象，无论政府库藏还是私人贮藏量都是比较大的，并开始在税收中征收白银了，这在前代是没有的。货币第一职能乃是价值尺度，此时的白银已用来表示物价了，"一缣约卖三十索，银一两二十五索"③。《稽神录》还说，当时人行路已用白银为"路粮"（即路费）。白银在市场上交易已是很普遍的事了。这一切都表明白银已具备完全的货币职能。由于白银属于贵金属，价值高，作为货币其价值尺度和贮藏手段均优于铜币，它投入流通可以缓解铜币的不足。南唐初期铜币比较充足，故白银流通量不大。政府主要将其贮藏起来，作为贮备货币，以保证货币经济繁荣稳定。自元宗以来，南唐币制紊乱，流通领域中的货币需求量增大，需要投入大量白银以稳定币制，但白银不仅没投入流通，反而大量向境外流出，主要是通过贡奉方式流入中原。如显德三年贡给后周白银10万两、金千两；④乾德三年又贡给北宋白银2万两；⑤开宝七年献白金20万斤⑥（这里的"白金"即白银）；开宝八年又

---

① 《新五代史》卷六二《南唐世家》，第778页。

② 《十国春秋》卷一七《南唐后主本纪》，第243页。

③ 〔宋〕王巩：《随手杂录》，见《文渊阁四库全书》，台湾商务印书馆，1983年，第1037册，第211页。

④ 《旧五代史》卷一一六《周世宗纪三》，第1543页。

⑤ 《宋史》卷四七八《南唐世家》，第13858页。

⑥ 《十国春秋》卷一七《南唐后主本纪》，第248页。

贡白银5万两。[①]这仅是几次数额较大的流出，小额的贡奉还未算在内。在大量使用白银的明清时期这似乎算不了什么，但在白银产量还不高，白银才刚刚作为货币进入流通领域的历史时期，这数十万两的白银已不是小数字，不可低估。须知直到唐代中叶的元和年间，全国年税银收入才不过12000两。[②]另外，南唐统治者佞佛，在境内大修佛寺，佛寺铸造佛像及各种法器也用去不少铜材，使得铸钱的原材料缺乏，恐怕这也是南唐改铸铁钱的原因之一。加之后周及北宋政府限制铜钱出境，南唐的铜钱只出不入，必然使铜钱流通严重不足，从而导致南唐货币经济的衰退。

南唐货币经济的衰退对整个社会经济影响极大。首先导致商业、手工业的衰退。货币是商品交换的媒介，币制紊乱必然影响商业的正常发展。铁钱行用后，南唐境内"物价益贵至数倍"[③]，物价上涨必然导致社会购买力下降、商品滞销，不仅影响商业的繁荣，而且使以生产商品为主要目的的一些手工业受到直接冲击，导致生产萎缩。币制的紊乱还使南唐的境外贸易大受影响，比如中原王朝实行严禁南唐铁钱及"唐国通宝"钱入境的政策。北宋建隆三年（962）规定：此类钱"民间有者悉送官，所在设棘围以受之，敢有藏隐，许人陈告，重置之法"[④]。不久又下诏："奉使江南者，毋得将其国所用钱过江北。"[⑤]即不论官民均不许私藏此类钱或带入境内。这样就限制了南唐的境外贸易，影响了南北经济交流，也直接影响南唐政府的商税收入。其次，币制的紊乱还激化了当时的社会矛盾。物价上涨必然影响广大农民的生产和生活。我国古代社会的自然经济不同于西欧的封建庄园经济，农民生产和生活所需相当部分的产品还是来自市场交易，如盐、茶、铁器等，这些产品的涨价必

---

① 《宋史》卷三《太祖本纪三》，第45页。
② 《新唐书》卷五四《食货志四》，第1383页。原文是："元和初，天下银冶废者四十，岁采银万二千两。"这一数据应为政府征税所入，而不应是银产量。
③ 《续资治通鉴长编》卷五，太祖乾德二年三月，第124页。
④ 《续资治通鉴长编》卷三，太祖建隆三年正月丙子，第61页。
⑤ 《续资治通鉴长编》卷三，太祖建隆三年四月乙未，第66页。

然加重农民的负担。再次，币制紊乱还导致剥削量增加。南唐税收的相当部分是缴纳现钱，而民间"只以铁钱贸易"，故农民出售产品只能换来铁钱，但是政府规定货币使用以铁钱六权铜钱四的比例，收税必然也按这样的比例纳钱。农民交易换来的完全是铁钱，为了完税，只有按照市价以铁钱10枚换取铜钱1枚，即使税额不增加，农民的负担已加重了许多，更何况此时的税额还在不断增加。重负之下农民必然大批破产，使南唐的农业生产发展也相应地停滞甚至衰退。不仅农民如此，一批富裕人家也深受币制紊乱之苦，后主时的礼部侍郎汤悦曾指出："泉布屡变，乱之招也。且豪民富商不保其资，则日益思乱。"[①]表明南唐货币经济的衰退已影响到政治的稳定，使反对其腐朽统治的社会阶层不断地扩大。因此，南唐后期的币制紊乱不单纯是货币经济衰退的问题，它从一个侧面反映了当时整个社会经济乃至政治衰落的现实。

第二节　统一条件的成熟与南唐的灭亡

公元960年，后周大将赵匡胤发动陈桥兵变，黄袍加身，取代了后周的统治，建立了北宋王朝。北宋凭借后周雄厚的经济和军事力量，开始了统一全国的军事行动。首先乘湖南周保权与张文表内争之机，统一了湖南地区；公元963年，又消灭了荆南政权；公元965年，出兵攻取蜀地，消灭了后蜀政权；公元971年，又派军消灭了南汉。而南唐东部的吴越早就依附中原，唯北宋之命是从，这样北宋就完成了对南唐的全面包围。此时的南唐在后主李煜统治下，政治愈加腐败，令出多门，法禁松弛，赋役苛重；后主本人生活奢侈，崇信佛教，国势更加衰微。后主只知向宋朝屈服求保，不惜民力，每年贡献大批金银绮绣珍玩，以求苟延残喘。在这种形势下，南唐的灭亡只是时间问题了。

---

① 〔宋〕马令：《南唐书》卷五《后主书》，第5290页。

一、后主时期的统治情况

　　后主名煜，字重光，即位前名从嘉，为
元宗第五子。[①]交泰元年，元宗弟李景遂辞去
太弟之位，元宗长子李弘冀有功，且嫡长，
得立为太子。"弘冀为人猜忌严刻，景遂
左右有未出东宫者，立斥逐之。"时后主封
安定公，甚畏其兄，"不敢预事，专以经
籍自娱"。[②]李煜自号钟隐，又别称钟山隐
士、钟峰隐士、莲峰居士，明确表示自己无

李煜画像

意于帝位，以躲避其兄的迫害。偶然的时机却把他推上了帝位。交泰二
年（959）九月，李弘冀病死。他以尚书令知政事，居东宫。交泰四年
（961）二月，元宗迁都洪州，后主因其余四兄皆早亡，得立为太子，[③]
并在金陵监国。当年元宗死于洪州后，其遂于金陵即位。

　　后主即位初期，曾想有一番作为。他首先罢去了元宗时设置的屯
田使，将屯田租佃于农民。为了解决土地兼并问题，采纳潘佑、李平建
议，恢复古代井田制，并令豪民地主归还兼并农民的土地。当发现井田
制并不适合现时的情况，流弊很大时，也能及时予以纠正。后主抑制兼
并的本意还是积极的，只是办法不对，但能及时纠正，亦不失明智之
举。他还继续烈祖以来的抑制藩镇政策，多用文士担任地方长官，即使
任用一些武人，也是"每除节度、刺史，皆质其家于都城"[④]，使其有
后顾之忧而不敢跋扈。他还在州郡置官专掌财权，不许武臣过问。军权
与财权分割，使节度使、刺史无力对抗朝廷。在刑法方面，后主采取省

---

① 《江表志》《江南别录》说后主为元宗第五子，而陆游、马令《南唐书》均说
为第六子，记从善为七子，从镒为八子，从谦为九子，又记从度（《南唐书》记为
从庆）、从信为后主弟，据此推算元宗共11子。各书均载元宗共10子，这样则多出1
子，故不取《南唐书》之说。

② 《资治通鉴》卷二九四，后周世宗显德五年三月，第9580页。

③ 《资治通鉴》卷二九四，后周世宗显德五年三月，第9580页。

④ 〔宋〕马令：《南唐书》卷二二《刘茂忠传》，第5404页。

刑恤罚的政策。"宪司章疏，有绳纠过许者，皆寝不下。论决死刑，多从末减，有司固争，乃得少正，犹垂泣而后许之。尝猎于青山，还，如大理寺亲录系囚，多所原释。"①因此旧史称后主"性宽恕，威令不素著"②。这不是后主的短处，恰恰是其长处。如果依靠残酷杀戮来树立所谓"威令"，那么，还是"不素著"的好。至于他在发展南唐文化上所做的贡献，更是值得称道，下来将在第六章评述，在此就不多费笔墨了。

后主李煜并不是一个励精图治的君主，尽管他在政治上有那么一点点作为，但在他的政治生涯中，那也不过是一闪即灭的荧光。在其统治之前，南唐颓势已成，积重难返。即位以来，后主把主要精力放在文学艺术方面，尤其是其统治末期，情况愈甚，整日在宫中，不是填词作画，便是吟诵佛经，基本上置政事于不顾，遂使南唐政治更加腐败，朝政日益混乱。

后主用人，不是文学之士，便是阿谀奉承之辈，正直之人很难立足于朝堂。比如以刚直著称的宰相严续，宋齐丘党势力正盛之时，都没有奈何得了他，却于后主五年被赶出朝廷，担任润州节度使。后主任用汤悦为相时，张洎就曾上疏反对，认为"悦非经纶之才，不宜处钧衡之地"，而后主"以悦文学旧臣，特加奖用"③。文学之臣不是不可用，问题在于其是否具有政治才干，如果缺乏政治才干，文章诗词作得再好，也于政事毫无益处。后主特以文学取士，轻率地委以重任，是不足取的。后主所重用的几个人，如皇甫继勋、刘澄、于衎、陈乔、朱令赟等，多为阿谀谄媚、无德无才之新进之徒。其中陈乔虽然忠直，"然短于才略"④，且"柔懦畏怯"⑤。此时南唐老臣宿将虽多亡故，却并没达到朝中无人可用的地步，如武将中的林仁肇、卢绛、胡则、申屠令坚

---

① 〔宋〕陆游：《南唐书》卷三《后主本纪》，第5492页。

② 《湘山野录》卷中，第37页。

③ 〔宋〕马令：《南唐书》卷五《后主书》，第5292页。

④ 〔宋〕陆游：《南唐书》卷一四《陈乔传》，第5576页。

⑤ 《续资治通鉴长编》卷六，太祖乾德三年五月，第154页。

等，文臣中的潘佑、徐铉等，这些人皆忠心不贰，骁勇善战，具有一定的政治军事才干，倘能尽展其才，虽不能恢复旧业，但也不至于很快灭亡。可惜的是，他们却得不到重用，甚至屡遭排挤打击。如林仁肇，屡掌重兵，出守大镇，后主时先后为鄂州、洪州等处节度使，控御长江上流，被时人视作国之长城。"时皇甫继勋、朱令赟掌兵柄，忌仁肇雄略，谋有以中之。会朝贡使自京师回，擿使言仁肇密通中朝，见其画像于禁中，且已为筑大第以待其至。后主方任继勋等，惑其言，使人持鸩往毒之。"①致使林仁肇死于非命。陈乔见状叹曰："事势如此，而杀忠臣，吾不知其死所矣！"②后主所置澄心堂，"引能文士及徐元机、元榆、元枢兄弟居其间，中旨由之而出，中书密院乃同散地。兵兴之际，降御札，移易将帅，大臣无知者。皇甫继勋诛死之后，夜出万人斫营，招讨使但署牒遣兵，竟不知何往，盖皆澄心堂直承宣命也"③，"政出多门，皆仿此也"④。

研究南唐后期历史，不能不涉及韩熙载。韩熙载，字叔言，北海（今山东省潍坊市）人，后唐同光年间中进士。他的父亲韩光嗣为平卢军节度副使，军中发生变乱，赶走了节度使符习，推韩光嗣为节度留后。后唐明宗即位，讨乱，"光嗣坐死，熙载来奔"⑤。韩熙载胸有谋略，多才多艺，能书善画，事南唐三主，"每献替，多嘉纳，吉凶仪制不如式者，随事稽正。制诰典雅，有元和之风"⑥。元宗"欲为相者屡矣，为宋齐丘深忌之，终不大用"⑦。他认为欲使国家强盛，"莫急于人材，于是大开门馆，延纳隽彦，凡占一伎一能之士，无不加意收采，唯恐不及，虽久病疲苶，亦不废接对。至诚奖进后辈，乃其天性。每得

① 〔宋〕陆游：《南唐书》卷一四《林仁肇传》，第5573页。
② 〔宋〕马令：《南唐书》卷一二《林仁肇传》，第5345页。
③ 〔宋〕陆游：《南唐书》卷三《后主本纪》，第5493页。
④ 《江表志》卷下，第5094页。
⑤ 〔宋〕陆游：《南唐书》卷一二《韩熙载传》，第5558页。
⑥ 《南唐拾遗记》，第5781页。
⑦ 《南唐拾遗记》，第5781页。

一文笔，手自缮写，展转爱玩，至其纸生毛，犹不忍遽舍。……是以一时豪杰，如萧俨、江文蔚、常梦锡、冯延巳、冯延鲁、徐铉、徐锴、潘佑、舒雅、张洎之徒，举集其门"①。元宗时，数言国家大政，颇为中肯。早年他与李谷相友善，将南奔时，二人相约，韩熙载谓李谷说："'江南果相我，长驱以定中原。'谷答熙载云：'中原苟相我，下江南如探囊中物尔。'"②由于韩熙载心有大志，所以数次建言于元宗，献统一方略，只是元宗惑于群小，轻动兵戈，不纳熙载之言，致使国削力弱，失去统一中原的时机。他神采飘逸，仪表非凡，"时谓之神仙中人，风采照物。每纵辔青城秋苑，人皆随观。谈笑则听者忘倦，审音能舞"③，"为当时风流之冠"④。后主时他见南唐大势已去，故纵情丝竹歌舞之中，所谓"后房蓄声妓，皆天下妙绝，弹丝吹竹、清歌艳舞之观，所以娱侑宾客者，皆曲臻其极"⑤。诸妓与宾客杂居往来，毫不避隐，故当时"物议哄然"。韩熙载纵情声色，放荡不羁，是故意做给世人看的，目的在于逃避入相。他对僧德明说："吾为此行，正欲避国家入相之命。"因为"中原常虎视于此，一旦真主出，弃甲不暇，吾不能为千古笑端！"⑥此时，他的政治抱负和理想完全破灭，而且亡国当俘虏的命运迫在旦夕。个人内心和客观现实间错综复杂的矛盾和痛苦折磨着他，使他除了声色自娱来安慰和消磨自己外，已别无出路。所以，我们现在看到顾闳中所绘的《韩熙载夜宴图》中的韩熙载，在欢宴中非但不是心情欢畅，反而是悒悒不乐、心情沉重的表情，根本原因就在于此。⑦韩熙载这种处世哲学是不值得称道的，古代士大夫的这种避祸乱、消极悲观的生活态度实际上是对国家前途和命运不负责任的表现。尽管韩熙

---

① 《钓矶立谈》，第5028页。

② 《玉壶清话》卷四，第41页。

③ 《南唐拾遗记》，第5781页。

④ 〔宋〕陆游：《南唐书》卷一二《韩熙载传》，第5559页。

⑤ 《钓矶立谈》，第5028页。

⑥ 《类说》卷一九《避入相》，第12页。

⑦ 梁济海：《韩熙载夜宴图的现实意义》，《文物参考资料》1958年第6期，第28—31页。

载先前曾提出一些具有远见卓识的见解，也对南唐政治做过一些贡献，但是，此时的他如此消极悲观，后主即使勉强用他为相，他在政治上也不会有什么建树。后主曾贬他往洪州，众妓散去，一旦他回到金陵，就故态重演，众妓复还，后主欲大用之而不能。其死后，后主惋惜地说："吾竟不得相熙载。"①其实是大可不必的。

南唐佞佛起自烈祖李昪，其受吴禅营建金陵宫室后，曾请僧徒做"无遮大斋七会"，并书写《华严论》40部颁行境内，虽烈祖未甚惑于佛教，然"国人则寝已成俗矣"②。"及元宗、后主之世，好之遂笃。幸臣徐游专主斋祠事，群臣和附，惟恐居后。宫中造佛寺十余，出金钱募民，及道士为僧，都城至万僧。"③宋人王栐说："江南李主佞佛，度人为僧，不可数计。太祖既下江南，重行沙汰，其数尚多。太宗乃为之禁。"④可见人数之多。而且僧徒们皆由官府供给费用。后主每"朝退与后顶僧伽帽，衣袈裟，诵佛书"⑤。由于后主宠信僧徒，法禁宽弛，故当时"僧尼坏戒律者甚众"⑥。"僧犯奸，有司具牍还俗，后主令礼佛三百拜，免刑。"⑦不仅对僧徒犯法宽贷，国家正常的司法工作也时常受到干扰。如"奏死刑日，适遇其斋，则于宫中佛前燃灯以达旦为验，谓之命灯，未旦而灭，则论如律，不然，率贷死。富人赂宦官，窃续膏油，往往获免。上下狂惑，不恤政事"⑧。后主末年，金陵城中仅宫人及诸王公卿子女出家的净德尼院，就达80余所，⑨其他僧寺尼院更处处皆是。

后主佞佛也引起一些朝臣的劝谏，但往往受到严罚。歙州人汪焕冒

①　〔宋〕陆游：《南唐书》卷一二《韩熙载传》，第5559页。

②　〔宋〕陆游：《南唐书》卷一八《浮屠传》，第5604页。

③　〔宋〕陆游：《南唐书》卷一八《浮屠传》，第5604页。

④　〔宋〕王栐：《燕翼诒谋录》卷三，中华书局，1981年，第23—24页。

⑤　《类说》卷一八《后主好佛》，第4页。

⑥　〔宋〕马令：《南唐书》卷二六《浮屠传》，第5425页。

⑦　《类说》卷一八《后主好佛》，第4页。

⑧　〔宋〕陆游：《南唐书》卷一八《浮屠传》，第5604页。

⑨　〔宋〕马令：《南唐书》卷二六《浮屠传》，第5424页。

死进谏："梁武（帝）事佛，刺血写佛经，散发与僧践，舍身为佛奴，屈膝礼和尚，及其终也，饿死于台城。今陛下事佛，未见刺血、践发、舍身、屈膝，臣恐他日犹不得如梁武之事。"[①]这次后主虽未治其罪，但也未有丝毫改变。南唐佛寺不仅广占田地，而且大量地浪费财物。有僧徒劝后主"广施利，造塔像，身被红罗销金三事。后主嫌其大奢。乃云：'陛下不读华严，安知佛富贵？'自是兵机守御皆弛，财用益竭。又于牛头山大起兰若，聚徒千众，日暮设斋，无非珍馔，一日食之不尽，明旦再具，谓之折倒"[②]。后主本人生活也很奢侈，"宫中以销金红罗幂其壁，以白银钉玳瑁而押之。又以绿钿刷隔眼，中糊以红罗"[③]。"时后主常于群花中作亭，幂以红罗，押以玳牙，雕镂华丽，而极迫小，仅容二人，每与后酣饮其间。又柔仪殿设玉太古、容华鼎、金凤口罂诸器，皆金玉为之，璀璨夺目"[④]。他的宫中多蓄能歌善舞的美丽女子，以供他排遣忧郁，消磨时光。如其宫嫔窅娘，"纤丽善舞。后主作金莲，高六尺，饰以宝物，细带璎珞，莲中作品色瑞莲。令窅娘以帛绕脚，令纤小屈上，作新月状，素袜舞莲花中，回旋有凌云之态。唐镐诗曰：'莲中花更好，云里月长新。'由是人皆效之，妇人足以纤弓为妙"[⑤]。相传我国妇女缠足之风起于此时。

面对宋朝咄咄逼人之势，后主除了醉生梦死以排遣忧愁外，就是贡奉大批财物，极尽恭顺屈膝之礼，以换取暂时的苟安。此外，别无他法。史载：李"煜每闻朝廷出师克捷及嘉庆之事，必遣使犒师修贡。其大庆，即更以买宴为名，别奉珍玩为献。吉凶大礼，皆别修贡助"[⑥]。林仁肇生前曾建议后主曰："宋淮南诸州，戍守单弱，而连年出兵，灭蜀，平荆湖，今又取岭表，往返数千里，师旅罢敝，此在兵家为有可乘

---

① 《容斋续笔》卷一六《忠臣名不传》，第423页。

② 《类说》卷一八《后主好佛》，第5页。

③ 《五国故事》卷上《伪唐李氏》，第3185页。

④ 《十国春秋》卷一八《继国后周氏传》，第268页。

⑤ 《南唐拾遗记》，第5791页。

⑥ 《宋史》卷四七八《南唐世家》，第13858页。

之势。请假臣兵数万，出寿春，渡淮，据正阳，因思旧之民以复故境。彼纵来援，吾形势已固，必不得志。兵起之日，请以臣举兵外叛闻，事成，国家享其利，不成，族臣家，明陛下不预谋。"①宋灭南汉后，屯兵于汉阳，又于荆南之地造战舰千艘，为进攻南唐做准备。有商人来告，并密请前往焚之。对于这些积极的主张，后主皆惧而不敢从。不仅对北宋如此，就是对吴越也不敢有丝毫的触动。卢绛曾对后主说："吴越，仇雠也。他日必为北朝乡导，掎角攻我，当先灭之。"后主说："大朝附庸，安敢加兵？"卢绛说："臣请诈以宣、歙州叛，陛下声言讨伐，且乞兵于吴越，兵至拒击，臣蹑而攻之，其国必亡。"②后主亦不敢行动。尤其当宋朝摆出进攻南唐的态势，战争的爆发不过是旦夕之间的事，在这种形势下，后主也不敢稍有一点主动的作为，这反映了其懦弱苟安的本质。后主十二年（972），他下令改唐国主为江南国主，改唐国印为江南国印，③放弃了国号，表示其国不过是北宋治下的一个藩属国。同时还减损仪制，"改诏为教"，诸司名称全都换易，"官号亦从改易，以避中朝。……降诸弟封王者皆为公"④。他希望此举能博取宋朝的欢心，使南唐政权得以保存下来。这不过是痴人的空想，正像宋太祖所说的：江南有什么罪？只是卧榻之侧岂容他人酣睡！⑤

后主十三年（973），宋派卢多逊为使，借口"朝廷重修天下图经，史馆独阙江东诸州，愿各求一本以归"。愚蠢的李煜急令缮写清楚，并令通夕校对后，送与宋使。"于是江南十九州之形势，屯戍远近，户口多寡"，⑥宋朝尽知之，这为宋军攻占南唐提供了方便。宋朝进攻南唐的大军出发后，后主还派其弟李从镒贡帛20万匹、白金20万斤。之后，又

①　〔宋〕陆游：《南唐书》卷一四《林仁肇传》，第5573页。

②　《资治通鉴长编》卷一一，太祖开宝三年十二月，第255页。

③　《宋史》卷四七八《南唐世家》，第13858页。

④　〔宋〕陆游：《南唐书》卷三《后主本纪》，第5489—5490页。

⑤　《类说》卷五三《卧榻侧他人鼾》，第8页。

⑥　《资治通鉴长编》卷一四，太祖开宝六年四月辛丑，第299页。

遣潘慎修贡帛万匹、钱500万。①此时仍幻想能使宋朝退兵，客观上却起了资助敌方削弱自己的作用。后主之愚，无逾于此。

二、宋朝对南唐的统一战争

周世宗生前曾命近臣各作《安边策》一篇，提出统一的策略。王朴献"先易后难"之策，提出"先下江南，收岭南，次巴蜀，次幽、燕，而后及于河东"的策略。②王朴之策影响北宋至深。北宋初期的将相，如魏仁浦、赵普、张永德等，莫不主张"先南后北""先易后难"的策略，只是灭国的先后次序上略有变化。按照这个策略，北宋先后消灭了荆南、湖南、后蜀、南汉等割据势力，最终便把进攻的矛头对准了南唐。

北宋发动进攻之前，还针对南唐统治者佞佛的弱点，派人潜入南唐，伪为僧徒，煽惑后主大造寺塔佛像，以消耗南唐资财。据宋人王明清载：这个人姓江，号曰"小长老"，灭南唐后任比部郎中，后曾任越州刺史。③宋军渡江后，即以这些寺院为营寨；建在采石矶上的石塔，还被宋军用来固定渡江浮桥。④当时有一个叫樊若水的池州人，屡举进士不第，产生怨恨，在采石矶附近以钓鱼为名，经过多次测量，计算了此处长江的宽度和深度。后他逃到宋朝献平南之策，建议在此架桥。宋军进攻时，采用了这个建议，将巨舰依次排列起来，在长江上建成了有史以来的第一座浮桥。而在此时，南唐大臣张洎还对后主说："载籍以来，长江无为梁之事。"后主也认为是儿戏尔。⑤及至发现桥成，宋军已攻到金陵城下了。

① 〔宋〕陆游：《南唐书》卷三《后主本纪》，第5491页。

② 《读通鉴论》卷三〇《五代下·二〇》，第939页。

③ 〔宋〕王明清：《挥麈后录》卷五，见《宋元笔记小说大观》，上海古籍出版社，2007年，第3685页。

④ 〔宋〕陆游：《南唐书》卷一八《浮屠传》，第5605页。

⑤ 〔宋〕彭百川：《太平治迹统类》卷一《太祖平江南》，见《文渊阁四库全书》，台湾商务印书馆，1983年，第408册，第27页。

后主十四年（974）九月，宋太祖遣使召后主入朝，李煜称病不去，且曰："他日王师见讨，孤当擐戎服，亲督士卒，背城一战，以存社稷。如其不获，乃聚室自焚，终不作他国之鬼。"宋太祖闻知后说："此措大儿语耳，徒有其口，必无其志。"①事实确如所论，李煜对战争完全失去信心，只想委曲求全，对宋朝百依百顺，不敢有丝毫的违抗。如樊若水北走，"江南皆知其献南征之策，或请诛其母妻，李煜不敢，但羁置池州而已"。后来宋朝要求南唐护送樊若水母妻北上，"煜虽愤切，终不敢违，厚遗而遣之"②。战争过程中，数次遣使贡奉，苦苦乞求缓师，终其亡，无亲临一次战阵，可见李煜确是"徒有其口"。

由于李煜拒不入朝，宋朝政治解决的打算落空，于九月命曹彬、潘美为主将，曹翰为先锋都指挥使，率领10万宋军，以樊若水为向导，自荆南乘船沿长江而下。十月，吴越军队5万众从东面夹攻南唐，并包围常州。当时李煜"以军旅委皇甫继勋，机事委陈乔、张洎，又以徐元瑀、刁衎为内殿传诏，而遽书警奏，日夜狎至，元瑀等辄屏不以闻。王师屯城南十里，闭门守陴，国主犹不知也"③。后主委以军事大权的皇甫继勋，年尚少，且无战功，仅以家世，遂为大将。其为皇甫晖之子，"资产优赡，名园甲第，冠于金陵。多蓄声妓，厚自奉养。及开宝中大兵傅城，继勋保惜富贵，无效死之意，弟欲后主亟降。闻诸军败绩，则幸灾见于词色。偏裨有募死士谋夜出奋击者，辄鞭而囚之。自度罪恶日闻，稀复朝谒。后主召议事，亦辞以军务，不至。内结传诏使，一切蔽塞"④。当时后主依赖的就是这样一批人。他们皆新进权贵，"闻兵兴，踊跃言利害者，日有十数，及遇辄败北，中外夺气，戒严城守"⑤。此外，南唐还组织各种义军，实即民兵，共有十数种名目，以抵抗宋军。

---

① 《江南野史》卷三《后主》，第5174页。

② 〔宋〕陆游：《入蜀记》卷一，见《文渊阁四库全书》，台湾商务印书馆，1983年，第460册，第888页。

③ 〔宋〕陆游：《南唐书》卷三《后主本纪》，第5491页。

④ 〔宋〕陆游：《南唐书》卷一〇《皇甫晖传附继勋传》，第5544—5545页。

⑤ 〔宋〕马令：《南唐书》卷五《后主书》，第5294页。

"然实皆不可用，奔溃相踵。"①造成这种状况的根本原因是这些义军战士均为"横遭黥配"的贫苦农民，在官府的逼迫下，"无所逃避"②，不得已出来应役，毫无斗志，当然一触即溃。

宋军东下后，由于南唐在沿江疏于防守，故宋军一路顺利，很快进逼池州。南唐池州守将戈彦弃城逃走，宋军轻易地攻下了这一军事要地。进军当涂，连败南唐将军张温、郑彦华、杜真等，其实只是一些小的接触，很快就攻到了金陵西南的重要渡口采石矶（今安徽省马鞍山市西南）。这里江面较狭，形势险要。宋军在这里修建浮桥使阻隔的粮道畅通，兵力得以补充，进而包围了南唐的都城金陵。不久，吴越攻下常州，南唐守将禹万诚投降。吴越军随即进攻润州（治今江苏省镇江市）。战争一开始，议者以为润州重镇，须得一良将镇守，刘澄旧事后主藩邸，尤得信任，乃任润州节度留后。刘澄早就做好了投降的准备，临赴任前，"归家尽辇金玉以往，谓人曰：'此皆前后所赐，今国家有难，当散此以图勋业。'后主闻之益喜"③。刘澄到润州后，设计将前来救援的昭武军留后卢绛打发去增援金陵，然后开城投降了敌军。吴越军遂会合宋军合围了金陵。

后主十五年（975）十月，后主派人向北宋贡献白银5万两、绢5万匹，乞求缓师，被拒绝。

金陵被围后，"后主方幸净居室，听沙门德明、云真、义伦、崇节讲《楞严圆觉经》"④。来自中原的和尚"小长老"欺骗后主说：臣当以佛力御敌，"乃登城大呼，周麾数四。后主令僧俗军士念救苦菩萨，满城沸涌"⑤。后主还在围城中任命鄱阳隐士周惟简为文馆诗易侍讲学士，"延入后苑，讲《易》否卦，赐惟简金紫。群臣皆知国亡在旦暮，而张泊犹谓北师已老，将自遁去。后主益甘其言，晏然自安，命户

① 〔宋〕陆游：《南唐书》卷三《后主本纪》，第5491页。
② 《宋史》卷二六五《张齐贤传》，第9153页。
③ 《江南别录》，第5139页。
④ 〔宋〕陆游：《南唐书》卷三《后主本纪》，第5493页。
⑤ 〔宋〕马令：《南唐书》卷二六《浮屠传》，第5424页。

部员外郎伍乔于围城中放进士孙确等三十八人及第。其所施为，大抵类此"①。尤其荒唐的是，当宋军攻城甚急之际，后主忙令在洪州的镇南节度使朱令赟沿江而下，救援金陵。随后又令徐铉入宋，乞求缓师。当时后主对徐铉说："卿之行也，当止上江救兵，勿令东下。"②徐铉认为金陵危急，唯赖此救兵，不可辄止。后主则认为"既以和解为名，而复征兵入援，自成矛盾"③，于和解之事不利。和解之事只是南唐一方的愿望，根据当时的局势分析，宋军进攻正要得手之际，宋太祖岂能为口舌所动，轻易放弃攻灭南唐的打算？后主阻止援军之举可谓天真之至。

南唐求和失败后，后主累促朱令赟东下救援。当时朱令赟军已至湖口，"与诸将谋曰：'今为前进，则北军据我后。上江阻隔，进未破敌，退绝馈饟，奈何？'乃檄南都留守柴克贞赴军，欲伺其至，使代拒湖口乃发"④。但由于金陵危急，"手书督兵者接踵"，朱令赟无法，与王晖等率大军15万，自浔阳湖编木为大筏，长百余丈，大舰可容千人，朱令赟所乘舰尤大，"拥甲士，建大将旗鼓，将断采石浮桥"⑤。宋将王明率水军屯独树口，见南唐军势大，遣人驰奏于太祖，请增造战舰300艘以击朱令赟军。太祖认为此非应急之良策，朱令赟朝夕可至，"金陵之围解矣"。乃密遣人令王明"树长木于洲浦间，若帆樯之状"⑥，以迷惑南唐军。朱令赟果然中计，以为有伏军而逗挠不敢前进。这使宋军得以从容部署，联络诸军，"相为犄角"，做好了对付南唐军的准备。是时长江水涸，南唐舟筏长且大，行驶不便，至皖口（今安徽省安庆市西），与宋军相遇。宋军舟小，行驶灵便，聚而围攻唐舰，朱"令赟以火油纵烧，王师不能支。会北风，反焰自焚，水陆诸军十五万不战

① 〔宋〕陆游：《南唐书》卷三《后主本纪》，第5493页。

② 《徐铉集校注》附录一《碑志传记》，第869页。

③ 〔宋〕马令：《南唐书》卷二三《徐铉传》，第5412页。

④ 〔宋〕陆游：《南唐书》卷八《朱令赟传》，第5527页。

⑤ 〔宋〕陆游：《南唐书》卷三《后主本纪》，第5492页。

⑥ 《宋史》卷二七〇《王明传》，第9267页。

皆溃。……粮糗戈甲俱焚，无孑遗，烟焰不止者旬日。自是金陵外援遂绝"①。朱令赟与王晖皆被俘。②

宋军击溃南唐援军后，全力进攻金陵城，昼夜不休，金陵被围已一年，"城中米斗万钱，人病足弱，死者相枕籍"③。"城中有僧千数，表乞被坚执锐，以死国难，后主不许。"④后主十五年十一月，金陵城被攻破，后主率众肉袒降于宋军。南唐从公元937年建立，至此灭亡，共经三帝，历39年。

金陵被攻破之后，南唐大部分州县都按后主的命令投降，江州刺史谢彦宾也打算归降，被指挥使胡则杀死，胡则据城坚守，拒不降宋。宋将曹翰督军攻之，百般不能下。胡则早年为寿州刘仁赡裨将，跟随他坚守寿州多年，尽得其方略，日夜戒备，毫不松懈，宋军死伤甚重。据沈括《梦溪笔谈》卷九载，胡则在江州坚守了3年之久。后胡则患病不能起，"城始陷，众犹巷斗，雪涕奋击，不少退。翰军尤多死"。胡则病死后，其尸被腰斩弃市。曹翰还不解气，下令屠城，"死者数万人，取其尸投井坎皆满溢，余悉投江流"⑤。后将遗骸聚集，"对庐山作万人冢，仍自为记"⑥。并且堕毁城墙7尺，城中民家资财巨万皆为曹翰所掠夺。⑦此外，吉州刺史申屠令坚、袁州刺史刘茂忠相约不以君主存亡而易节，誓死报国，二州遂不为宋有。后申屠令坚病故，刘茂忠独力难支。于是，"悉燔州县军兴科敛文籍"，只留下田税簿而已，"袁人德之"⑧，遂投降于宋。南唐昭武军节度留后卢绛

---

① 〔宋〕陆游：《南唐书》卷八《朱令赟传》，第5528页。

② 《宋史》卷二七〇《王明传》，第9267页。《续资治通鉴长编》卷一六、《江南别录》、陆游《南唐书·后主纪》等书皆记朱令赟被俘，唯马令与陆游《南唐书·朱令赟传》记其赴火死，今不取。

③ 〔宋〕陆游：《南唐书》卷三《后主本纪》，第5492页。

④ 〔宋〕马令：《南唐书》卷二六《浮屠传》，第5424页。

⑤ 〔宋〕陆游：《南唐书》卷八《胡则传》，第5529页。

⑥ 《清波杂志校注》卷七《曹武惠下江南》，第288页。

⑦ 〔宋〕陆游：《南唐书》卷八《胡则传》，第5529页。

⑧ 〔宋〕陆游：《南唐书》卷八《申屠令坚传》，第5530页。

在吴越进攻润州时，受命率军增援。刘澄投降后，他领本部人马欲突围入金陵，不成，"乃走保宣州"。金陵陷落，诸郡皆降，"绛独不降，谋南据闽中。过歙州，怒刺史龚慎仪不出迎，杀之而行"。后宋太祖命其弟卢袭招降之，遂降。①这样南唐的最后一支残余力量也不复存在了。

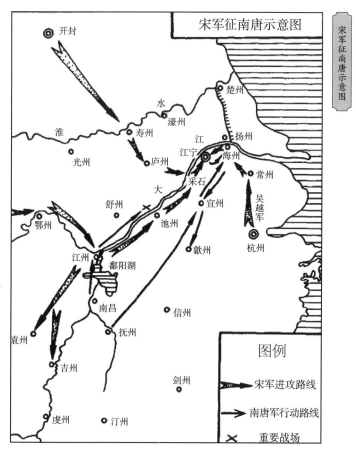

宋军征南唐示意图

宋灭南唐，得州19、军3，即升、宣、歙、池、洪、润、常、鄂、筠、饶、信、虔、吉、袁、抚、江、汀、建、剑，以及江阴、雄远、建昌军，县108个，655065户。②

① 〔宋〕陆游：《南唐书》卷一四《卢绛传》，第5575页。
② 《宋史》卷八五《地理志一》，第2094页。建昌军似为建武军之误。

北宋此次进攻南唐和20年前后周南下的情况大不一样，此役一帆风顺，基本上没有打过什么硬仗就消灭了南唐。这并不能证明宋军的战斗力比后周军强，曹彬的指挥比周世宗英明。根本原因是南唐国力衰弱，加之后主昏庸腐败，无决战意志，一意求和，朝廷内外皆为佞人所控制，军事没有通盘部署，遂使宋军轻易得志。陆放翁评论说：

> 金陵之被围也，以守备任皇甫继勋，以外援付朱令赟。继勋既怀二心，而令赟孺子，复非大将才，其亡宜矣。使林仁肇不以间死，卢绛得当攻守之任，胡则、申屠令坚辈宣力围城中，虽天威临之，岂易遽亡哉？然则江南虽弱，曹彬等所以成功者，独乘其任人乖剌而已。[1]

陆游将南唐速亡的原因，归结为用人不当，可谓不易之论。当然，从军力、财力等各方面，南唐都不能和宋朝相比，何况统一的历史趋势也不是一个弱国所能改变的。但仅就战争能如此轻易地结束而言，则不能不承认是用人不当所致，否则，宋军不付出重大的代价，怕是难于成功。

三、三十年来梦一场

后主李煜降宋之后，被宋太祖封为违命侯、右千牛卫上将军。宋太宗即位，改封陇西公。他郁郁寡欢，过着"日夕以泪洗面"的日子。据《默记》卷上载，有一日宋太宗问徐铉："曾见李煜否？"徐铉回答说："臣安敢私见之！"太宗让徐铉去见李煜，称奉圣命前去看望。两人相见后，后主相持大哭，默坐不言，忽然长叹曰："当时悔杀了潘佑、李平。"南唐末年潘佑见朝中奸佞充斥，国势日衰，遂多次上书后主，指责后主行事还不如桀、纣、孙皓等亡国之君，被李煜贬官逼死，

---

① 〔宋〕陆游：《南唐书》卷八《朱令赟传》，第5528页。

李平也因此事牵连而被处死。宋军南征时，宋太祖下诏历数后主之罪，其中有杀忠臣一事，即指此事。李煜此时提起此事，并不仅仅是出于怀念故国之情，而是不满于目前处境的一种曲折的表达，这是最能引起宋朝统治者警觉的敏感问题。徐铉回去后，太宗询问李煜所言，徐铉不敢隐瞒，只好以实相告，引起太宗对李煜的不满。加之七夕之时李煜在家中命旧妓奏乐，演唱他所作的新词《虞美人》，声闻于外，其中的"小楼昨夜又东风，故国不堪回首月明中"与"一江春水向东流"等怀念故国、不满现状的词句都在一定程度上激怒了宋太宗，促使宋太宗下决心除掉他，最终导致他中毒身亡的悲剧发生。关于宋太宗毒死李煜之事，《南唐拾遗记》《邵氏闻见后录》等书也都有所记载。李煜死于太平兴国三年（978）七月八日，终年42岁。[1]

李煜降宋后，备受凌辱。太宗幸崇文院观书，"召煜及刘鋹，令纵观，谓煜曰：'闻卿在江南好读书，此简策多卿之旧物，归朝来颇读书否？'煜顿首谢"[2]。抢夺了人家的书，还询问人家是否读书，这是在侮辱李煜的人格。另有一种记载说，南唐灭亡后，其文学之臣多被授予近密之职，颇受宠信。有一次太宗幸翰苑阅群书，李煜时为金吾上将军，身处环卫之列，而徐铉、汤悦之辈却伴驾侍坐。"太宗见江南臣在上而故主居下位，侍臣曰：'不能修霸业，但嘲风咏月，今日宜矣。'"[3]则是当着群臣之面羞辱李煜。不管这些记载哪一种更为可靠，李煜降宋后，不为太宗礼遇，备受凌辱却是无可怀疑的事实。

使李煜感到更为耻辱的事是，亡国之时宫中妃嫔或被宋军将领掳掠而去，或被宋朝皇帝纳入宫中，尽为他人妻妾或宫嫔。关于这类情况，宋人曾多有记载。《西清诗话》载："南唐李后主归朝后，每怀江国，且念嫔妾散落，郁郁不自聊。"《默记》卷中云："李后主手书金字《心经》一卷，赐其宫人乔氏。乔氏后入太宗禁中，闻后主薨，自内廷

---

① 《徐铉集校注》卷二九《大宋左千牛卫上将军追封吴王陇西公墓志铭并序》，第793—794页。

② 《宋史》卷四七八《南唐世家》，第13862页。

③ 《类说》卷一九《不修霸业》，第13页。

出其《经》，舍在相国寺西塔以资荐，且自书于后日：'故李氏国主宫人乔氏，伏遇国主百日，谨舍昔时赐妾所书《般若心经》一卷在相国寺西塔院。伏愿弥勒尊前，持一花而见佛'云云。"①后来此经流落于外，有人曾见过，并说乔氏所书"字极整洁，而词甚凄惋"。这位乔氏当不是普通宫人，而是李煜的嫔妾之一。

最使李煜感到耻辱的是，他也不能保证自己的妻子不受辱。据宋人记载："李国主小周后随后主归朝，封郑国夫人，例随命妇入宫。每一入辄数日而出，必大泣骂后主，声闻于外，多宛转避之。"②沈德符《万历野获编》又载："宋人画《熙陵幸小周后图》，太宗头戴幞头，面黔色而体肥，器具甚伟，周后肢体纤弱，数宫人抱持之，周作蹙额不能胜之状。……但记有元人冯海粟学士题云：'江南剩得李花开，也被君王强折来……'。"③这些记载未必没有根据。太平兴国三年李煜死后，周后悲伤过度，亦于同年死去。

李煜降宋后不仅备受宋朝皇帝凌辱，连宋朝公卿也欺他是亡国之君，多有不礼之事发生。据载李煜有一青石砚，墨池中有一弹丸大小的黄石，"水常满，终日用之不耗，每以自随"。归宋后，户部尚书陶谷见到此砚，十分惊异，以"砚大不可持，乃取石弹丸去"。李煜不舍，请求以宝玩交换，陶谷不理，"振臂就马"，欲离去。李煜告诉他："惟此砚能生水，他砚皆不可用。"陶谷不信，试数十砚，皆不见效。"后主索之良苦，不能奈，日：'要当碎之。'"竟将此石摔碎，"自是砚无复泽润"。④陶谷死于开宝三年（970），⑤李煜开宝八年（975）才亡国归宋，故此事绝不可能是陶谷所为。尽管具体当事人不实，但通过这种记载也可以看出李煜入宋后的境遇的确窘迫尴尬。宋朝群臣不礼于李煜，与皇帝对他的态度有直接关系。宋太祖在位时对李煜就不甚礼

① 〔宋〕王铚：《默记》卷中，中华书局，1981年，第25页。

② 《默记》卷下，第44页。

③ 〔明〕沈德符：《万历野获编》卷二八《果报》，中华书局，1959年，第707页。

④ 《类说》卷五九《后主青石砚》，第10—11页。

⑤ 《宋史》卷二六九《陶谷传》，第9238页。

敬，他曾在与群臣宴聚时对李煜说"'闻卿在国中好作诗'，因使举其得意者一联。煜沉吟久之，诵其咏扇云：'揖让月在手，动摇风满怀'"，太祖马上不屑地说："满怀之风，却有多少？"①李煜诗句意在咏扇，自然应是满怀之风，难道区区一扇能产生满天狂风不成？太祖意在贬斥李煜，故不免有吹毛求疵之嫌。李煜有一目重瞳，且丰姿绝美，仪态风雅，太祖便对他说："公非贵貌也，乃一翰林学士耳。"②太祖还当着群臣之面，多次对李煜说这种话。宋太祖还常说："李煜若以作诗工夫治国事，岂为吾虏也。"③此话虽不算错，但李煜已亡国，仍不时以这些话刺激他，对他来说无疑是一种精神折磨。宋太祖死后，虽然宋太宗给李煜提高了爵位，但对他的精神折磨却变本加厉。宋朝群臣见其主子如此，自然也就起而效仿，使李煜的处境更加困难。

后主李煜就是在这样的屈辱中，勉强生活了3年，终于悲惨地结束了一生。他死后宋太宗追封他为吴王，赠太师之职，并辍朝三日，表示哀悼，葬于洛阳北邙。太宗还命南唐旧臣徐铉为他撰写了墓志铭，徐铉不敢如实写他的死因，遂违心地说他是因病而终。但从徐铉所记他死于七月八日这一时间看，因七夕之事被赐药毒死之说更加使人信服。宋代的官方史书只记他某年某月卒，干脆不提死因。④后主李煜多才多艺，"其论国事，每以富民为务，好生戒杀，本其天性"⑤。江南人闻知他的死讯后，"皆巷哭为斋"⑥。李煜的悲惨命运也深深博得宋人的同情，为了表示对宋代统治者残杀李煜的不满，民间传说宋徽宗就是李煜的投胎转世。《贵耳集》《养疴漫笔》等书均载，宋徽宗降生时，宋神宗曾梦见李煜来谒，宋徽宗长成后，文采风流，颇似李后主。金军攻破汴梁，掳

①〔宋〕叶梦得撰，宇文绍奕考异，侯忠义点校：《石林燕语》卷四，中华书局，1984年，第60页。

②《类说》卷五二《李后主诗》，第21页。

③〔宋〕胡仔：《苕溪渔隐词话》卷一《后主围城中作词》，见唐圭璋编：《词话丛编》，中华书局，2005年，第161页。

④ 如《宋史》卷四七八《南唐世家》、《续资治通鉴长编》卷一九。

⑤《十国春秋》卷一七《南唐三》，第257页。

⑥《江表志》卷下，第5094页。

徽、钦二宗及宗室、皇子北还，"女真用江南李主见艺祖故事"。艺祖指宋太祖。这种记载不一定可信，但却反映了当时人们的倾向，寄托了对李煜不幸遭遇的深切同情。

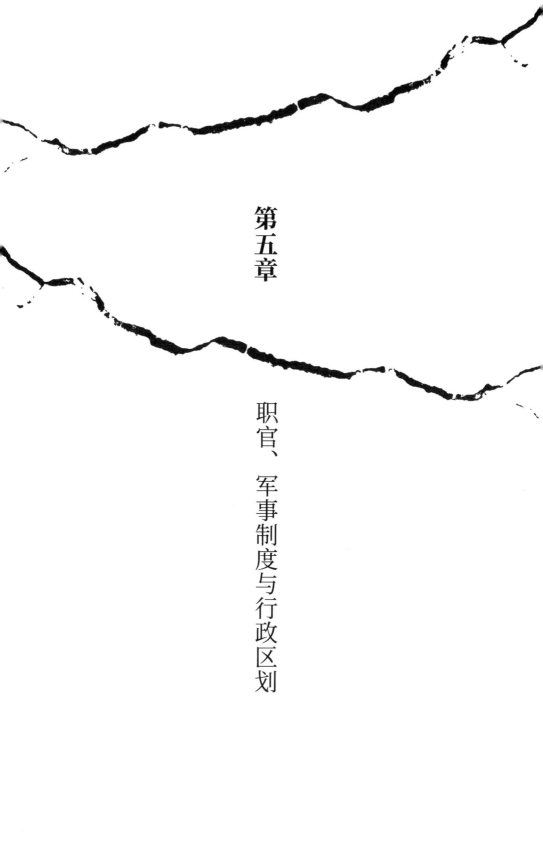

第五章

职官、军事制度与行政区划

第一节　职官制度与行政区划

一、职官制度概况

南唐职官制度基本沿袭唐朝官制，略有变化。没有唐朝中期以来庞大的内诸司使系统，虽有使职官的设置，但数量少得多，各有专司，侵削诸司职权的现象极为少见。试官与员外官未见设置。勋、爵、散官制度一如唐制，这些就不赘述了。

后主十二年，宋朝在灭亡荆南、后蜀、南汉等国并攻取湖南后，积极准备进攻南唐。在这种形势下，后主下令贬损制度，改中书省、门下省为左、右内史府，尚书省为司会府，御史台为司宪府，翰林院为文馆，枢密院为光政院，大理寺为详刑院，客省为延宾院，"官号亦从改易，以避中朝"①。不过此时已距南唐灭亡不远了。与唐朝不同的是，南唐还设有：勤政殿学士、文理院学士、光政殿学士承旨，皆掌咨政顾问。直宣政院，掌机密。清辉殿学士、直学士，"阅中外章奏"②。澄心堂承旨，澄心堂设在内苑，多有能文之士居其间，大约是皇家藏书、校书、读书之处；又曾掌管造纸之事，以供宫中使用，亦和图书有关。南唐末年，澄心堂承旨一度负责起草诏旨，发布命令。德昌宫使，"德昌宫者，盖南唐内帑别藏也"③，然国家金帛钱货也多由其收贮。后主时，德昌宫使傅宏曾负责修建金陵城墙楼堞，"率多隳坏"，遭到监察御史张佖的弹劾。④这种情况的出现，可能是因其掌管钱帛，可以保证工程经费的支用，临时命其负责，并非专司其事。

---

① 〔宋〕陆游：《南唐书》卷三《后主本纪》，第5489—5490页。

② 〔宋〕陆游：《南唐书》卷六《刁彦能传》，第5513页。

③ 见陆游的《南唐书》卷一五《刘承勋传》，第5583页。然马令《南唐书》卷二二、《续资治通鉴长编》卷六等书，均说德昌宫为"外府"，未知孰是。

④ 《续资治通鉴长编》卷二，太祖建隆二年七月，第51页。

　　南唐仿唐制，亦有十六卫的设置（左右卫、左右骁卫、左右武卫、左右威卫、左右领军卫、左右金吾卫、左右监门卫、左右千牛卫），有上将军、大将军、将军、中郎将等官。除金吾卫负有京师巡警之责外，其他诸卫皆不统兵，其官员用于安置勋臣或做武官的迁转之资。十六卫官员不全置，见于史书记载的有左右卫上将军、右千牛卫上将军、左武卫上将军、右骁卫大将军、左右威卫大将军、右金吾卫大将军、威卫将军、左监门卫将军、左右领军卫将军、右千牛卫将军、监门卫中郎将等。因需设官，因人设官。唐朝有北衙六军，即左右羽林军、左右龙武军、左右神武军。南唐虽有羽林大将军的设置，却无羽林军的编制。如其攻克建州后，俘获王延政，元宗授其为羽林大将军，[①]实际并不统兵，只是用来安置降臣的虚职而已。南唐亦有六军之制，与唐朝差异颇大，在后面论述军制时还要详述，此不多言。

　　烈祖昇元元年（937），以金陵为西都，广陵为东都，改东都尚书省为留守院。元宗十七年，以洪州为南都，隔1年后迁都于此，不久又迁回金陵，于此置留守院。留守院长官称留守，多以亲王充任或遥领。

　　南唐在地方实行州（府）、县两级制，军事上重要的州置军，设有节度使。州的行政长官仍称刺史，县称县令。与唐朝不同，南唐的节度使一般不下辖支郡，刺史直接掌管地方军队。节度使除了掌管本军军事外，非天子授权，不能干预别的州郡军事，这样节度使的权力就小多了。此外，南唐节度使多以文臣充任，在烈祖、元宗前期这种现象比较常见，以后战争频繁，武臣任节度使日渐增多。由于这些措施的施行，南唐统治时期还没有节度使拥兵跋扈或反叛朝廷的现象出现。根据陆游、马令《南唐书》及《资治通鉴》《十国春秋》等书记载，兹列南唐节度使设置情况如下：

---

① 〔宋〕马令：《南唐书》卷二《嗣主书》，第5270页。

南唐节度使设置情况表

军名	治所	设置及变化情况
静淮军	泗州	吴置，南唐沿置
保信军	庐州	吴置昭顺军，南唐改为保信军
清淮军	寿州	吴置忠正军，南唐昇元六年（942）改为清淮军
定远军	濠州	吴置，南唐沿置
镇海军	润州	吴置，南唐沿置
宁国军	宣州	吴置，南唐沿置
武清军	鄂州	唐置武昌军，后唐改为武清军，南唐沿置
康化军	池州	南唐置
永平军	饶州	吴置，南唐沿置
奉化军	江州	吴置，南唐沿置
镇南军	洪州	唐置，南唐沿置
昭武军	抚州	吴置，南唐沿置
百胜军	虔州	南唐置，后改为昭信军
永安军	建州	南唐保大三年（945）置，后改为忠义军
清源军	泉州	南唐保大三年置
顺化军	楚州	南唐置

二、中枢机构的变化

王鸣盛《十七史商榷》卷九五"郭崇韬、安重诲皆枢密兼节度"条："三省长官皆宰相，而唐偏以同平章事充之。后又移其权于翰林学士，五代又移其权于枢密使。"王铚《默记》卷上："五代自梁以用武得天下，政事皆归枢密院，至今谓之二府，当时宰相但行文书而已。"这些话基本把唐至五代中枢决策权的转移变化情况说清楚了。但南唐的情况有别于当时的中原王朝，变化颇多，有必要论述清楚。

吴国在杨隆演称吴国王时，任徐温为大丞相，总揽军国大政。徐知诰代吴前也任大丞相，掌握朝政。这些都不同于唐制，实际上采用汉魏旧制。建立齐国时，又设置左、右丞相。南唐建立后，烈祖认为"前朝失御，四方崛起者众。武人用事，德化壅而不宣"[1]，故多用"儒者"为相。又以唐朝为鉴戒，规定宦官不得参与政事。昇元元年，以张延翰为

---

① 〔宋〕陆游：《南唐书》卷一《烈祖本纪》，第5470页。

右仆射、门下侍郎、同平章事，张居詠为门下侍郎、同平章事，李建勋为中书侍郎、同平章事，皆为宰相。[①]中书、门下、尚书三省分工仍沿袭唐朝旧制，分掌出令、审议、政务。由于"唐主自以专权取吴，尤忌宰相权重"[②]，所以对宰相们很不放心。宋齐丘以勋旧任左丞相，[③]烈祖却不许其参与政事。宋齐丘"表言备位丞相，不当不闻国政，……遂以丞相同平章事，寝复委任兼知尚书省事，与张居詠、李建勋更日入阁议政"[④]。同时却"又以两省（中书、门下）事多委给事、舍人"[⑤]。为了削宰相之权，烈祖以其子齐王李璟为兵马大元帅"总百揆"[⑥]，规定"其三省事并取齐王璟参决"[⑦]。不久，即将宋齐丘罢相，外任节度使。即使如此，烈祖仍不放心，常常亲自裁决庶务。李建勋深察其用心，故上书"且言事大体重，不可自臣下出，请以中旨行之"[⑧]，以免重蹈宋齐丘的覆辙。烈祖大权独揽的做法引起一些大臣的不满，如给事中常梦锡多次上言，认为"人主亲决细事，烦碎失大体，宜修复旧典，以示后代"[⑨]。所谓"修复旧典"，就是恢复唐朝旧制，放权给宰相。烈祖虽颇嘉其言，但始终并未改变这种状况。因此，烈祖时期中书门下虽名为中枢决策机关，但决策权却始终握在皇帝手中，皇帝直接控制三省事务。如李建勋因事征得烈祖同意后，命中书舍人起草制书，却被给事中弹劾，以为"擅造制书"，于是被罢相归第。[⑩]按照唐朝制度，宰相征得皇帝同意，有权在中书省主持起草制敕。当时的给事中常梦锡号称"多识故事"，却仍要劾奏李建勋"擅造制书"，可见南唐中书门下多直接秉承

① 〔宋〕陆游：《南唐书》卷一《烈祖本纪》，第5465页。
② 《资治通鉴》卷二八二，后晋高祖天福六年六月，第9225页。
③ 南唐建国初，原设左、右丞相没有废去。
④ 〔宋〕陆游：《南唐书》卷四《宋齐丘传》，第5495—5496页。
⑤ 〔宋〕陆游：《南唐书》卷一《烈祖本纪》，第5469页。
⑥ 《江南别录》，第5135页。
⑦ 《资治通鉴》卷二八三，后晋高祖天福七年二月，第9234页。
⑧ 〔宋〕陆游：《南唐书》卷九《李建勋传》，第5539页。
⑨ 〔宋〕陆游：《南唐书》卷七《常梦锡传》，第5518页。
⑩ 〔宋〕陆游：《南唐书》卷九《李建勋传》，第5540页。

皇帝旨意办事，非皇帝亲自下令或见皇帝手诏，则不能起草制书。烈祖明知李建勋无过，由于常梦锡的弹劾"适会本意"[1]，故将其罢相。

元宗初期仍继续烈祖成策，"以（宋）齐丘、（周）宗先朝勋旧，故顺人望召为相，政事皆自决之"[2]。后冯延巳为相，言于元宗曰："'陛下躬亲庶务，故宰相不得尽其才，此治道所以未成也！'唐主乃悉以政事委之，奏可而已。"由于冯延巳不能勤于政事，不久，"唐主乃复自览之"。[3]皇帝总揽庶政，精力毕竟有限，于是元宗置宣政院于禁中，"以翰林学士、给事中常梦锡领之，专典机密"[4]。唐制，掌典"机密"为枢密院主要职事。吴国原置有内枢院（避杨行密讳而改之），南唐建立后，复称枢密院，隶中书省，掌兵籍。史载：杜业"以兵部尚书兼枢密使。业有心计，优权变，兵籍、民赋，指之掌中，烈祖甚宠任之"[5]。元宗时枢密院已脱离中书省，成为独立机构。枢密院何时脱离中书省，史书缺载，不能确知，根据现有史料判断，大体可认定在保大初年。

由于徐温专权，内枢使在吴国尚不能掌握大政。烈祖及元宗统治初期，局势平稳无战事，加之皇帝亲决政事，枢密院的权力受到抑制，缺乏成为中枢机构的客观条件。自保大军兴以来，枢密院权力急剧膨胀，逐渐成为南唐的中枢决策机构。陆游《南唐书》卷一三《严续传》说："是时以军兴，百司政事往往归枢密院。续言多不见用，求罢，拜镇海军节度使。"时严续为宰相。这一时期先后任枢密正、副使者，乃陈觉、查文徽、魏岑、李徵古等，"皆齐丘之党，躁妄专肆"[6]，又是元宗亲近之臣，权势极大。南唐枢密使和当时的中原王朝枢密使一样，权力几乎无所不包。首先，握有军权。保大时期，战争频繁，调兵遣将，分遣军器粮资，莫不由枢密院施行。枢密使也领兵出征，如南唐几次征伐福建，统兵

① 〔宋〕陆游：《南唐书》卷九《李建勋传》，第5540页。
② 《资治通鉴》卷二八三，后晋齐王天福八年三月，第9248页。
③ 《资治通鉴》卷二九〇，后周太祖广顺二年三月，第9476页。
④ 《资治通鉴》卷二八五，后晋齐王开运三年正月，第9302页。
⑤ 《十国春秋》卷二一《杜业传》，第308页。
⑥ 〔宋〕陆游：《南唐书》卷四《宋齐丘传》，第5497页。

者多为枢密使。后周攻淮南，领兵统帅虽为齐王李景达，陈觉为监军使，但"军政皆决于觉，景达署牍尾而已"①。可见枢密使权势之大。至于枢密使专擅大政，在当时已习以为常，事例举不胜举。因此，宋人论到南唐枢密使时往往称之为"执政"②。当时人江文蔚论到枢密使时也说："在外者握兵，居中者当国。"又说："征讨之柄，在岑折简。"③魏岑时为枢密副使。其次，枢密使还拥有财权，所谓"帑藏取与，系岑一言"④。再次，司法大权往往也为枢密使所干预。江文蔚就曾指责陈觉、魏岑等，"枉法窜逐。群凶势力，可以回天"⑤。陈觉之兄犯法，被泰州刺史褚仁规治罪，陈觉反诬褚仁规枉法，并受命调查，结果褚仁规反倒被处死。

五代中原王朝枢密使权重的一个重要原因，乃当时激烈的政治、军事斗争的需要。当时国家最主要的问题就是军事斗争，频繁的战争要求必须把军、政、财权统一管理，这样才能提高国家机器的工作效率，协调各部门的关系，减少工作层次，比较迅速地对面临的各种问题做出决断。在中央机构中枢密院实际上就发挥了这样的作用。南唐枢密院之所以在元宗时期逐渐成为决策机构，其主要原因也是如此。保大年间是南唐军事斗争最激烈最频繁的时期。先是伐闽，接着攻楚，沿淮一线又和中原王朝处于极紧张的对峙之中，甚至出兵策应李守贞、慕容彦超等叛乱方镇，最后是连续3年的淮南战争。由于南唐枢密院本来就掌管"兵籍""民赋"，一遇适当的条件，其权力必然膨胀。从特定的意义看，这种权力的集中也有一定的合理性，否则就会出现宋代那种"枢密院调发军马，而三省不知，三省财用已竭，而枢密院用兵不止"⑥的情况。这一点恰恰是宋制最不可取之处。

后主时期，情况仍无大的变化，"时机务多归枢密院，宰相备位而

---

① 〔宋〕陆游：《南唐书》卷一六《齐王景达传》，第5592页。

② 《容斋续笔》卷四《淮南守备》，第258页。

③ 《资治通鉴》卷二八六，后汉高祖天福十二年四月，第9355页。

④ 《资治通鉴》卷二八六，后汉高祖天福十二年四月，第9355页。

⑤ 〔宋〕陆游：《南唐书》卷一〇《江文蔚传》，第5546页。

⑥ 〔宋〕李心：《建炎以来系年要录》卷八六，中华书局，1988年，第1418页。

已"①。这一时期任枢密使的，先后有殷崇义、陈乔等人。殷崇义任职不长，即调任他职。陈乔先任枢密副使，后迁正使，"遂总军国事，政由己出"②，但陈乔"柔懦畏怯，吏潜结权幸，多为非法，皆不能制"③。所以此时的枢密使并无大的作为，也不贪恋权柄。后主十二年二月，下令贬损仪制，枢密院改为光政院，枢密使改称光政使，以讨好宋朝，妄想换得苟延残喘的时间。以后，后主又引能文之士居澄心堂，"出入内庭，密画中旨，多出其间，中书、密院皆同散地"，为南唐中枢决策权的又一次转移。北宋进攻期间，澄心堂"降御札移易兵士，密院不知。……直承宣命者，谓之澄心堂承旨"。④这是南唐在紧急情况下设置的临时中枢机构，并非国家正式建制机构，随着南唐的灭亡，澄心堂很快就消失了，不像枢密院那样对后世政治制度有较大的影响。

五代时中原诸朝的枢密使，往往"权侔人主"⑤，有实力与皇权抗衡，甚至有握强兵、控朝廷、废立皇帝的事发生。如后汉枢密使郭威就是如此。南唐枢密使的权势却远不能与此相比，枢密院始终在皇帝控制之下，没有大臣跋扈的现象出现。形成这种不同情况的原因很多，概括地说，主要有以下几个方面：

首先，中原诸朝中担任枢密使者，多为武人，其中不少人还兼任宰相，许多人还兼一至数镇节度使，权势极大，并拥有较强的军事实力。一些人本来就是由节度使而出任枢密使的，亲将旧部众多。有些人还是皇帝原来的藩邸亲信旧部，在长期的军事、政治斗争中，逐渐掌握了较大的权力，功高望重，构成了一定的政治、军事集团，本身具有与皇权相抗衡的实力。而南唐枢密使多为文人，尽管也有人结党营私，争权夺利，但他们多根底较浅，威望不高，无军事力量做后盾，只能在皇权的卵翼下玩弄权术，本身不具备和皇权抗衡的实力。

---

① 《续资治通鉴长编》卷六，太祖乾德三年五月，第154页。
② 〔宋〕马令：《南唐书》卷一七《陈乔传》，第5371页。
③ 《续资治通鉴长编》卷六，太祖乾德三年五月，第154页。
④ 以上见《江表志》卷下，第5093—5094页。
⑤ 《资治通鉴》卷二七三，后唐庄宗同光二年二月，第8915页。

其次，就中原一个个王朝来说，立国虽不长久，但枢密使专权却由来已久，政治制度本身就赋予枢密使很大的权力。而南唐政局长期稳定，保大年间枢密使权力虽有膨胀，但为时不长，随着淮南战争的结束，任枢密使者一个个或杀或贬。后主时的枢密使又多懦弱，以后决策权又转移到澄心堂，政治制度的迅速变化使枢密使缺乏扩张权力的条件。

再次，中原诸朝皇帝并没有意识到抑制枢密使权力的重要性。这些皇帝大都为武人出身，缺乏政治远见，加之立国短暂、战争频繁，客观条件也限制了他们在这方面的作为。南唐就不同了，从烈祖始就注意汲取前代鉴戒，有意识地抑制大臣的权力，防止大臣跋扈，始终牢牢控制着国家大权。

最后，南北社会条件也不同。中原自唐末农民战争后，旧的势官地主被彻底打垮，一大批出身社会下层的人登上了政治舞台。他们受儒家思想影响较小，君权神授观念淡漠，封建伦理对他们的思想影响不大，对其行为的束缚更加松弛，所谓"礼乐崩坏，三纲五常之道绝"①，因此对君主、国家等政治观念产生了与以往时代的不同认识。当时藩镇首领做天子已经司空见惯，这就使人们认识到君权并非神授，而是可以人为地争取，即所谓"天子宁有种邪？兵强马壮者为之尔！"②当大臣们一旦掌握重要权力后，往往尽可能多地争取和扩展其权力；当和皇权发生矛盾的时候，也敢于激烈抗争，甚至刀兵相见，推翻其统治。南唐的君臣除烈祖少文外，掌握权力者多为文人儒士，他们不具有北方那样的思想观念，君君、臣臣、父父、子子这一套伦理观念对他们影响至深。为什么南唐能形成当时的文化中心？为什么南唐政局长期稳定，从未发生以下犯上的跋扈事件？恐怕和这一点有极大的关系。尽管保大末年宋党分子陈觉、李徵古提出要元宗和平交出权力，让宋齐丘摄理国政，但很快激起陈乔等一大批文臣的反对，使宋党遭到毁灭性打击。这在当时的中原王朝是很难看到的。那里的将相大臣往往把改朝换代看成升官受赐的最好时机，于是就出现了冯道这样事四朝十君的人物，每有新朝建立、

---

① 《新五代史》卷一七《晋家人传论》，第188页。

② 《新五代史》卷五一《安重荣传》，第583页。

新君即位，他照例率群臣礼拜朝贺，受赐升官。由于皇权得不到大臣的维护，这才出现了"君弱臣强"①及"置君犹易吏，变国若传舍"②的局面。在这样的政治气候和社会大环境下，枢密使的权力才得以扩展和膨胀。

三、行政区划

南唐建国时承袭吴国之旧，共有28州，新置了泰、筠两州，共计30州之地。攻灭闽、楚后，得14州，又复置剑州，共计45州。由于湖南9州及福州得而复失，南唐实际拥有35州。清源节度使留从效（后为陈洪进取代）占据的泉、南两州实际处于半独立状态，真正通达政令的只有33州。元宗统治晚期，周世宗大举南下，夺去淮南14州之地，这样南唐只剩下江南21州，若除去泉、南两州，只有19州之地，使其从南方大国沦为二等小国，灭亡自是不可避免。现根据马令《南唐书》卷三〇《建国谱》、《十国春秋》卷一一一《地理表》、陈鳣《续唐书》卷一六《地理志》等书记载，并考之于其他史志，将南唐州（府）县区划情况列表如下：

南唐所属州县表

州（府）名	属 县	备 注
江宁府（治今江苏省南京市）	上元、江宁、句容、溧水、溧阳、广德、芜湖、铜陵、繁昌、青阳	本升州，吴改为金陵府，南唐昇元元年改为江宁府，建西都
江都府（治今江苏省扬州市）	江都、广陵、永贞、高邮、六合、天长	本扬州，吴改为江都府，南唐建东都，交泰元年割于后周
南昌府（治今江西省南昌市）	南昌、丰城、建昌、奉新、分宁、武宁、靖安、清江（不隶州）	本洪州，交泰二年改南昌府，建南都
楚州（治今江苏省淮安市）	山阳、淮阴、宝应、盱眙	交泰元年割于后周
泗州（治今江苏省盱眙县西北）	临淮、涟水、徐城、宿迁、下邳、虹县	交泰元年割于后周
滁州（治今安徽省滁州市）	清流、全椒、来安	交泰元年割于后周

---

① 《续资治通鉴长编》卷二，太祖建隆二年七月，第49页。

② 《新五代史序》，第2页。

续表

州（府）名	属　县	备　注
和州（治今安徽省和县）	历阳、乌江、含山	交泰元年割于后周
光州（治今河南省潢川县）	定城、光山、仙居、殷城、固始	交泰元年割于后周
黄州（治今湖北省黄冈市）	黄冈、黄陂、麻城	交泰元年割于后周
舒州（治今安徽省潜山县）	怀宁、宿松、望江、太湖、桐城	交泰元年割于后周
蕲州（治今湖北省蕲春县蕲州镇）	蕲春、黄梅、广济、蕲水	交泰元年割于后周
庐州（治今安徽省合肥市）	合肥、慎县、巢县、庐江、舒城	交泰元年割于后周
寿州（治今安徽省寿县）	寿春、安丰、盛唐、霍邱、霍山	交泰元年割于后周
海州（治今江苏省连云港市西南）	朐山、东海、沭阳、怀仁	交泰元年割于后周
濠州（治今安徽省蚌埠市东）	钟离、招义、定远	交泰元年割于后周
泰州（今属江苏省）	海陵、兴化、盐城、泰兴、如皋	吴置海陵制置院，南唐昇元元年改为泰州，交泰元年割于后周
润州（治今江苏省镇江市）	丹徒、丹阳、金坛、延陵	
常州（今属江苏省）	晋陵、武进、义兴、无锡、江阴	
宣州（治今安徽省宣城市）	宣城、泾县、太平、旌德、南陵、绥安、宁国	
歙州（治今安徽省歙县）	歙县、休宁、绩溪、黟县、婺源、祁门	
池州（治今安徽省池州市贵池区）	贵池、建德、石埭	
鄂州（治今湖北省武汉市武昌区）	江夏、永兴、唐年、汉阳、武昌、蒲沂、永安、通山、（汊）川、嘉鱼、大冶	交泰元年，位于江北的汉阳、（汊）川二县割于后周
饶州（治今江西省鄱阳县）	鄱阳、余干、浮梁、乐平、德兴	

州（府）名	属　县	备　注
信州（治今江西省上饶市信州区）	上饶、贵溪、弋阳、玉山、铅山	
江州（治今江西省九江市）	德化、彭泽、德安、瑞昌、湖口、东流	
抚州（今属江西省）	临川、南城、崇仁、南丰	
袁州（治今江西省宜春市）	宜春、萍乡、新喻	
吉州（治今江西省吉安市）	庐陵、太和、安福、新淦、永新、龙泉、吉水	
虔州（治今江西省赣州市）	赣县、虔化、雩都、瑞金、南康、信丰、大庾、安远、龙南、石城、上犹	
筠州（治今江西省高安市）	高安、上高、万载、清江	唐武德八年废筠州，南唐保大十一年复置
建州（治今福建省建瓯市）	建安、邵武、浦城、建阳、松源、归化、建宁	保大三年攻取
汀州（治今福建省长汀县）	长汀、宁化	保大三年攻取
剑州（治今福建省南平市）	延平、剑浦、富沙、尤溪、沙县、顺昌	保大四年置
泉州（今属福建省）	晋江、南安、莆田、仙游、同安、清溪、永春、长泰、德化	保大三年攻取，升为清源军
南州（治今福建省漳州市）	漳浦、龙溪、龙岩	本漳州，保大三年攻取，次年改名南州
福州（今属福建省）	闽县、侯官、长乐、连江、长溪、福清、古田、永泰、闽清、永贞、宁德	保大三年攻取，次年为吴越夺去
长沙府（今属湖南省）	长沙、湘乡、益阳、醴陵、浏阳、攸县、龙喜、茶陵	保大九年攻取，次年失去
衡州（治今湖南省衡阳市）	衡阳、衡山、耒阳、常宁、湘潭	保大九年攻取，次年失去
澧州（治今湖南省澧县）	澧阳、安乡、石门、慈利	保大九年攻取，次年失去
岳州（治今湖南省岳阳市）	巴陵、华容、湘阴、平江	保大九年攻取，次年失去

续表

州（府）名	属　县	备　注
道州（治今湖南省道县）	营道、延喜、江华、永明	保大九年攻取，次年失去
永州（治今湖南省永州市零陵区）	零陵、祁阳	保大九年攻取，次年失去
邵州（治今湖南省邵阳市）	邵阳、武冈	保大九年攻取，次年失去
全州（今属广西壮族自治区）	清湘、灌阳	保大九年攻取，次年失去
辰州（治今湖南省沅陵县）	沅陵、溆浦、辰溪、卢溪、麻阳	保大九年攻取，次年失去

此外，南唐在天长置过建武军，寻废；后又在南城置建武军，入宋后改为建昌军；①在江阴置有江阴军；保大末年在当涂置雄远军，入宋后改为平南军。②军在行政区划上略同于州郡。南唐一度割扬州的天长、六合（今江苏省南京市六合区）两县，置雄州，治所六合，③寻废。有静海制置院的设置，在行政区划上高于县，不隶州，直属于南唐朝廷。

第二节　军事制度

一、六军与侍卫诸军

杨行密统治时期，由于尚未建国，其军制和当时其他方镇一样，多以"都"为军名，如黑云都、银枪都、长剑都、黄头军（都）、控鹤军（都）、天雄军等。有些都（军）还分为左右，如徐温曾任"左长剑

---

① 〔宋〕王存撰，魏嵩山、王文楚点校：《元丰九域志》卷六《江南西路》，中华书局，1984年，第257页。

② 《元丰九域志》卷六《江南东路》，第247页。

③ 《新五代史》卷六〇《职方考》，第744页。另一说雄州治所天长。

都虞候"①,李神福为"左右黄头都将"②。吴国建立后,这些军队就改为禁军了。马令《南唐书》卷九《王舆传》载:"累迁诸军都虞候,让皇之世,禄去公室,掌禁兵者,尤难其人。烈祖以舆为控鹤都虞候,持重有法,出为光州刺史。"可见控鹤军这时已为禁军,其他诸军亦是如此。李昇建齐国时,"自余百官皆如吴朝之制。置骑兵八军,步兵九军"③,从中可知吴国军额之数。南唐代吴后,上述都(军)名有些已不再出现,可能已并入南唐禁军。

南唐军制与当时的中原王朝大体相似,有禁军、地方军队和乡兵之别。有关南唐军制的史料多零星散布于史籍中,且残缺不全,因此,很少有人论及这个问题。现根据有关史料先将其禁军名号考述如下。

神武军 始置于唐肃宗至德二载(757),分为左右军,与左右羽林、左右龙武总曰"北衙六军"④。后梁、后唐皆有设置,为六军之一。陆游《南唐书》卷七《高审思传》载:烈祖时,"用之为神武统军"。可知该军早在南唐建国之始就已设置。《十国春秋》卷二二《王崇文传》:"顷之,移镇庐州。入为神武侍御统军。……崇文自开国来三十年间,出更藩任,内典禁兵,位兼将相。"证明神武军为禁军无疑。神武军自组建以来,就是南唐禁军主力之一,除了宿卫京师外,还多次外出征伐。如保大十三年六月,后周攻淮南,"帝乃以神武统军刘彦贞为北面行营都部署,帅师三万赴寿州"⑤。

龙武军 亦为唐朝六军之一。后梁改为龙虎军,后唐复旧称,晋、汉、周三朝不置。吴建国时,即以"柴再用、钱镖为左、右龙武统军"⑥,说明吴国也有设置。南唐沿置不废。史载:"龙武都虞候柴克

---

① 《九国志》卷三《徐温传》,第3265页。

② 《九国志》卷一《李神福传》,第3221页。原文为"都尉",恐误。

③ 《资治通鉴》卷二八一,后晋高祖天福二年正月,第9169页。

④ 《新唐书》卷五〇《兵志》,第1331页。

⑤ 〔宋〕陆游:《南唐书》卷二《元宗本纪》,第5479页。

⑥ 《新五代史》卷六一《吴世家》,第757页。

宏，……虽典宿卫，日与宾客博弈饮酒，未尝言兵。"[1]证明龙武军仍是禁军。龙武军也承担外出征战任务，保大十四年三月，吴越犯境，"遣龙武都虞候柴克宏救常州"[2]。

　　天威军　此军原为唐代军镇之一，位于鄯州（治今青海省海东市乐都区）境内。唐宪宗元和三年（808）正月，罢左右神威军，合为一，号天威军，遂为禁军军号。元和八年（813），废天威军，将其兵分隶于左右神策军。[3]神策军在黄巢义军的打击下溃散，僖宗幸蜀，田令孜招神策新军五十四都，分为十军，其中也有天威军。后梁、后唐时用作禁军名号，为六军之一。南唐亦用作禁军名号。陆游《南唐书》卷八《王建封传》："召为天威军都虞候，付以亲军。"后来王建封上书言事，"元宗大怒，以其武臣握禁兵，不当干预国政，流建封池州，赐死于路"[4]。以上史料均明确说其为禁军。烈祖昇元四年（940）五月，后晋安州节度使李金全来降，"拜天威统军"[5]。可知南唐建国之初即有此军。再如马仁裕，"改右天威副统军，进爵为伯"[6]。姚嗣骈，"改元昇元。……迁左天威军第七指挥使"[7]。天威军也有外出征讨之责，元宗攻闽时，命天威军都虞候何敬洙"将兵数千会攻建州"[8]。

　　雄武军　唐及五代诸朝皆不见设置，从现有史料看，应始置于吴国。《新五代史》卷六一《吴世家》：武义元年四月，吴建国，以"李宗、陈璋为左、右雄武统军"。七月，吴越攻常州，徐温率诸将抵御，陈璋也率军从行。另据陆游《南唐书》卷六《周本传》载：杨行密曾任

①《资治通鉴》卷二九三，后周世宗显德三年三月，第9549页。

②〔宋〕陆游：《南唐书》卷二《元宗本纪》，第5480页。

③《新唐书》卷五〇《兵志》，第1335页。

④〔宋〕马令：《南唐书》卷一九《王建封传》，第5383页。

⑤〔宋〕陆游：《南唐书》卷一〇《李金全传》，第5543页。

⑥《唐故德胜军节度使检校太保同中书门下平章事扶风马（仁裕）匡公神道碑铭》，见〔宋〕徐铉撰，李振中校注：《徐铉集校注》卷一一，第392页。

⑦《姚嗣骈墓志》，见吴钢主编，陕西省古籍整理办公室编：《全唐文补遗》第7辑，三秦出版社，2000年，第192页。

⑧《资治通鉴》卷二八四，后晋齐王开运二年二月，第9285页。

陈璋为雄武统军，则其军早在吴建国前就已设置。雄武军职官系列中有大将军的设置。如刘权，"武义元年，领雄武大将军"①；崔太初被"征为右雄武大将军"②。唐五代时期，只有十六卫及六军有大将军、将军的设置，其他诸军皆无此类名号，故雄武军当为禁军无疑。南唐沿袭吴国之制，仍列其为禁军。

神卫军 唐及五代诸朝皆无设置，吴国亦不置，故当为南唐始置。陆游《南唐书》卷八《朱匡业传》："烈祖优容之，出为歙州刺史，有政绩，改建州留后。还朝授神卫统军。"朱匡业在京师任此职，故知其军必为禁军。神卫军也有征行之责，"保大七年春正月，淮北盗起，以神卫都虞候皇甫晖……帅师万人出海、泗招降"③。

龙卫军 南唐设置。陆游《南唐书》卷一三《刘仁赡传》："事烈祖，历黄、袁二州刺史，入为龙卫军都虞候。"文中的"入"，指入京师，可见龙卫军部署在京师，当为禁军。陈致雍《龙卫军左厢诸指挥都军头故欧阳权谥议》曰："爰自淮壤出师。滁城却敌。纵铁骑而从突。拔予戟以先登。破阵……稽其行状，先皇制命云：'尔能前率骑兵，身先矢石，心坚效命，勇有可观……'"云云。④可见龙卫军亦分为左右，当为南唐禁军中的马军部队。《全唐文》卷八七四还收有陈致雍的《龙卫军副统军史公（铢）谥议》，卷八七五有《龙卫军使司空刘崇禧谥议》等文。陈致雍仕南唐为秘书监，当时人记当时事，所述可信度很高。

卫圣军 陆游《南唐书》卷一〇《李金全传》："拜右卫圣统军、领义成军节度使、兼侍中。"义成军地处中原，不在南唐境内，故李金全实为遥领，其实际官职是卫圣军统军。《通鉴》卷二八七后汉高祖天福十二年（947）六月条：唐主"以左右卫圣统军、忠武节度使李金全为北面行营招讨使，议经略北方"。忠武军亦处中原，也是遥领并非实授。以上史料说明卫圣军分为左右两军，直隶于南唐中央，当为禁军之一。

① 《九国志》卷二《刘权传》，第3255页。

② 《资治通鉴》卷二七一，后梁均王龙德元年十月，第8870页。

③ 〔宋〕陆游：《南唐书》卷二《元宗本纪》，第5475—5476页。

④ 《全唐文》卷八七五陈致雍《龙卫军左厢诸指挥都军头故欧阳权谥议》，第9150页。

　　宣威军　徐铉《唐故左右静江军都军使忠义军节度建州观察处置等使留后光禄大夫检校太尉右威卫大将军临颍县开国子食邑五百户陈公（德成）墓志铭》："公全军而还，迁右宣威军厢虞候。"[①]陆游《南唐书》卷一五《王舆传》："入为宣威统军。"既有统军、虞候等军职的设置，且分为左右，可见宣威军已具有一定的规模。徐铉《唐故检校司徒行右千牛卫将军苗公（延禄）墓志铭》载："命公领泗上精兵，入为宣威军裨将。六卿之选，以翼京师；八屯之权，实资宿卫。"[②]从"实资宿卫"等语看，宣威军也是南唐禁军。

　　殿直军　殿直之号始于后唐。《宋史》卷二六一《陈思让传》载："初隶庄宗帐下，即位，补右班殿直。"后晋亦有此名号。同书卷四八四《李重进传》："晋天福中，仕为殿直。"周世宗时，整顿禁军，殿直军隶于殿前司。殿直军吴国时已置，陆游《南唐书》卷四《宋齐丘传》："俄而义祖殂，自殿直军判官，擢右司员外郎。"可证其事。南唐建立后沿置不废。从徐铉《唐故左右静江军都军使忠义军节度建州观察处置等使留后光禄大夫检校太尉右威卫大将军临颍县开国子食邑五百户陈公（德成）墓志铭》中"遣公入宿卫，即擢拜右千牛卫将军，充殿直指挥使"等语可知，殿直军同南唐其他禁军一样，也分为左右军。"唐主嘉廖偃、彭师暠之忠，以偃为左殿直军使、莱州刺史，师暠为殿直都虞候，赐予甚厚。"[③]崔太初"守左殿直统军"[④]。既有左军，必然有右军。

　　龙骧军　《宋史》卷四七八《南唐世家》："王师克池州，又破其众二万于采石矶，擒其龙骧都虞候杨收等，获马三百匹。江表无战马，朝廷岁赐之。及是所获，观其印文，皆岁赐之马也。"北宋代周后，元宗遣使进贡修好，宋每年赠马300匹。文中所提"岁赐"之事，即指此。江淮不产战马，南唐诸军皆缺马，此次宋军能缴获这么多"岁赐"的战马，说明南唐将这些马匹集中装备该军，没有分散到各军。故龙骧军当

①　《徐铉集校注》卷一六，第493页。
②　《徐铉集校注》卷一六，第498页。
③　《资治通鉴》卷二九〇，后周太祖广顺元年十二月，第9471页。
④　《九国志》卷二《崔太初传》，第3256页。

为其马军无疑。后梁、后唐皆以"龙骧"为其马军名号，南唐当是仿其制，亦以此军号命名其马军。至于龙骧军与龙卫军的关系，下面还要论到，暂且不谈。

神威军　后梁、后唐侍卫亲军中有神威军，南唐仿其制而置。如南唐攻福州，"（李）弘义出击，大破之，执唐左神威指挥使杨匡邺"①，说明神威军也参加了此役。不过神威军在史籍中记载极少，参加征伐也仅此一例，可能该军军力较弱，故很少出战。

龙翔军　江淮水乡，交通往来多依赖船只，当地政权拥有水军理所当然。吴统治时期，其水军有战棹、楼船等军号。马令《南唐书》卷一《先主书》：烈祖"从温攻伐，身先士卒，为楼船军使，以舟兵屯金陵"。吴与吴越互为敌国，双方动用水军战斗的记载也频频见于史籍。南唐建立后，烈祖采取睦邻政策，战争骤减，专意经营中原，发展马步军，对水军的重视有所下降。"旧制，常以舟师为下军"②，就是出于这种原因。宋朝建立后，加强了对南唐的军事压力。"至是诏旨，以南国之用，尚于舟楫，今而后知非是，乃简练精锐，置龙翔军，以隶亲卫，命公（陈德成）为龙翔都虞候。舟师之重，自兹始也。"③另据陆游《南唐书》卷三《后主纪》载：建隆二年即后主元年，十二月，"置龙翔军以教水战"。从上文"以隶亲卫"一句看，龙翔军亦属禁军。

龙安军　徐铉的《故唐内客省使知忠义军检校太傅尚公羡道铭》载："后主即位，兼领阁门使，遥领婺州刺史。初，国之戈船，皆屯于石头城之后卢龙镇下，命曰龙安，军旅之重任也，于是复兼龙安军使。"④据此来看，龙安军亦是南唐的水军部队，而且屯驻在金陵城下，

---

① 《资治通鉴》卷二八五，后晋齐王开运三年八月，第9309页。
② 《徐铉集校注》卷一六《唐故左右静江军都军使忠义军节度建州观察处置等使留后光禄大夫检校太尉右威卫大将军临颍县开国子食邑五百户陈公（德成）墓志铭》，第493页。
③ 《徐铉集校注》卷一六《唐故左右静江军都军使忠义军节度建州观察处置等使留后光禄大夫检校太尉右威卫大将军临颍县开国子食邑五百户陈公（德成）墓志铭》，第493页。
④ 《徐铉集校注》卷三〇《故唐内客省使知忠义军检校太傅尚公羡道铭》，第820页。

只是不知龙安军与龙翔军是什么关系。从相关情况看，龙安军的设置似乎早于龙翔军，龙翔军会不会是龙安军的改名，或是龙安军为南唐的另一支部队，尚待后考。

静江军 南唐禁军之一。徐铉《唐故检校司徒行右千牛卫将军苗公（延禄）墓志铭》载：苗延禄之父苗邻，"出为泗州防御使，入为静江军统军"[①]。静江军也分为左右军，陈德成"改右威卫大将军，充左右静江都军使"[②]。静江军与神威军一样，在南唐禁军中均属比较弱小的军队，地位不显，故在史籍中极少记载。

天德军 《唐故左右静江军都军使忠义军节度建州观察处置等使留后光禄大夫检校太尉右威卫大将军临颍县开国子食邑五百户陈公（德成）墓志铭》载："今上嗣服，屡表乞还，征为右天德军都虞候。"[③]志文所谓"今上"指南唐后主，"乞还"意为请求回到京师金陵，故天德军当为禁军无疑。又，《全唐文》有《天德军使程成谥议》[④]一篇，故知南唐确置有此军军号。天德军在唐代为军镇名，五代时中原王朝皆作为节镇军号，并为北宋所沿袭。南唐天德军的军号当受此影响，然不同的是，前者作为军镇名，而后者则作为禁军军号。

五代十国时期，中原王朝的禁军分为六军与侍卫亲军两大系统，后周还增加了殿前司。南唐为南方大国，拥兵数十万，[⑤]以唐朝后裔自居，在典制上自不肯草率。从有关史料看，其禁军也分为六军与侍卫亲军两个系统。元宗迁都洪州时，"旌麾仗卫，六军百司，凡千余里不绝"[⑥]，可见其有六军之制。至于侍卫军名号，吴统治时期已经出现。烈祖将

① 《徐铉集校注》卷一六《唐故检校司徒行右千牛卫将军苗公（延禄）墓志铭》，第497页。

② 《徐铉集校注》卷一六《唐故左右静江军都军使忠义军节度建州观察处置等使留后光禄大夫检校太尉右威卫大将军临颍县开国子食邑五百户陈公（德成）墓志铭》，第494页。

③ 《徐铉集校注》卷一六，第493页。

④ 《全唐文》卷八七四，第9147页。

⑤ 〔宋〕马令：《南唐书》卷二〇《党与传》上，第5391页。

⑥ 〔宋〕陆游：《南唐书》卷二《元宗本纪》，第5483页。

受吴禅，吴宗室杨濛不服，逃出和州，"侍卫军使郭悰杀濛妻子于和州"①。南唐建立后，侍卫军进一步扩大，地位有所提高。不过，以上所述的南唐禁军史料中并未明确记载哪些军队属于六军，哪些属于侍卫诸军系统。这需要做进一步探讨论证。

神武军与龙武军本属唐朝六军系统，五代时的中原王朝也多有设置，同样归属于六军系统。南唐以唐朝后裔自居，并受中原王朝影响，在制度上必然有所仿效，故这两军当属六军之列。天威军，后梁、后唐均列为六军之一。同样的理由，南唐亦不应例外。雄武军，曾一度设置大将军、将军等官职，按照唐制只有六军与十六卫才设置这些官职，五代中原诸朝除六军、诸卫外，皆不在侍卫诸军中设置此类官职。从这个角度判断，南唐雄武军应属六军之列。五代时中原诸朝六军中除后梁的龙武军有较强的战斗力外，其他诸军均无什么战斗力，②禁军主力主要集中在侍卫亲军（包括后周的殿前诸军）中。南唐的情况正相反，作战主要依靠六军部队，如龙武、神武、天威、雄武等军；尤其是神武军，更是频频出现于重要战场上，在与后周、北宋的战争中，凡重要战役都有神武军作为主力参战。这就说明南唐是把六军作为朝廷直接控制的主力禁军而发展的，其作用与唐朝的神策军相似，负有宿卫和野战双重责任。而侍卫诸军除偶尔参加一些战争或屯驻地方外，其主要任务是宿卫京师和宫廷，故史籍中关于其参战的记载较少。如果以上分析无误，据此推论，神卫军与龙卫军也应属于六军系统。保大十四年三月，"左神卫使徐象等十八人自寿州奔周"③，说明有神卫军部署在对后周的作战前线。宋开宝八年，即后主十五年正月，"（潘）美旋击破之，擒其神卫都军头郑宾等七人"④。神卫军又处在与宋战争的前线。龙卫军情况大体相似，就不一一列举史料了。

南唐禁军除驻扎京师外，各地尤其是军事要地皆有屯驻，六军更是

---

① 《资治通鉴》卷二八一，后晋高祖天福二年八月，第9181页。

② 张其凡：《五代禁军初探》，暨南大学出版社，1993年，第2—3页。

③ 〔宋〕陆游：《南唐书》卷二《元宗本纪》，第5480页。

④ 《续资治通鉴长编》卷一六，太祖开宝八年正月庚寅，第334页。

如此。如显德四年，即保大十五年，"唐雄武军使、知涟水县事崔万迪降"①于后周。说明涟水县驻有雄武军的部队，故其军使才能兼知县事。前引史料中亦有不少此类情况，不再赘述。禁军屯驻各地称屯营，其领兵长官称屯营使，职级较低的称屯营都虞候。但史料中也出现了东都营屯使贾崇、洪州营屯都虞候严思等记载，②莫知其是。刺史如获特许也可统领屯营兵，"以（边）镐为信州刺史，领屯营兵"③。南唐政局长期稳定，极少发生地方反叛朝廷的事件，也和这种军事部署有密切的关系。

　　侍卫军在烈祖及元宗统治前期尚不活跃，史籍中记载较少，这和其军力不强有关。保大后期及后主统治时期，侍卫军的名号在史籍中便逐渐多起来了，说明其军力有所加强。如保大十三年四月，"以寿州刘彦贞为神武统军、侍卫诸军都指挥使"④；十月，"以侍卫诸军都虞候贾崇为东都屯营使"⑤。中原王朝的侍卫亲军由众多军队组成，如后梁侍卫亲军由龙骧、天兴、神捷、广胜等军组成，后唐庄宗时由龙骧、控鹤、拱宸、神威、黄甲、胜节、捉生、云捷、效节、从马直、突骑、铁林等20多军组成，后又分为侍卫马、步军，并各有军号。如后唐明宗时，侍卫马军号为捧圣，侍卫步军号为严卫；后晋侍卫马、步军军号分别为护圣、奉国；后汉同于后晋；后周分别称龙捷、虎捷。由于马军军力不强，故南唐侍卫军无有侍卫马、步军之分，统称侍卫诸军，当是由禁军中除神武、龙武、天威、雄武、神卫、龙卫等六军之外的军队组成，即卫圣、宣威、殿直、龙骧、神威、龙翔、静江等军。其中龙卫、龙骧分别为六军和侍卫诸军的马军部队。

---

① 《资治通鉴》卷二九三，后周世宗显德四年十二月，第9575页。

② 史籍中也有不少将南唐禁军驻扎地方称为营屯，领兵将领称为营屯使；甚至同一人任同一官，在不同的史籍中或记为营屯，或记为屯营。还有一种情况，就是在同一部书中，有时记为屯营，有时记为营屯，莫衷一是。胡耀飞在其《唐末五代虔州军政史——割据政权边州研究的个案考察》一文中，认为史籍中记为营屯的多于屯营。（见《唐史论丛》第20辑，三秦出版社，2015年，第288—289页）不过前代多称驻军为屯营，营屯的称呼出现较晚，姑一仍其旧。

③ 〔宋〕陆游：《南唐书》卷五《边镐传》，第5504页。

④ 〔宋〕马令：《南唐书》卷三《嗣主书》，第5279页。

⑤ 〔宋〕马令：《南唐书》卷三《嗣主书》，第5279页。

二、州郡军与乡兵

南唐州郡亦各有兵，分由诸州刺史或都指挥使统率。《金石萃编》卷一二二《龙兴寺钟款识》："宁化军节度副使、在城马步军都军使……林仁肇。"都军使即都指挥使的异称。《资治通鉴》卷二六六载："（马）殷命在城都指挥使秦彦晖将水军三万浮江而下。"胡三省注："在城都指挥使，尽统潭州在城之兵。"龙兴寺位于洪州城内，其寺钟由林仁肇捐铸。所谓的"在城马步军都军使"，当尽统洪州在城之兵。南唐方镇一般不辖支郡（清源军例外），没有皇帝特命其节度使不能统辖治所之外的州郡军队。因此，南唐似不存在方镇军队，节度使统率的地方军队即是州郡之兵。

史载："初，烈祖有国，凡民产二千以上出一卒，号义军；分籍者又出一卒，号生军；新置产亦出一卒，号新拟军；客户有三丁者出一卒，号拔山军。元宗时，许郡县村社竞渡，每岁重午日，官阅试之，胜者给彩帛、银碗，皆籍姓名，至是尽取为卒，号凌波军。募民奴及赘婿，号义勇军。募豪民以私财招聚亡赖亡命，号自在军。"①以上这些均属于乡兵，有的以后逐渐发展为地方军队。以凌波军为例，即可见一斑。陆游《南唐书》卷一四《卢绛传》：宋军来攻，后主"以绛为凌波都虞候、沿江都部署，守秦淮水栅"。《续资治通鉴长编》卷一六亦载："国主寻命凌波都虞候卢绛，自金陵引所部舟师八千，突长围来救。"从以上记载看，凌波军似已改编为正规地方水军。

陆游《南唐书》卷三《后主本纪》还载，宋军进攻时，"又大搜境内，自老弱外皆募为卒，号都门军。民间又相率拒敌，以纸为甲、农器为兵者，号白甲军，凡十三等。皆使捍御，然实皆不可用，奔溃相踵"。马令《南唐书》称"都门军"为"排门军"，未知孰是。其实，南唐白甲军并非始于后主时期。据《资治通鉴》卷二九三载：后周攻淮南，"专事俘掠，视民如土芥；民皆失望，相聚山泽，立堡壁自固，操

① 见〔宋〕陆游《南唐书》卷三《后主本纪》，第5491页。又，马令《南唐书》记"生军"为"新拟生军"。

农器为兵，积纸为甲，时人谓之'白甲军'。周兵讨之，屡为所败，先所得唐诸州，多复为唐有"。可见早在元宗时已经出现了白甲军，而且并非没有战斗力。这些所谓"军"均属于乡兵。

《十国春秋》卷二七《张雄传》："张雄，或云李姓，淮人也。周侵淮南，民自相结为部伍以拒周师，谓之义军，而雄所将最有功，元宗命为义军首领。"张雄所领的乡兵，也就是上文所说的"凡民产二千以上出一卒，号义军"的乡兵。这些乡兵平时训练，并编制为伍，故能在外军来侵时相结拒敌。其实，江淮一带重视训练乡兵由来已久，早在吴国统治时期就已经有这种制度。据载："武义元年，高祖禁民间私畜兵器，盗贼益繁，（卢）枢上言：'今四方分争，宜教民战。且善人畏法禁，而奸民弄干戈，是欲偃武，而反招盗也。宜团结民兵，使之习战，自卫乡里。'从之。"①南唐不过是继续了这种制度而已。本来用于自卫乡里的乡兵，在抵御来敌时，反倒发挥了地方军队的作用，成了正规官军的补充力量和后备兵员，不少义军首领也因此获得官职。张雄后来历任袁、汀两州刺史，宋军围攻金陵时，"雄乃纠兵东下以救之"②。其所率军队，即属州郡之兵，其中肯定也有不少原来的乡兵在内。

三、军事职官制度

在烈祖统治初期，南唐置有诸道兵马副元帅、判六军诸卫事，为最高军事统帅。昇元三年，置诸道兵马大元帅。元宗即位后，置诸道兵马元帅、副元帅。以上官职皆以亲王充任，他人不得染指。兵马元帅也可直接统兵，如保大十四年，后周进攻淮南，诸道兵马元帅、齐王李景达曾统率大军抵御。全国军队的调遣权在枢密院，南唐任枢密使者多为文人，兵权握在禁军和地方将帅手中，战时枢密院奉皇帝命令调发军队。也有不经皇帝调发军队的情况发生，如南唐进攻福州之役，就是枢密使

---

① 《十国春秋》卷一〇《卢枢传》，第140页。
② 《十国春秋》卷二七《张雄传》，第391页。

陈觉"擅兴、汀、建、抚、信州兵及戍卒"①而发动的。当然，这种情况极为少见。

南唐六军各置有统军、副统军、都虞候等军职。六军统军始置于唐德宗兴元元年（784），五代中原王朝也有设置。南唐六军统军地位尊贵，非勋臣不能充任，多兼领节度使，有的还兼任使相、中书令、侍中等官。如高审思为神武统军、清淮军节度使兼侍中。②朱匡业为神武统军、加中书令。③六军各分为左右军，军下有厢，各置都指挥使为统兵将领。如李煜降宋后，宋"以其子神武右厢都指挥使仲寓为左千牛卫大将军，……（以）神武左厢都指挥使从信为右监门卫大将军"④。"遣右雄武都指挥使柯厚征金陵兵还江都。"⑤都指挥使又称都军使、都军头，《全唐文》卷八七五收有陈致雍的《龙卫军左厢诸指挥都军头故欧阳权谥议》一文，可证其事。在其下置有都虞候、指挥使等军官。五代十国时期以指挥为军队的一级编制单位。《五代会要》卷一二《京城诸军》载："后唐长兴三年三月敕：卫军神威、雄威及魏府广捷已下指挥，宜改为左右羽林，置四十指挥，每十指挥立为一军，每一军置都指挥使一人。"指挥的统兵将领即称指挥使。只是南唐六军与侍卫诸军每一军各置多少指挥，由于史书缺载，无法考知。指挥使也称军使，前面提到的雄武军使、知涟水县崔万迪，即是一例。

南唐侍卫诸军的统帅也称都指挥使，例由神武统军兼任，这种做法和后梁的侍卫亲军都指挥使由六军之一的龙虎统军兼任⑥如出一辙。这方面的例子很多，如：保大七年，"以江州贾崇为神武统军侍卫诸军都指挥使"；十一年，"以鄂州刘仁赡为神武统军侍卫都指挥使"；

---

① 〔宋〕陆游：《南唐书》卷九《陈觉传》，第5537页。

② 〔宋〕陆游：《南唐书》卷七《高审思传》，第5516页。

③ 〔宋〕陆游：《南唐书》卷八《朱匡业传》，第5527页。

④ 《宋史》卷四七八《南唐世家》，第13861页。

⑤ 《资治通鉴》卷二七六，后唐明宗天成四年十一月，第9035页。

⑥ 郑学檬：《五代十国史研究》，上海人民出版社，1991年，第59页。

十三年，"以寿州刘彦贞为神武统军、侍卫诸军都指挥使"；[1]后主五年（965），"以江州朱匡业为神武统军，侍卫都军使"[2]。侍卫诸军都指挥使之下置有都虞候，其地位应在副都指挥使之下，"侍卫都虞候刘澄，旧事藩邸，国主尤亲任之"[3]。《宋史》卷四七八《南唐世家》载：皇甫继勋"入为诸军都虞候，迁神卫统军都指挥使"。这里所说的"诸军都虞候"即侍卫诸军都虞候，其升为神卫统军后，兼任其军都指挥使。宋军围攻金陵，"时宿将皆前死，神卫统军都指挥使皇甫继勋者，晖之子也，年尚少，国主委以兵柄"[4]。皇甫继勋畏缩不战，后主"诛神卫统军诸军都虞候皇甫继勋"[5]。当时南唐六军在战争中消耗殆尽，守卫金陵的多为侍卫诸军，故皇甫继勋以侍卫诸军都虞候之职掌兵柄，负责守城。之所以没有任命皇甫继勋为侍卫诸军都指挥使，大约是因其年资尚浅，也不是神武统军，不符合南唐任命侍卫诸军都指挥使的旧制。

从有关史料看，侍卫军系统的各军有左宣威统军、左殿直统军、右卫圣统军等名号，可能侍卫系统与六军不同，左右军都置有统军。此外，也不见都指挥使名号出现。直到后主统治后期，才有都指挥使名号出现，如陈德成"为右龙翔诸军都虞候，迁都指挥使。……改右威卫大将军，充左右静江都军使"[6]。但不知侍卫军系统诸军的统军与都指挥使是前后替代关系，还是有上下级之别？其下和六军一样都置有都虞候、指挥使等军职。如陈德成就曾任过殿直指挥使，迁为右宣威军厢虞候。[7]需要说明的是，这里所说的右宣威军厢虞候和上面提到的右龙翔都虞候

①　〔宋〕马令：《南唐书》卷三《嗣主书》，第5279页。

②　《十国春秋》卷一七《南唐后主本纪》，第244页。

③　《续资治通鉴长编》卷一六，太祖开宝八年九月，第345页。

④　《续资治通鉴长编》卷一六，太祖开宝八年五月，第341页。

⑤　〔宋〕马令：《南唐书》卷五《后主书》，第5295页。

⑥　《徐铉集校注》卷一六《唐故左右静江军都军使忠义军节度建州观察处置等使留后光禄大夫检校太尉右威卫大将军临颍县开国子食邑五百户陈公（德成）墓志铭》，第493—494页。

⑦　《徐铉集校注》卷一六《唐故左右静江军都军使忠义军节度建州观察处置等使留后光禄大夫检校太尉右威卫大将军临颍县开国子食邑五百户陈公（德成）墓志铭》，第493—494页。

不是同一职级的军官。

五代时期中原王朝除了州的统兵将领称都指挥使外，方镇在节度使之下的统兵将领也称都指挥使。胡三省说："五季之世，诸镇各有都指挥使，而命官之职分有不同者，如周德威蕃、汉都指挥使，则蕃、汉之兵皆受指挥也；行营都指挥使，则行营兵皆受指挥也；铁林都指挥使安元信，则铁林军一都之指挥使耳。"①在各军都指挥使之上置马步军都指挥使1人，或称内外军都指挥使，统率诸军，权任最重，地位仅次于节度使。②南唐方镇大多不辖支郡，军力有限，故只置都指挥使1人为统兵将领，如上引《龙兴寺钟款识》所提到的林仁肇即是一例。不设节度使的州郡，其军队多由刺史统辖，尚未见有设置都指挥使的记载。南唐在重要的州郡仿唐制也置有防御使为军事长官，地位略高于刺史。南唐乡兵之制比较广泛，所以也有团练使的设置，或由刺史兼任，为州郡的统兵将领，故也称为州将。制置院长官称制置使，兼管军政。当时制置使、团练使、刺史、防御使等均可以州将呼之。

还有一种情况需要说明，在留从效为节度使的清源军，军事职官的设置有别于其他诸镇。在节度使之下置统军使、副使为统兵的军事长官，史载：留从效死，其子留绍镃当为留后，"统军使陈洪进诬绍镃谋叛，……执绍镃送于唐，推统军副使张汉思为留后，己为副使"③。可见统军使权任之重。后"（陈）洪进子文显、文灏，俱为指挥使，勒所部欲击汉思"④。指挥使为统军使下的一级军官，即指挥一级的统兵将领，和南唐禁军的情况相同。清源军的这种情况，在其他方镇中也偶有所见，但绝非普遍现象。从清源军的情况看，似无都指挥使的设置，是否凡设统军使的方镇就不设都指挥使？由于史料缺乏，尚不好断定，姑留此一说，以待后考。

---

① 《资治通鉴》卷二六六，后梁太祖开平元年六月胡三省注，第8683页。

② 杜文玉：《晚唐五代都指挥使考》，《学术界》1995年第1期，第32—38页。

③ 《续资治通鉴长编》卷三，太祖建隆三年三月，第65页。

④ 《续资治通鉴长编》卷四，太祖乾德元年四月，第89页。

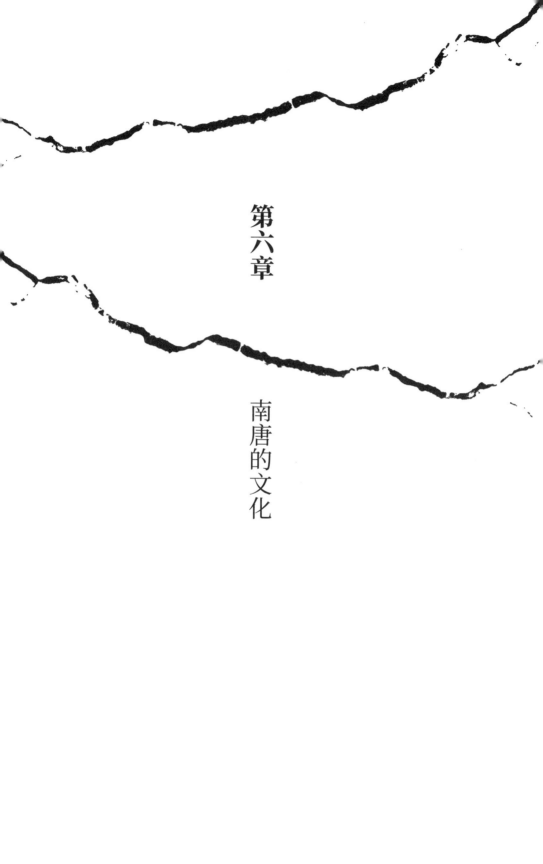

第六章

南唐的文化

五代十国时期，文化成就虽然没有唐宋文化那样光辉灿烂，但绝非毫无建树的黑暗时期。尤其在文学艺术及教育诸方面均有独特的成就，对后世影响较大，起了承唐启宋的桥梁作用。唐中叶以后，我国经济重心南移；五代时期，文化重心也开始南移。因而，南方的文化远胜于中原，其中以蜀和南唐最为发达，成就也最为突出。

南唐虽然只传三世，历时仅39年，但是文化发达，人才辈出，著述繁富，拥有许多著名的词人、诗人、画家、书法家。其教育及儒学也很发达，创立了书院制度，培养了大批人才。南唐社会安宁，经济发达，不仅吸引了大批北方士人南下，而且也为当地人才的培养创造了条件。加之政府重视和提倡发展文化，元宗、后主身体力行，群臣起而效之，连后妃中也有不少人精于音乐、诗词。这样就在国内形成了重视文化、重视教育、尊重文人的好风气，和中原诸朝轻视文化、歧视文人、武人专横的情况形成鲜明的对照。南唐文化为我国灿烂的古代文化增色不少，在文化史上占有较重要的地位，在一些方面还起了承前启后的作用。

第一节　文学与艺术

一、文学

南唐文学的发展和其政治阶段正好相反。南唐初期，政治清明，国富力强，但文学成就尚不显著。元宗、后主时期，政治开始混乱，国力日渐衰落，而文学成就却绽放出夺目的光彩。南唐初期，烈祖广泛地招揽人才，复兴文教，加之社会安宁、经济繁荣，这就为日后文学的繁荣奠定了坚实的物质基础和人才基础。所以，南唐初期可以看作其文学的酝酿阶段，元宗、后主时期则是兴盛阶段。

五代文人的精神面貌远不及盛唐、中唐的文人骚客，南唐的情况亦是如此，这也是时代条件不同所致。以散文而论，自韩愈开创古文运动，韩、柳文风影响至为深远，至唐末五代时，文风日渐颓坏，形势每况愈下。韩文的气势雄伟，柳文的论理至密、文辞犀利，已被晦涩难解、辞藻华丽的文体所代替。"南唐承唐末文体纤丽之弊，士率不能自振"①。就是徐铉、韩熙载这样的名士也不能摆脱此种弊风的影响。从徐铉所著《徐铉集》中的文章看，即使有一些稍微优秀之作，也多追求辞藻华美、语句惊人，讲究韵律对仗，失去了古文雄浑、质朴的气势，以及自由流畅、直言散行的形式。韩熙载多艺能，"尤长于碑碣，他国人不远数千里辇金帛求之"②。其所撰碑文多已湮失，就现能见到的一些片段看，也和徐铉文章的情况相类似。陆游曾批评他所撰的鄂州头陀寺《南齐王简栖碑》文为"夸诞妄谬"。虽然陆放翁主要是针对碑文内容批评的，但也含有对其文章浮华、夸张的批评。③徐、韩二人尚且如此，南唐的其他文士就可想而知了。当时文章追求辞藻典雅，文风浮华，已蔚然成风。当时蒯鳌的文章，"独不事华藻，以理趣为本，有承平余风"，竟"不为人士所容"④，可见其流弊之深。这种文风一直影响到宋初还无改变，直到欧阳修重振古文运动，文风才开始转变。

欧阳修说："唐之晚年，诗人无复李、杜豪放之格，然亦务以精意相高。"⑤南唐亦然。当时诗人多承袭贾岛苦吟推敲之风，雕琢细致，咏景新奇；或仿前人佳句，细心揣摩，也往往能出新意。尽管如此，由于唐末五代诗风已经衰颓，即使能写出新奇的句子，就如向一潭死水中投入一粒石子，只能荡起一些小小涟漪。这也是时代所致，非几个人所能

① 〔宋〕陆游：《南唐书》卷一四《蒯鳌传》，第5575页。
② 〔宋〕陆游：《南唐书》卷一二《韩熙载传》，第5559页。
③ 《入蜀记》卷四，见《文渊阁四库全书》，第460册，第907页。
④ 〔宋〕陆游：《南唐书》卷一四《蒯鳌传》，第5575页。
⑤ 《欧阳修全集》卷一二八《诗话》，第1952页。

扭转，何况当时并无扭转衰颓之势的人物出现。不过话说回来，五代十国的诗歌创作比起散文来，情况还是好得多，这也是唐代余绪所致。总体来看，当时南方诗人的成就大大超过了中原，吴越、西蜀、南唐均有一批诗作甚丰、时誉斐然的诗人。其中南唐见于史传的诗人有伍乔、刘洞、江为、孟宾于、高越、江文蔚、夏宝松、徐锴、孙鲂、沈彬等。徐铉的《观水战》诗："千帆日助阴山势，万里风驰下濑声。"①对仗工整，气势雄伟，不失为妙语佳句。沈彬的《再过金陵》诗："玉树歌终王气收，雁行高送石城秋。江山不管兴亡事，一任斜阳伴客愁。"②刘洞的《石城怀古》："石城古岸头，一望思悠悠。几许六朝事，不禁江水流。"③写景抒情都极佳，且直斥当时政治，比之无病呻吟的矫揉之作，显得寄托更加深沉。徐锴的《秋声》："井梧纷堕砌，塞雁远横空。雨滴莓苔紫，风归薛荔红。"④写得十分清新自然。此类诗句在南唐并非罕见。当时文人写诗非常刻苦，史载："（冯）延巳工诗，虽贵且老不废。"⑤时人称他有元和诗人之气格。南唐文学发达，学诗人也很多，如夏宝松诗名甚美，"晚进儒生，求为师事者，多赍金帛，不远数百里，辐辏其门"。可见当时学诗之盛况。只是他贪财求赂，对人说："诗之旨诀，我有一葫芦儿授之，将待价。"⑥这种以诗求财的做法是非常恶劣的，为时人所不齿。

　　南唐文学以词的成就最大，影响后世也较为深远。词起源于民间，敦煌曲子词的发现最能说明这个问题。这些词曲文字通俗，情意真实，最早地写于7世纪中叶，比唐代最早从事词作的文人如李白、白居易、刘禹锡、张志和等的创作要早得多。词的另一个起源来自知音文士对绝

---

① 《玉壶清话》卷八，第79页。

② 《全唐诗》卷七四三，第8458页。

③ 《全唐诗》卷七四一，第8446页。

④ 《玉壶清话》卷八，第79页。

⑤ 〔宋〕陆游：《南唐书》卷一一《冯延巳传》，第5550页。

⑥ 〔宋〕马令：《南唐书》卷一四《夏宝松传》，第5358页。

句唱法的变革。①唐代盛行歌舞，歌童舞伎到处都有，歌舞必有歌词，歌词配合音乐，七言四句必须有所变动，才能合于音乐旋律节拍的变化。诗加工成词，是歌舞音乐促成的，文士对民间唱词的定式进行加工提高，使之典雅化，成为词的另一个起源。唐朝末年诗歌创作衰颓，至五代，词却方兴未艾，成为独树一帜的新体文学。这一时期词的创作已成为普遍现象，上至统治阶级、下至平民都能作词，其盛况好比诗在唐朝一样。宋代著名诗人陆游指出："诗至晚唐五季，气格卑陋，千人一律，而长短句独精巧高丽，后世莫及。"②他肯定了这一时期词的创作成就。

五代的著名词作家几乎都集中在南方，其中以蜀和南唐最盛。唐末战乱，中原士人多避往成都，遂使蜀地文学兴盛。后蜀赵崇祚将这些词作编成《花间集》10卷，收录了自温庭筠以下凡18人500首作品，后人遂称这批词作家为"花间派"。花间派以温庭筠为宗师，而温词的内容和特点是"香而软"。这一派的创作目的，只是为"绮筵公子，绣幌佳人"作"清绝之词，用助娇娆之态"③专以妇女为描述对象，似乎非言闺情其就不成为词。专以艳丽为能，尽管在艺术手法上有所创新，但词的内容空虚，思想颓唐，境界极为狭窄。唐末五代文人多袭其风。后人李冰若的《栩庄漫记》云："五代十国乱靡有定，割据一方之主，尚少振拔有为者，其学士大臣亦复流连光景，极意闺帏。"④说的也是这个意思。花间派中的另一重要词人为韦庄，与温庭筠齐名，他的词稍有社会内容，有一些直接抒写情怀的作品，风格上胜于温词，但数量不多，影响不大，无改于这种内容浮靡、形式艳丽的词风。在南唐，词的发展才真正达到一个新的阶段，无论形式、内容、艺术技巧均有新的突破，使抒情词逐渐成为词的主流。可以说以后主李煜为开端，词的境界大为开阔，词不再专为闺房私情而作。王国维指出："词至李后主而眼界始

① 范文澜：《中国通史》第四册，人民出版社，1978年，第328页。
② 《文献通考》卷二四六《经籍考七三》，第6639页。
③ 〔后蜀〕赵崇祚编，欧阳炯撰序：《花间集》序，中华书局，2014年，第1页。
④ 李冰若评注：《花间集评注》，河北教育出版社，1999年，第174页。

大，感慨遂深，遂变伶工之词而为士大夫之词。"①使词在文学上的地位大幅提高，并且影响也至为深远。

南唐拥有以元宗李璟、后主李煜为首，以冯延巳、高越、江文蔚为主体的一批词人，他们的词构成了一个不小的作品群，是南唐文学的精华所在。元宗李璟的词现只存4首，即《应天长》《望远行》各1首及《浣溪沙》2首。据晁氏家藏后主手迹，上载有后主题字云："先皇御制歌词。"②则此为李璟所作无疑。后人所辑补的李璟其他词作，皆不可靠。此4首全为杰作，其中《浣溪沙》2首尤有继往开来之意义。其词云：

> 手卷真珠上玉钩，依前春恨锁重楼。风里落花谁是主？思悠悠。青鸟不传云外信，丁香空结雨中愁。回首绿波三楚暮，接天流。
>
> 菡萏香销翠叶残，西风愁起绿波间。还与容光共憔悴，不堪看。细雨梦回鸡塞远，小楼吹彻玉笙寒。多少泪珠何限恨，倚阑干。③

这样的词已脱去花间派华艳雕琢的习气，具有比较真实的生活情感，表面上是离愁别恨，实际上是忧虑衰落的国势，境界阔大，感情深沉。尤其是"青鸟""丁香"与"鸡塞""玉笙"二联，颇富诗意，为世人所称颂。时人冯延巳及宋人王安石都对后一联极为推崇。这种清新、自然的风格和千锤百炼的造句功夫，比之蜀人玩弄文字技巧要高明多了。也有人认为这是李璟无病自吟，其实差矣。只要把南唐当时国势窘迫且外受后周威胁的情况与元宗沉重的心情联系起来看，就会发现其作品的这种凄伤低沉的情调绝不是无病自吟，而是真实情感的

---

① 王国维著，徐调孚校注：《校注人间词话》卷上，中华书局，2003年，第7页。

② 吴熊和：《唐宋词通论》，商务印书馆，2003年，第184页。

③ 〔南唐〕李璟、李煜著，王仲闻校订，陈书良、刘娟笺注：《南唐二主词笺注》，中华书局，2013年，第10—17页。

抒发。

南唐词人中创作较多和较有成就的还有冯延巳。仅《全唐诗》就收录他的词达78首之多。他身居高位，生活舒适，所以其作品也脱不了女人、相思之类的内容。比较可贵的是，他的词不像花间派那样充满脂粉气，不少作品写得清丽多彩、委婉深情。特别是在诗词的形象创造和艺术表现方面，有一定的贡献。如《鹊踏枝》：

> 几日行云何处去，忘了归来，不道春将暮。百草千花寒食路，香车系在谁家树。泪眼倚楼频独语，双燕飞来，陌上相逢否。撩乱春愁如柳絮，悠悠梦里无寻处。①

《谒金门》云：

> 风乍起，吹皱一池春水。闲引鸳鸯芳径里，手挼红杏蕊。斗鸭阑干独倚，碧玉搔头斜坠。终日望君君不至，举头闻鹊喜。
>
> 杨柳陌，宝马嘶空无迹。新着荷衣人未识，年年江海客。梦觉巫山春色，醉眼飞花狼藉。起舞不辞无气力，爱君吹玉笛。②

这些词均有很高的艺术价值，清新自然，其"风乍起"句，尤其是千古传诵的名句。所以王国维先生认为"深美闳约"4字，"唯冯正中（冯延巳字）足以当之"。③可见对其词评价之高。

冯延巳的词不仅写得清丽多彩、感情深沉，不少词还具有明快精练、语言朴素的风格。这大概和他注意从民间吸取语言营养，受民间歌舞唱词影响有关。如《长命女》云："春日宴，绿酒一杯歌一遍，再拜陈三愿。一愿郎君千岁，二愿妾身长健，三愿如同梁上燕，岁岁常相

---

① 《全唐诗》卷八九八，第10158页。

② 《全唐诗》卷八九八，第10154页。

③ 《校注人间词话》卷上，第5页。

见。"①这首词感情真挚、明快，洋溢着浓郁的生活气息，和敦煌曲子词的风格、语言相似。如曲子词中《望江南》一首："天上月，遥望似一团银。夜久更阑风渐紧，为奴吹散月边云。照见负心人。"②二者风格何其相似。尽管这类作品在他现存的作品中不多，但也反映了他创作道路上的勇于探索，从多方面形成自己作品的风格。

冯延巳的作品，就其内容和境界而言，也不都是女人、个人情感之类。他身居宰相，执掌国家大政，其作品不可能不反映当时的政治情况。尽管他人品不好，政治上低能，但南唐的兴亡直接关系他个人的前途安危，不管从公还是从私出发，政治必然是他的第一生命，因而在作品中对国势兴衰的反映是必然的。只是手法比较隐晦，借景借物去寄托自己对家国的关切之情。这也是词家的常用手法，如果直说反倒显得露骨，失去诗味。如《采桑子》：

　　花前失却游春侣，独自寻芳，满目悲凉，纵有笙歌亦断肠。
　　林间戏蝶帘间燕，各自双双。忍更思量，绿树青苔半夕阳。③

近人俞陛云先生说："江左自周师南侵，朝政日非，延巳匡救无从，怅疆宇之日蹙，第六首'夕阳'句奇慨良深，不得以绮语目之。"④可谓至公之言。

其《菩萨蛮》《蝶恋花》亦深深透出忧国之意。前一首中的"宝钗横翠凤，千里香屏梦。云雨已荒凉，江南春草长"⑤之句，已是满纸萧瑟荒凉之意。后一首中"一晌关情，忆遍江南路。夜夜梦魂休谩语，已知

---

① 〔宋〕辛弃疾著，辛更儒笺注：《辛弃疾集编年笺注》卷一〇注引，中华书局，2015年，第1027页。
② 曾昭岷、曹济平、王兆鹏等编撰：《全唐五代词》正编卷四《敦煌词》，中华书局，1999年，第934页。
③ 《全唐五代词》正编卷三《五代词》，第664页。
④ 俞陛云：《唐五代两宋词选释》，上海古籍出版社，1985年，第96页。
⑤ 《全唐诗》卷八九八，第10153页。

前事无情处"①以寄托之辞，寓南唐衰弱难挽之意。如果一味地谴责他的词内容腐朽空虚，就未免太过分了。只是冯延巳的此类词情调低沉、伤感忧郁，毫无振作之意，反映出他对南唐前途的悲观失望，以及无可奈何的消极精神状态。这也是众多士大夫遇到挫折后常犯的通病。但是后人对其在词的创作方面的贡献还是给予了充分的肯定，如清人冯煦评价说："词法导源李唐，然太白、乐天兴到之作，非其专诣。逮于季叶，兹事始鬯，温、韦崛兴，专精令体。南唐起于江左，祖尚韵律。二主倡于上，翁（冯延巳）和于下，遂为词家渊丛。"②这一评价还是比较公允的。

在南唐乃至唐五代词人中，无论是从作品质量看，还是从词的发展意义上看，最有成就的首推后主李煜。南唐偏据江东，花间派影响不甚大，冯延巳成就虽较大，然其作品未能尽去秾华、不假雕饰。唯后主纯用自然，至此词风又变为雅淡，对唐五代的词来说为曲终奏雅，于两宋则谓开风气之先。胡应麟云："后主乐府为宋人一代开山。盖谓温、韦虽藻丽，而气颇伤促，意不胜辞。至此君方是当行作家，清便宛转，词家王、孟。"③是说温庭筠、韦庄文采虽饶，然内容贫乏，李煜则情深辞清，方之于诗，犹如王维、孟浩然之诗风也。

纳兰性德云："《花间》之词，如古玉器，贵重而不适用；宋词适用而少贵重。后主兼有其美，更饶烟水迷离之致。"直斥花间词内容浮薄，于读者无所感召，仅堪把玩而已。宋词之病反是，辞不饰义。唯后主情感之表达，不作直露，又极隐秀，有烟水迷离之致。④

王国维云："温飞卿（庭筠）之词，句秀也。韦端己（庄）之词，

---

① 《全唐诗》卷八九八，第10157页。

② 王兆鹏主编：《唐宋词汇评·唐五代卷》，浙江教育出版社，2004年，第423页。

③ 转引自施蛰存《南唐二主词叙论》，见人大复印资料《中国古代、近代文学研究》1980年第29期，第43—56页。

④ 转引自施蛰存《南唐二主词叙论》，见人大复印资料《中国古代、近代文学研究》1980年第29期，第43—56页。

骨秀也。李重光（煜）之词，神秀也。"①李煜之词有思想内容而不露圭角，故其秀丽在神。神者，精神也，风格也。

李煜前期的词主要是对宫廷生活的反映。代表作品如《玉楼春》："晚妆初了明肌雪，春殿嫔娥鱼贯列。笙箫吹断水云间，重按霓裳歌遍彻……"②再如《浣溪沙》："红日已高三丈透，金炉次第添香兽，红锦地衣随步皱……"③这些词笔调自然，描绘宫廷生活的艳丽、豪华和淫靡，是其词中不足取的作品。

其作品中还有一部分抒写悲愁哀怨的情绪。这类词的格调比那些专门描写宫廷声色的作品要高一些，在艺术表现和意境的创造方面也有较大的成就。李煜即位时，南唐国势已远远无法与往昔相比，他在风雨飘摇之中当了十几年皇帝，惶恐忧郁，欲求苟安而不可得。因而他的这一部分词正是当时真实心情的写照，并非无病呻吟，故感慨悲愤、愁绪万千。如《清平乐》云：

> 别来春半，触目愁肠断。砌下落梅如雪乱，拂了一身还满。雁来音信无凭，路遥归梦难成。离恨恰如春草，更行更远还生。④

其他如《乌夜啼》"昨夜风兼雨"，《捣练子令》"深院静"，《望江梅》"闲梦远"，等等，均属此类风格。论者以为此乃"以（孟）郊、（贾）岛诗入长短句，词之境界，至此又复一变。入宋以后，文人之词，皆其衍流。词之逐渐离去其贵族性、宫闺体，实肇始于此"⑤。《采桑子》"辘轳金井梧桐晚"与《阮郎归》"东风吹水日

---

① 《校注人间词话》卷上，第6页。
② 《南唐二主词笺注》，第119页。
③ 《南唐二主词笺注》，第80页。
④ 《南唐二主词笺注》，第58页。
⑤ 转引自施蛰存《南唐二主词叙论》，见人大复印资料《中国古代、近代文学研究》1980年第29期，第43—56页。

衡山"等阕，据说是后主怀念其弟韩王李从善所作。①后主每登高北望，泣下沾襟，故借暮春、晚秋抒发怀念之情，黯然神伤，亦是难得的好词。

李煜词中最佳部分，是在其由皇帝变为囚徒之后所作。生活上的剧烈变化，使他经历了一般皇帝所不能体验的生活，被囚禁和侮辱的巨大痛苦使他这一时期的作品完全脱去宫廷气息，充满深沉的悲伤。同时其情绪又蕴藏着对不合理生活的抗愤和对美好生活的殷切眷恋。王国维所说的"后主之词，真所谓以血书者也"②，指的就是这一时期的作品。他为人所熟知的作品《虞美人》：

> 春花秋月何时了，往事知多少。小楼昨夜又东风，故国不堪回首月明中。雕栏玉砌应犹在，只是朱颜改。问君能有几多愁：恰似一江春水向东流。③

他的名作《浪淘沙》：

> 帘外雨潺潺，春意阑珊，罗衾不耐五更寒。梦里不知身是客，一晌贪欢。独自莫凭栏，无限江山，别时容易见时难。流水落花春去也，天上人间。④

这些词作皆是前无古人、后无来者的佳作。其文辞，淳朴自然；其感情，回肠九转。他的《相见欢》一词，亦是如此。其后半阕云："剪不断，理还乱，是离愁。别是一般滋味在心头。"⑤仅18个字，已将作者纷

---

① 开宝四年，后主遣韩王李从善入宋朝贡，被宋太祖留而不遣，后主数次要求放还，均遭拒绝。
② 《校注人间词话》卷上，第7页。
③ 《南唐二主词笺注》，第25页。
④ 《南唐二主词笺注》，第149页。
⑤ 《南唐二主词笺注》，第160页。

繁之愁怨表现得淋漓尽致。尤其最后一句，究竟滋味如何，作者亦不自知，真是欲说又无从说起，此种无言之哀，凄婉已极，更胜于痛哭流涕之哀。李煜的《破阵子》"四十年来家国，三千里地山河"[①]，论者认为气魄沉雄，实开宋词豪放一派；最后几句"最是仓皇辞庙日，教坊犹奏别离歌，垂泪对宫娥"，论者又认为此处凄怆，"与项羽拔山之歌，同出一揆"[②]。这样看来，李煜之词对宋人的影响是多方面的，说他开宋人风气之先，确是当之无愧。

李煜的许多词历来为人们所传诵，产生了比较广泛的艺术感染力，这绝不是偶然的，说明他在创作上的成就的确比较突出。那么李煜作品感人的力量何在呢？首先是他的生活经历曲折多难，屈辱的现实生活使他体验了一般人尤其是皇帝所不曾尝到的生活滋味，使他有可能把一个不幸者的悲怨表现得分外真切，分外婉转、沉重，从而感情上非常真切。李煜的愁怨、苦闷、悲愤都是发自内心的、真切的，而真实的感情最能打动人心。其次，李煜在表现自己的感情时能通过具有诗意的形象比喻，且艺术概括力极强。这种小令短词的形式，要求他必须以生动的艺术技巧去渲染出悲伤的情态和深度。他从来不抒愁怨，也不具体地叙说他怀念、悲伤的内容，这样就容易使读者（特别是生活上遭到不幸的读者）从其作品中取得某种共鸣，借其词来抒发自己类似的感情。因为人们的哀愁和悲愤尽管有各自不同的社会内容，但是却可以共同具有如"一江春水向东流"那样的形象状态。李煜的一些名句，人们还往往抽掉其所表达的思想内容，另赋新意，来比喻或表达新的内容。真正优秀的艺术作品的生命力是永恒的。再次，李煜的词之所以在中国古代文学史上占有不容忽视的地位，除了上述生活上和美学上的原因外，还因为他的作品对词这种文学体裁的发展起到了积极的推动作用，使词从狭窄的、浮华的花间派影响中解脱出来，扩大和提高了词的表现生活和抒发感情的能力，开辟了新的境界，显示出词的艺术发展潜力。总之，词这

① 《南唐二主词笺注》，第141页。
② 唐圭璋选释：《唐宋词简释》，上海古籍出版社，1981年，第37页。

种新文学体裁到南唐特别是李煜时，在中国文学史上开始争得了和诗歌一样的地位，受到社会高度重视。

关于这一历史时期词的影响，清代学者评论说："词至西蜀、南唐，作者日盛，往往情至文生，缠绵流露。不独为苏、黄、秦、柳之开山，即宣和、绍兴之盛，皆兆于此矣。"①影响可谓深远。现代学者则认为：其"不仅带有深刻而复杂的时代特点和地域文化印迹，而且开创了江南审美文化的新境界"②。这是从审美艺术的角度评价其影响。总之，词这种文学形式经过五代的发展，至宋代达到繁荣的阶段，成为标志一个时代特色的文学体裁。

二、音乐与书法

（一）音乐

唐朝全盛时不仅文学成就辉煌，音乐与舞蹈也非常繁盛，外国与其他民族的乐舞不断传入，与汉族音乐融合发展，形成了风格多样、优美和谐的中国民族乐舞。唐末以来，社会动荡，政治衰败，音乐也随之衰落，许多乐曲与舞蹈渐至消亡。比如《霓裳羽衣曲》是唐朝最著名的大曲，动乱以来，已经不复流传。后主昭惠后周氏"善音律，尤工琵琶"，偶得残谱，"辄变易讹谬，颇去洼淫繁手"，恢复了这首名曲。恢复后的新音，"清越可听"，使得"开元、天宝之遗音复传于世"。后主《玉楼春》词有"重按霓裳歌遍彻"之句，描写的就是新恢复的曲子演奏时的情景。此外，周后还谱写了《邀醉舞破》《恨来迟破》等乐曲，流行于当时。③

南唐在音乐方面的成就并不仅限于此，据王尧臣的《崇文总目》及《文献通考》《宋史·艺文志》《通志》等书记载，当时人蔡翼还撰成

---

① 〔清〕王弈清：《历代词话》，见唐圭璋编：《词话丛编》，中华书局，1986年，第1138页。

② 张丽：《江南文化与南唐词》，中国文史出版社，2015年，第54页。

③ 〔宋〕陆游：《南唐书》卷一六《昭惠周后传》，第5588页。

多种曲谱流行于世，即《琴调》一卷、《阮咸谱》一卷、《小胡笳十九拍》一卷。其中"胡笳"为琴曲，分为大小两种："大胡笳"十八拍，世称"沈家声"；"小胡笳"多"契声"一拍，共十九拍，称"祝家声"。蔡翼所撰乃"小胡笳"。后主也有《念家山破》《振金铃曲破》等曲流行于当时。

唐代盛行胡乐、胡舞，以龟兹乐最为流行。南唐继唐人余风，也喜欢这些乐舞。昇元二年，高丽国使者到金陵，烈祖曾在崇英殿"出龟兹乐，作番戏"[①]，款待其使者。这里所说的"番戏"，就是胡舞。南唐君臣中不少人都通晓音律，如元宗李璟、后主李煜、徐铉、韩熙载、释应之等，莫不如此。《韩熙载夜宴图》中就有韩熙载亲自击鼓奏乐的场面。南唐君臣对音乐、舞蹈的喜好和擅长使其国乐舞比之当时他国更为兴盛发达。

南唐仿唐制，建有专门的乐舞机构，即设有教坊，史载："李冠者，散乐也。善吹洞箫，悲壮入云。元宗将召隶教坊。"[②]再如"申渐高，优人。昇元中为教坊部长"[③]。《韩熙载夜宴图》中所绘人物之一李家明，时任教坊副使。不过有关这方面的资料散失严重，其机构详情也不可考知。

（二）书法

唐代书法大家极多，书法的发展极为繁荣，影响后代也至为深远。清人王士禛说"书学之废莫甚于五代"[④]，这种说法是不客观的。五代时唐代流风未远，遗泽犹存，工书者亦未尝无人。以南唐而论，擅长书法的就有一大批人，上至元宗、后主，下至徐铉、韩熙载、徐锴、潘佑、冯延巳等，莫不精于此道。南唐还注意收集书法墨帖，仅宫中所藏"图

---

① 〔宋〕陆游：《南唐书》卷一八《高丽传》，第5608页。
② 《十国春秋》卷三二《李冠传》，第461页。
③ 〔宋〕陆游：《南唐书》卷一七《杂艺方士节义传》，第5599页。
④ 〔清〕王士禛原编，郑方坤删补，〔美〕李珍华点校：《五代诗话》卷二《中朝·杜荀鹤》，人民文学出版社，1989年，第63页。

籍万卷，尤多钟、王墨迹"[1]，民间也有不少珍贵墨帖。温韬发掘唐太宗陵，获得陵中所藏前世图籍，钟、王墨迹尤多。温韬死后，为其甥郑元素所得，后由其携带南渡，居于南唐境内的庐山下。[2]这些都为南唐书法发展创造了有利条件。

南唐书法兴盛还表现在书帖的刻行上。通常认为宋代《淳化阁帖》是我国所谓帖学的始祖，其实是不对的。早在此之前，南唐后主出秘府珍藏，命徐铉刻帖4卷，名《昇元帖》，行之于世。其打破了学书必求真迹的旧习，对发展和普及书法起到一定的积极作用，使普通人也能够学有法帖。由于南唐国祚短暂，《昇元帖》影响不及《淳化阁帖》大，致使后人误认后者为法帖之祖。因为年代越久，珍贵的古代名家墨迹越不易见到，一味强调学书必求真迹，事实是不可能的，对于普通人家更是可望而不可即的事。

史载："元宗、后主俱喜书法，元宗学羊欣，后主学柳公权，皆得十九。"[3]唐代柳公权和颜真卿一样，都是学习古人又不拘于古法，而有所创新的自成一家的书法家，世称"颜筋柳骨"。柳公权的字骨力遒劲，结构紧劲趋于清瘦一路。后主学习柳书，又有所创新，"喜作颤掣势，人又目其状为'金错刀'。光（尤）喜作行书，落笔瘦硬，而风神溢出"[4]。可见后主在楷书与行书方面已形成自己独特的笔法。他的楷书尤具柳书神韵，宋人用"劲锐"2字评价他的楷书，[5]并认为："其字乃积学所致，非偶合规矩，……盖其源流本有自也。"[6]即是指其学习柳书甚得柳书的意趣。据说后主写大字时，不用笔，"卷帛而书之，皆能

---

① 〔宋〕马令：《南唐书》卷六《保仪黄氏传》，第5305页。

② 〔宋〕马令：《南唐书》卷一五《郑元素传》，第5363—5364页。

③ 〔宋〕陆游：《南唐书》卷一六《保仪黄氏传》，第5590页。

④ 〔宋〕佚名：《宣和书谱》卷一二《行书六》，见《文渊阁四库全书》，台湾商务印书馆，1983年，第813册，第264页。

⑤ 〔宋〕朱长文：《墨池编》卷三《能品六十六人》，见《文渊阁四库全书》，台湾商务印书馆，1983年，第812册，第750页。

⑥ 《宣和书谱》卷五《正书三》，见《文渊阁四库全书》，第813册，第234页。

如意，世谓'撮襟书'"①，已达到出神入化的程度。学习书法，固然要学习前人，但不是一味地模仿，而是要"传其神"，并且贵在创新，没有"新意妙理"的书法，是末流的作品。由于后主学习柳书并不拘于其法，而是有意创新，所以他的书法成就甚为突出。北宋末年御府还珍藏他的书法作品数十件，《宣和书谱》给予很高的评价。李煜对书法发展的贡献还表现在书写方法的总结与介绍方面，他在《书述》中说："所谓法者，擫、压、钩、揭、抵、拒、导、送也。此字亦有颜公真卿墨迹尚存于世，余恐将来学者无所闻焉，故聊记之。擫者，擫大指骨上节下端，用力欲直，如提千钧；压者，捺食指著中节旁；钩者，钩中指著指尖，钩笔令向下；揭者，揭名指著指爪肉之间，揭笔令向上；抵者，名指揭笔，中指抵住；拒者，中指钩笔，名指拒定；导者，小指引名指过右；送者，小指送名指过左。"②五代乱世，其法濒于佚失，后主此举使其得以流传，贡献可谓大焉。

南唐书法成就显著、影响深远者，莫过于徐铉。解缙在《春雨杂述》中说，中原杨凝式曾传法于韩熙载、徐铉兄弟。杨氏乃五代时期最著名的书法家，宋人苏轼、黄庭坚、王钦若及米芾等书法名家都对他推崇备至。韩熙载为北方人，得其师传倒有可能。徐铉为会稽人，仕于南唐，早年似没去过中原，南唐末年虽出使过中原，但杨氏已于后周初死去，如何能得其师传呢？《钓矶立谈》说徐铉等曾集于韩熙载门下，受其指点，当是其又从韩氏那里间接得到杨氏遗法。马氏《南唐书》卷一三《韩熙载传》说他喜欢奖掖后进学人，"每见一文可采者，辄自缮写，仍为播之声名"。可见其书法甚佳，文章得其缮写，则声名远播。《书小史》又说他工书画，特善八分（即隶书），冠绝当时。徐铉得其指点是完全可能的。刘熙载《艺概注稿》卷五《书概》和《宣和书谱》均说徐铉善八分书，③其法可能得之于韩氏。

---

① 《宣和书谱》卷一二《行书六》，见《文渊阁四库全书》，第813册，第264页。
② 《唐文拾遗》卷一一《书述》，见〔清〕董诰：《全唐文》，第10489页。
③ 近人认为小篆对于大篆为八分，隶书对于小篆为八分，徐铉善小篆固不必疑，此处所说八分似为隶书。

徐铉最擅长者乃小篆。自古以来学篆书者，以秦朝李斯为正宗，但其遗迹流传绝少，学书人难以为法。汉代流行隶书以来，"篆学渐废"[1]。自李斯之后，唯唐代李阳冰独擅其妙，为后人所推崇，李阳冰之后，当推徐铉为首了。苏东坡说："大字难于结密而无间，小字难于宽绰而有余。"黄庭坚认为："近世兼二美，如杨少师之正书行草，徐常侍之小篆。此虽难为俗学者言，要归毕竟如此。"[2]杨少师指杨凝式，徐常侍即徐铉。《书法正传》说："铉善小篆，映日视之，画之中心，有一缕浓墨，正当其中，至于曲折处，亦当中无有偏侧；乃笔锋直下不侧，故锋常在画中。"其法正合蔡邕《九势》中所云"令笔心常在点画中行"[3]的遗法。入宋以后，徐铉得到李斯的《峄山碑》摹本，精心钻研、揣摩，使篆法愈加精熟。故后人评论其篆书多用"气质高古"[4]赞扬，原因就在于此。将今存的徐铉《许真人井铭》与残存的秦代《泰山刻石》的字体比较，亦可看出二者相通之处。宋人对徐铉的篆书成就非常推崇，认为自李阳冰之后，"篆法中绝，而骑省（徐铉）于危乱之间，能存其法，……其为功岂浅哉！"[5]又说他"与阳冰并驱争先，此非私言，天下之言也"[6]。清人钱泳还认为除徐铉外，其他治篆书者，如唐代李少温（阳冰），宋代梦英、张有，元代周伯

徐铉《许真人井铭》

① 〔清〕钱泳撰，张伟点校：《履园丛话》卷一一上《书学·小篆》，中华书局，1979年，第285页。

② 曾枣庄主编：《宋代序跋全编》卷一一一黄庭坚《书赠福州陈继月》，齐鲁书社，2015年，第3122页。

③ 〔清〕刘熙载撰，袁津琥校注：《艺概注稿》卷五《书概》，中华书局，2009年，第769页。

④ 《宣和书谱》卷二《篆书》，见《文渊阁四库全书》，第813册，第217页。

⑤ 《墨池编》卷三，见《文渊阁四库全书》，第812册，第740页。

⑥ 《宣和书谱》卷二《篆书》，见《文渊阁四库全书》，第813册，第217页。

琦，明代赵宧光，均"愈写愈远矣"①。所谓"远"是指他们的篆书不具备秦代李斯之神韵，连李阳冰也遭到指斥。北宋朱长文在《续书断》一书中把徐铉书法作品列为妙品，与虞世南、欧阳询、褚遂良、怀素、柳公权等唐代大家同列，可见其影响之大。

徐铉之弟徐锴亦善书法，"而名誉相上下，世号'二徐'"②。此外，南唐精于篆书者，还有王文秉，其"篆体精劲，遗迹可宝"③。《六一题跋》云："其字画之精，远过徐铉。而朝中之士，不知文秉，但称徐常侍者，铉以文章有重名于当时故也。"此种看法虽不一定恰当，但也反映出王文秉篆书之绝妙，非同凡响。南唐精于书法者还有僧应之、潘佑、冯延巳等。应之学柳公权书法，"以善书冠江左"④。元宗见其书，叹曰："是深得（柳）公权之法者也。"⑤《宣和书谱》说宋朝御府藏有其作品数件，并称其行书"颇有气骨"。潘佑善行书、草书，其作品"笔迹奕奕，超拔流俗，殆有东晋之遗风焉"⑥。冯延巳工书，宋齐丘评论说："子书非不善，然不能精意，往往似虞世南。"⑦但冯延巳为人鄙微，其书法远胜于宋齐丘，却拜师于宋，以讨好献媚。书法讲究风骨，柳公权认为"心正则笔正"，冯延巳如此作为，其发展也就有限了。宋代书法大家当称"苏黄米蔡"，蔡原指蔡京，后被改为蔡襄，究其缘由也是蔡京为人不正所致。可见人们在评价书法家的作品时，往往将作品与其气节联系起来。

三、绘画

和文学一样，五代时期绘画重心也由北方移向南方，仍以南唐和

① 《履园丛话》卷一一上《书学·小篆》，第285页。
② 《墨池编》卷三《妙品十六人》，见《文渊阁四库全书》，第812册，第741页。
③ 《墨池编》卷三《妙品十六人》，见《文渊阁四库全书》，第812册，第741页。
④ 〔宋〕马令：《南唐书》卷二六《应之传》，第5425页。
⑤ 〔宋〕马令：《南唐书》卷二六《应之传》，第5425页。
⑥ 《宣和书谱》卷一一《正书》，见《文渊阁四库全书》，第813册，第263页。
⑦ 〔宋〕马令：《南唐书》卷二〇《宋齐丘传》，第5390页。

西蜀最为发达。中原地区除后梁承继唐代余绪，尚有可观外，其余4朝都不足称述。纵观五代时期的绘画发展，和唐代相比较发生了较大的变化，释道人物画逐渐衰落，而山水画却日趋发展。此外，花鸟画亦颇盛行，并逐渐变为画坛的一股巨流。从此，中国绘画渐渐摆脱宗教与政治的束缚，以表现和崇尚自然之美为画坛风尚，影响后世至为深远。这一时期佛道人物画虽还能在画坛占有一席之地，但也向纤丽简淡的风格发展，其阵容不能和花鸟山水画家相比。宋人郭若虚说："近代方古多不及，而过亦有之。若论佛道、人物、仕女、牛马，则近不及古；若论山水、林石、花竹、禽鱼，则古不及近。"①指的就是这种发展变化的形势。

南唐地处江南，有江山之胜、文物之美，自东晋而后，流风未坠，文化艺术日趋发达。除烈祖外，南唐君主都能书善画，大力提倡绘画，又创立画院，礼遇画士，故各地画家名士接踵而至，盛极一时。关于南唐画院，已有不少研究成果。②据现有资料看，凡进入画院的人，都分别授予不同的名位，有待诏、司艺、画学士、学生等类。其中"学生"可能是选入画院学习的人。宋代仿南唐、西蜀画院遗制建立的翰林书画院就曾招收七品以上官家子弟和八品以下及庶人子弟中俊异者入院学习，办起了画学。推而论之，南唐画院之"学生"大概也属此类。这就为南唐培养了不少绘画人才，使其绘画艺术更加兴盛。例如赵幹就是画院学生，他画的山水、楼观、水村、渔市，皆江南风景，《图绘宝鉴》称赞说："无一点朝市风埃。"③其是一位较有成就的画家。

后主李煜在政事之暇，雅擅绘事，亦颇有成就。据《宣和画谱》载：北宋御府就收藏其多幅作品。他创用笔之新法，将其"金错刀"之

---

① 《图画见闻志》卷一《叙论》，第24页。

② 如李澜：《论南唐画院》，《东南文化》1993年第5期，第183—191页；李裕民：《南唐画院新考》，《艺术探索》2006年第3期，第13—14页。但也有学者认为南唐没有画院之置，如韩刚：《南唐画院有无考辨》，《艺术探索》2005年第4期，第5—12页。此后他又多次撰文坚持此观点，不过并不为学界所接受，可算一家之说。

③ 《图绘宝鉴》卷三，见《文渊阁四库全书》，第814册，第571页。

书笔用到绘画中去，使其画风"清爽不凡""高出意外"，具有"瘦而神"的风格。将书法入画，自成一格，李煜在这方面可以说是开风气之先。他画的墨竹从根到梢，一一勾勒，叫作"铁钩锁"；他画的林木飞鸟，远胜常流；所画风虎云龙，"便见有霸者之略"[①]。受其影响的南唐画家有唐希雅和周文矩。唐希雅善画竹，"兼工翎毛"，以后主"金错刀"笔法入画，所画竹木，"多颤掣之笔，萧疏气韵"。[②]其花卉尤为著名，后人将他和徐熙并列，称为"江南绝笔"。周文矩为南唐画院之翰林待诏，尤工人物画。其楼观、车服、山林、泉石等类亦尽其妙。学后主瘦硬颤掣笔法，故《宣和画谱》说他此类画"不堕吴、曹之习，而成一家之学"，评价甚高。他的人物画学唐代周昉，"而纤丽过之"[③]，且无颤掣之笔。其仕女画"不在施朱傅粉，缕金佩玉，以饰为上"，而"在于得其闺阁之态"。[④]现存宋人临摹的《宫中图卷》，共5段，有妇孺81人，最末一段被奸商盗卖到美国，现存者总计不过30余人。作品描绘了宫廷妇女的悠闲生活，有弹琵琶、弹琴、戏儿弄犬等各种形态的宫人，还有一男子为一盛装妇女画像的场面。这是南唐宫中生活的实际反映，场面生动传神。此外，现存的还有宋摹本《重屏会棋图》《琉璃堂人物图》等，其中前者画中有画，匠心独运。

南唐画家成就最大者莫过于徐熙、董源，他们二人的共同特点是善于吸收前人长处，又不拘泥于前人笔法，敢于大胆创新，自成一格，故对后世影响较大。徐熙的主要成就在花鸟画，董源则在山水画方面成就显著。

董源为南唐北苑使。他的山水画描绘的都是江南景色，采取写实手法，"不为奇峭之笔"。沈括说他的山水画皆宜远观，不宜近视，"近

---

① 俞剑华标点注释：《宣和画谱》卷一七《花鸟三》，人民美术出版社，2016年，第267页。
② 《图画见闻志》卷四《花鸟门》，第95页。
③ 《宣和画谱》卷七《人物三》，第123页。
④ 〔元〕汤垕：《画鉴·唐画五代附》，见《文渊阁四库全书》，台湾商务印书馆，1983年，第814册，第426页。

视之几不类物象，远观则
景物粲然，幽情远思，
如者见异境"。如董源
画的《落照图》，"近视
无功，远观村落杳然深
远，悉是晚景，远峰之顶
宛有反照之色，此妙处
也"。^①以现存的《龙宿
郊民图》《夏景山口待渡
图》《溪岸图》《潇湘
图》《寒林重汀图》等作

品看，结景平远，皴多点密，显得山峦浑厚，树石幽润，具有江南风景
的秀润感觉，和沈括所说颇合。《宣和画谱》还说他的山水画，"至其
出自胸臆，写山水江湖，风雨溪谷，峰峦晦明，林霏烟云，与夫千岩万
壑，重汀绝岸，使览者得之，真若寓目于其处也。而足以助骚客词人之
吟思，则有不可形容者"^②，艺术感染力极强。在画法上，他吸取了唐
代山水画北宗李思训的着色和南宗王维水墨山水的画法，创立了水墨着
色的新画法。由于其画以水墨为主，着色为辅，采取了淡设色雨点皴和
大披麻皴两种画法，后人多认为他属于唐代山水南宗，其实并不准确。
王维山水画只重水墨，并且多用披麻皴法，而董源并不拘于此，广泛吸
收包括北宗在内的各种画法的长处，勉强地将其划为这宗那宗，实无必
要。但把他列入五代山水画南派，以便和中原的荆浩、关仝等北派人物相
区别，却是很必要的。因为就作品风格来说，南北派山水画确有明显的不
同。北派描绘的是北方风光，作品苍茫雄伟而有气韵；南派则抒写江南秀
丽山水。宋代山水画南派仍推董源为祖师，受其影响的主要有巨然、范
宽等画家。

---

① 《梦溪笔谈》卷一七《书画》，第165页。
② 《宣和画谱》卷一一《山水二》，第180页。

董源的人物、牛、虎等画亦很高超。他画的人物宛然如生，传说后主李煜在碧落宫召冯延巳议事，冯延巳立宫门，逡巡不敢进，后主遣使促之，冯延巳曰："有宫娥著青红锦袍，当门而立，故不敢竟进。"内使与他走近同看，"乃八尺琉璃屏画夷光也，盖董源之笔"。①《画鉴》说董源画"人物多用青红衣，人面亦用粉素，二者皆佳作也"②。与此画人物着衣色调相同，加之面施粉素，故栩栩如生。

董源《溪岸图》

巨然是南唐金陵开元寺的和尚，后转入北宋开封开宝寺。他是董源画法的主要继承人，所以画史常以董、巨并称。他和董源一样多描绘江南山水，山的形体庄重朴实，不求奇巧，气格清润。山势淡、皴点浓是其画特点，画史上说他"少年时矾头多，老年平淡趣高"③，现存的《湖山春晓图》《层岩丛树图》《秋山问道图》《山居图》等作品都可以看出这个特点。其作品还有密树重山、层次分明、曲径通幽等特点。

南唐画坛的另一巨匠，乃是徐熙，他家世为江南士族，本人"识度闲放，以高雅自任"④，故不入仕，为南唐画院之外的绘画大家。以花鸟画最为著名，与黄筌争鸣于南唐、西蜀，同为花鸟画之祖。徐熙作画先用淡墨画出枝叶蕊萼，然后再加轻淡的水彩，故"神气迥出，别有生动之意"⑤，"为古今之绝笔"⑥，在当时就为人所重，后主曾珍藏其作品

① 《南唐拾遗记》，第5788页。
② 〔元〕汤垕：《画鉴·唐画五代附》，见《文渊阁四库全书》，第814册，第425页。
③ 〔元〕夏文彦：《图绘宝鉴》卷三，见《文渊阁四库全书》，第814册，第572页。"矾头"指山顶上的小卵石。
④ 《图画见闻志》卷四《花鸟门》，第94页。
⑤ 《梦溪笔谈》卷一七《书画》，第164页。
⑥ 《宣和画谱》卷一七《花鸟三》，第272页。

多幅，并作为贡品，上贡给北宋朝廷。史载：其"善画花木、禽鱼、蝉蝶、蔬果，后主绝爱重其迹"①。《图画见闻志》载："徐铉云：'落墨为格，杂彩副之，迹与色不相隐映也。'又熙自撰《翠微堂记》云：'落笔之际，未尝以傅色晕淡细碎为功。'"②《图画见闻志》说徐熙的画是"无愧于前贤之作"③。入宋以后，"（黄）筌恶其轧己，言其画粗恶不入格，罢之"④，被排挤在画院之外。后来他的儿子（一说是其孙子）徐崇嗣、徐崇勋仿效黄家画法，而加以改变，"更不用墨笔，直以彩色图之，谓之'没骨图'，工与诸黄不相下"⑤，才得进入画院。徐黄二人画法不同，风格各异，黄筌画法是先行勾勒，后填色彩，旨趣

① 《十国春秋》卷三一，第454—455页。
② 《图画见闻志》卷四《花鸟门》，第94—95页。
③ 《图画见闻志》卷四《花鸟门》，第95页。
④ 《梦溪笔谈》卷一七《书画》，第164页。
⑤ 《梦溪笔谈》卷一七《书画》，第164页。

黄筌《写生珍禽图卷》

浓艳；而徐熙没骨渍染，旨趣清淡。后人评说："黄家富贵，徐熙野逸。"①即是指此。两家写生的对象也不同。黄筌父子供奉西蜀宫中，多画禁苑中珍禽瑞鸟、奇花异草；而徐熙多绘江湖所有的汀花野草、水鸟渊鱼、丛艳折枝之类。北宋初年，士大夫论花鸟画者，往往崇尚黄筌及其弟子赵昌的作品，而徐氏作品备受歧视。但随着时间的推移，二人的优劣就分出来了，此后人们多赞美徐熙作品，黄筌反倒被淡忘了。北宋中期，王安石就站出来为徐熙鸣不平，沈括也认为诸黄作品"然其气韵皆不及熙远甚"②。《宣和画谱》说："盖筌之画则神而不妙，（赵）昌之画则妙而不神。兼二者一洗而空之其为熙欤！"③因为"夫精于画者不过薄其彩绘，以取形似，于气骨能全之乎？熙独不然，必先以墨定其枝叶蕊萼等，而后傅之以色，故其气格前就，态度弥茂，与造化不甚远，宜乎为天下冠也"④。黄筌的画就差在只具形似，而缺少气骨。故《画史》说："黄筌画不足收，易摹；徐熙画不可摹。"⑤二人之高下，昭然若揭。现存徐熙的作品有《玉堂富贵图》《雪竹图》《飞禽山水图》等，是否为真迹尚有争议。

---

① 《图画见闻志》卷一《论黄徐体异》，第21页。

② 《梦溪笔谈》卷一七《书画》，第164页。

③ 《宣和画谱》卷一七《花鸟三》，第272页。

④ 〔宋〕刘道醇：《宋朝名画评》卷三《花卉翎毛门》，见《文渊阁四库全书》，台湾商务印书馆，1983年，第812册，第470页。

⑤ 〔宋〕米芾：《画史·唐画五代国朝附》，见《文渊阁四库全书》，台湾商务印书馆，1983年，第813册，第14页。

《图画见闻志》载：徐熙曾在"双缣幅素上画丛艳叠石，傍出药苗，杂以禽鸟，蜂蝉之妙。乃是供李主宫中挂设之具，谓之'铺殿花'，次曰'装堂花'。意在位置端庄，骈罗整肃，多不取生意自然之态"。此种作品纯为装饰性的东西，乃为统治阶级生活服务的应景之作，"故观者往往不甚采鉴"，[1]但却开创了实用生活装饰艺术的先河。

南唐绘画名家众多，除了以上数人外，在释道人物画方面，比较著名的还有曹仲元、顾闳中、顾德谦、王齐翰、竹梦松、陶守立、顾大中、高太冲、成处士等，均各有其特色。

曹仲元，南唐画院待诏。画释道鬼神，初学吴道子不成，"弃其法别作细密，以自名家，尤工傅彩，遂有一种风格"。曾在金陵佛寺画上下座壁，凡8年而未完成，南唐主责其迟缓，命周文矩察看。周文

---

① 《图画见闻志》卷六《铺殿花》，第155页。

矩回报曰: "仲元绘上天本样, 非凡工所及, 故迟迟如此。"①第二年画成, 深得众人赞叹。时人称江左画释道者, 以曹仲元为第一。顾闳中, 亦是南唐画院待诏。在画风上也师法唐代的张萱、周昉, 并有所发展。注意描绘人物的神情动作, 作品生动传神。著名的作品为《韩熙载夜宴图》, 全画共分5段, 用屏风将情节内容自然分成几个活动不同而又互相衔接的场面。作品表现了主人公韩熙载政治上失意后, 纵情声色, 消极退却, 尽日寻欢作乐, 通宵达旦歌舞宴饮的场面。画家着重细微描绘人物的心理和举止的含意, 不仅人物传神, 甚至感到声韵亦能传出画外。对服饰、道具均能逼真细致地描绘。全画运用工笔重彩技法, 线描严谨自然, 是我国中古时期的绘画佳作。据载当时后主李煜曾命周文矩与顾闳中同时画《韩熙载夜宴图》, 在元代有人曾见到过这两种画, "事迹稍异"②。后周文矩画不知所终。现存王齐翰的《勘书图》, 在人物面部、衣着及手足细节刻画上都极为细腻传神。顾德谦的人物画水平相当高超, 后主曾称赞说: "古有(顾)恺之, 今有德谦。"③

工屋木之类者, 以朱澄、卫贤为最佳; 花鸟画除徐熙外, 以郭乾晖、钟隐等自成一派, 画法奥秘, 不轻授人; 画竹有解处中、丁谦、李颇等人。其中李颇画竹最妙, 号称"五代独得李颇"。④他"不习他技, 独有得于竹, 知其胸中故自超绝"⑤。其余如梅行思画斗鸡, 杨辉画鱼, 赵幹画山水, 董羽画海水, 莫不尽其妙。连南唐宗室李景道、李景游都颇精于画道, 李景游所作的《谈道图》, "风度不凡, 飘然有仙举之状"⑥。南唐时绘画分科日益趋细, 各科目都有名家出现, 这正是我国绘画趋于成熟的一个重要标志。南唐灭亡后, 宋太祖派苏大参搜访名贤书

---

① 以上见《宣和画谱》卷三《道释三》, 第74页。
② 《画鉴·唐画五代附》, 见《文渊阁四库全书》, 第814册, 第425页。
③ 《图绘宝鉴》卷三, 见《文渊阁四库全书》, 第814册, 第568页。
④ 《宣和画谱》卷二〇《墨竹叙论》, 第302页。
⑤ 《宣和画谱》卷二〇《墨竹叙论》, 第303—304页。
⑥ 《宣和画谱》卷七《人物三》, 第126页。

画，得到南唐内府所藏名迹千余卷，书画中往往有"建业文房印""内殿图书""内司文印""集贤殿御画印"，有的还有押字，可知南唐内府收藏十分充实。

顾闳中《韩熙载夜宴图》（局部）

第二节　史学和教育

一、史学

南唐虽偏处江南，但典章制度完善，修史工作始终没有间断，成就亦颇可观。首先，其修史机构健全。唐代以前，史书大都是私家著作，唐太宗时设立史馆，开始由官修本国及前代史书。南唐继承了这一制度，设有史馆，选拔优秀人才承担修史工作。如徐铉、高远、乔匡舜、潘佑等都担任过史馆修撰。其与唐朝一样，建立了宰相监修国史的制度，据陆氏《南唐书·李建勋传》载："烈祖镇金陵，用为副使，预禅代之策。拜中书侍郎、同平章事，加左仆射、监修国史。"①可见南唐建立之初就设立了监修国史之职。

南唐建国之初就很重视修史工作，烈祖曾命兵部尚书陈濬编修《吴史》，后因其早卒而未成。②此后一直坚持不懈，终于在后主时，由高远、徐铉等修成《吴录》20卷。南唐时修撰的前朝史书还有尉迟偓的《中朝故事》3卷，记唐代宣、懿、昭、哀四朝事，反映当时君臣事迹和

---

① 〔宋〕陆游：《南唐书》卷九《李建勋传》，第5539页。
② 〔宋〕陆游：《南唐书》卷九《高越传附高远传》，第5535页。

朝廷制度颇多。唐朝实录自宣宗以下散失，故此书的记载可补遗阙，有一定的史料价值。此外，还有程匡柔撰的《唐补记》3卷，记唐代宣、懿、僖三朝事。《唐春秋》30卷，郭昭庆撰；《十三代史略》，夏鹏、夏鸿撰；《三朝革命录》3卷，徐廙撰；《金陵六朝记》2卷，尉迟偓撰；《历代年谱》1卷，徐锴撰；《吴将佐录》1卷，不知撰者姓名，据《通志·艺文略》注云："记杨行密时功臣三十六人行事，又三十四人只载姓名。"

修撰的本国史书主要有《烈祖实录》20卷、《元宗实录》10卷，均为史馆修撰高远所撰。其中《烈祖实录》号称"叙事详密"①。滁州刺史王颜还撰成《烈祖开基录》10卷，据陈振孙《直斋书录解题》一书云：此书记载了唐天祐二年至南唐昇元七年共39年间事。《高皇帝过江事实》1卷，不知撰者姓名，据《通志·艺文略》注云：此书记烈祖李昇于吴太和二年（930）过江镇守金陵之事。另外，南唐陈致雍还撰有他国史书一部，即《闽王审知传》1卷。

二、学校与书院

"书院"一词，始见于唐代。据《随园随笔》卷一四载："书院之名起唐玄宗时，丽正书院、集贤书院，皆建于朝省，为修书之地，非士子肄业之所也。"但据《嘉庆四川通志》载，遂宁县张九宗书院建于唐太宗贞观九年（635），早于《随园随笔》的记载。唐代江南西道也建有不少书院，仅据《光绪江西通志·建置略》的统计，私人创办的就有5所，皆为教育讲学性质的书院。延至南唐书院大量涌现，其中最著名的是白鹿洞书院，当时称为"庐山国学"。

烈祖昇元四年十二月，"是时建学馆于白鹿洞，置田供给诸生，以李善道为洞主，掌其教，号曰：'庐山国学'"②。《文献通考·学校考

---

① 〔宋〕陆游：《南唐书》卷九《高越传附高远传》，第5535页。
② 《十国春秋》卷一五《烈祖本纪》，第197页。

七》、陈舜俞《庐山记》均记载昇元中于白鹿洞建立学馆。因此，这个时间是比较可靠的。据《白鹿洞志》载：唐贞元年间，李渤与其兄李涉隐居庐山，李渤养一白鹿甚驯，常以自随，人称白鹿先生，谓其居处曰白鹿洞。宝历中，李渤为江州刺史，即以其所隐之地创建台榭，而白鹿洞遂盛闻于世。其后，唐末兵乱，州郡学校废坏，高雅之士往往读书讲学于其中，南唐的"庐山国学"就是在这样的基础上建立起来的。以国子监中博通经学之士主持此，李善道就是从国子监中调任而来的。

白鹿洞书院创建以来，终南唐之末，一直兴盛不衰。《容斋三笔》中说："李煜有国时，割善田数十顷，取其租廪给之。选太学之通经者，俾领洞事，日为诸生讲诵。"[1]后主末年主持此书院的是国子助教朱弼，他"精究五传，旁贯数经"。在他主持期间，整饬了学风，严肃了纪律，"每升堂讲释，生徒环立，各执疑难，问辩锋起，（朱）弼应声解说，莫不造理。虽题非己出，而事实联缀，宛若宿构"。可见其学风是轻松活泼的，允许师生之间互相问难。由于教学方法灵活，老师学识博精，"以故诸生诚服，皆循规范"[2]。而"生徒自四方来者，数倍平时"[3]。当时拥有学生数百人，[4]为南唐培养了许多各类人才，著名之士如卢绛、蒯鳌、孟贯、伍乔、江为、杨徽之等，皆肄业于庐山国学。

自南唐完善书院之制后，至宋初天下有"四大书院"之称，后逐渐推广到南宋，历元、明、清三朝，差不多有1000年的历史，确为中国教育史上极为灿烂的一页。

南唐国子监仿唐制，"鸠集典坟，特置学官，滨秦淮，开国子监"，以官家子弟及庶民子弟中优异者入学，拥有学生亦数百人。[5]南唐诸君都非常重视教育，尤重国子监。韩德霸为都城烽火使，外出巡查，至国子监门口，被其学生冲撞，韩命捕之，反被击伤，遂诣后主诉之。

---

① 《容斋三笔》卷五《州郡书院》，第488页。

② 〔宋〕马令：《南唐书》卷二三《朱弼传》，第5406页。

③ 〔宋〕陆游：《南唐书》卷一五《朱弼传》，第5585页。

④ 〔宋〕马令：《南唐书》卷二三《朱弼传》，第5406页。

⑤ 〔宋〕马令：《南唐书》卷二三《朱弼传》，第5406页。

"后主让曰: '国子监, 先帝教育贤材之地, 孤亦赖此辈与之共治。汝斗监前, 是必越分陵辱士人。既为戎帅, 不能自扞, 宜见其殴。'遂罢德霸职。"①其对教育的重视, 于此可见一斑矣。

据马令所载, 南唐除中央国子监外, 地方州县往往设有官学,②其设置皆仿唐朝旧制, 此不多费笔墨。

南唐教育事业之发达, 不仅仅表现为官办学校的兴盛, 民间私办学校也很兴盛。私学在当时极为普遍, 如李建勋罢相之后, 出镇洪州。"一日, 与宾僚游东山, 各事宽履轻衫, 携酒肴, 引步于渔溪樵坞间, 遇佳处则饮。忽平田间一茅舍, 有儿童诵书声, 相君携策就之, 乃一老叟教数村童。"③与之交谈, 发现老翁学识极博。这是一典型乡村私学, 教师水平亦很高超。再如九江人江梦孙, "少传先业, 颇蕴艺学, 旁贯诸经, 籍茂声誉, 远近崇仰, 诸生弟子不远数郡而至者百人。春诵夏弦, 以时讲闻, 鼓箧函丈, 庠序常盈"④。学生人数至百人, 可谓兴盛之至矣。

南唐的许多地方士绅也都热心于教育事业, 创办了不少学校。江州陈氏, "遂于居之左二十里曰东佳, 因胜据奇, 是卜是筑, 为书楼堂庑数十间, 聚书数千卷。田二十顷, 以为游学之资"⑤, "以延四方之士"⑥。"江南名士皆肄业于其家。"⑦洪州胡氏, "构学舍于华林山别墅, 聚书万卷, 大设厨廪, 以延四方游学之士"⑧。南康洪氏, "就所居雷湖北创书舍, 招来学者"⑨。奉新罗仁节兄弟, 创办梧桐书院, 教授乡

---

① 〔宋〕马令:《南唐书》卷二三《卢郢传》, 第5409页。

② 〔宋〕马令:《南唐书》卷二三《朱弼传》: "所统州县, 往往有学。"第5406页。

③ 《湘山野录》卷上, 第12页。

④ 《江南野史》卷八《江梦孙》, 第5210页。

⑤ 《徐铉集校注》附《徐锴集·陈氏书堂记》, 第851页。

⑥ 〔宋〕马令:《南唐书》卷一《先主书》, 第5262页。

⑦ 《湘山野录》卷上, 第16页。

⑧ 《宋史》卷四五六《胡仲尧传》, 第13390页。

⑨ 《宋史》卷四五六《洪文抚传》, 第13392页。

里，"筑精舍梧桐山下，学者益众"①。此外，庐陵罗韬所建的匡山书院，刘玉所建的光禄书院，皆著称于当时。至于其他村社私学，不可胜计。

对于私人兴办学校，南唐政府采取鼓励政策，或予以表彰，或减免其赋税，遂使境内私学更加兴盛。公私兴办教育的结果，不仅为政府培养了大批人才，而且使境内读书成风，甚至使"乡里率化，狱讼希少"②，同时也使南唐文化不仅比北方发达，而且比当时南方其他国家更为繁盛。当时南唐饶州一带，"为父兄者，以其子与弟不文为咎；为母妻者，以其子与夫不学为辱"③。饶州当时还不是南唐文化最发达的地区，其读书重教之风如此，其他文化发达地区更是有过之无不及了。宋人马令说"儒衣书服，盛于南唐"④，绝非过誉之辞。南唐教育文化事业的发展标志着南方文化的发展已超过北方。其实，宋代南方文化之兴盛，也是奠基于五代时期，而江南及饶州之甲则应归功于南唐的努力。

南唐在烈祖时期，由于制度草创，"言事遇合，即随才进用"⑤，还没有进行科举考试。至元宗时期，随着各种制度的完善和教育事业的日渐兴盛，开设科举的条件已经成熟，遂于保大十年二月，命翰林学士江文蔚知礼部贡举，开始科举考试。此后，保大十一年、十二年，连举3年。后由于周师南下淮南，战事激烈，遂暂时中断科举。后主统治时期，尽管国势衰弱，但科举却未中断，甚至在宋军包围金陵的危急形势下，仍然举行了一次科举考试，录取进士38人。⑥旧史家对此举多采取讥讽态度，认为后主行事荒唐。其实不然，这正反映了南唐对教育与选拔人才的重视。因为古代教育的目的，一是教化人民以进行思想统治，二是培养统治阶级需要的人才。所以，南唐统治者对科举的重视，实质上也就是对教育的重视。

---

① 《江西通志》卷六六《人物》，见《文渊阁四库全书》，第515册，第301页。
② 〔宋〕马令：《南唐书》卷一《先主书》，第5262页。
③ 《容斋四笔》卷五《饶州风俗》，第683页。
④ 〔宋〕马令：《南唐书》卷一三《儒者传序》，第5347页。
⑤ 〔宋〕陆游：《南唐书》卷一〇《江文蔚传》，第5547页。
⑥ 〔宋〕陆游：《南唐书》卷三《后主本纪》，第5493页。

三、图书的编纂与征集

南唐统治阶级对图书的征集始终非常重视。烈祖早年任升州刺史时，就以"文艺自好"，他当政后对收集坟典非常重视。因为当时存在武人跋扈的局面，要改变这种状况，单纯在政治上重用文人是不行的，还必须大力发展文化教育事业。只有这样才可以培养大批人才，在社会上形成重视文化、重视知识分子的风气，从根本上铲除武人轻视知识、看不起文人的恶习。要发展文化与教育，没有图书典籍是不行的。因此，烈祖采取重金收购或置书吏借来抄写的办法，丰富官藏书籍。当时人刘崇远说："始天祐间，江表多故，洎及宁贴，人尚苟安。稽古之谈，几乎绝侣；横经之席，蔑尔无闻。及高皇（指李昇）初收金陵，首兴遗教，悬金为购坟典，职吏而写史籍。闻有藏书者，虽寒贱必优词以假之；或有赍献者，虽浅近必丰厚以答之。时有以学王右军书一轴来献，因偿十余万，缯帛副焉。由是六经臻备，诸史条集，古今名画，辐凑绛帷。俊杰通儒，不远千里而家至户到。"①此举不仅收集到大量图籍，而且也感召了不少"俊杰通儒"投奔而来，可谓一举两得。一些富于藏书的士人，感于烈祖发展文化的政策，主动无偿捐献了不少图书。如庐陵人鲁崇范，"九经子史，广贮一室，皆手自校定。会烈祖初建学校，典籍残阙，下诏旁求郡县，吉州刺史贾皓就取崇范本进之，以私缗偿其直。崇范笑曰：'坟典，天下公器，世乱藏于家，世治藏于国，其实一也。吾非书肆，何酬价为？'皓赴阙，与崇范俱至金陵，表荐之，授太子洗马"②。烈祖这一政策效果极佳，据载仅其镇守金陵时所建的"建业文房"就藏书3000余卷。这个数字虽不算多，但是一个开端，为南唐日后大量图书的征集打开了路子，积累了经验，创造了条件，奠定了南唐文化发展的基础。

此后，元宗、后主均大力征集书籍，至南唐末年，金陵官藏书籍达10余万卷之多，且多是经过精心校审，"编秩完具"，"与诸国本不

---

① 〔南唐〕刘崇远：《金华子杂编》卷上，中华书局，2014年，第257页。

② 《十国春秋》卷二九《鲁崇范传》，第413页。

类"①的善本。而宋朝建隆初，中央三馆所藏图书不过12000余卷，②比之南唐，差之远矣。南唐朝内学富识广之臣甚多，如韩熙载、江文蔚、徐铉、徐锴、高越、潘佑、汤悦、张洎之辈，莫不如此，"其余落落，不可胜数"③。他们多精于小学，校雠图书，用力甚多。其中徐锴贡献最大，陆游说：徐锴久处集贤馆，"朱黄不去手，非暮不出。少精小学，故所雠书尤审谛。……江南藏书之盛为天下冠，锴力居多。后主尝叹曰：'群臣勤其官，皆如徐锴在集贤，吾何忧哉！'"④宋朝初年，命令学官校定"九经"，当时主持此事的孔维、杜镐等人"苦于讹舛"，工作很难进行，后来得到南唐的大量藏书，由于多校雠精审，才使这项工作顺利完成。所以，马令感慨地说："昔韩宣子适鲁，而知周礼之所在。且周之典礼，固非鲁可存，而鲁果能存其礼，亦为近于道矣。南唐之藏书，何以异此？"⑤给予极高评价。太平兴国年间，宋朝编撰《太平御览》一书，"引用一千六百九十种（图书），其纲目并载于首卷，而杂书、古诗赋又不及具录"⑥。其中采用了不少原南唐藏书，它们发挥了极重要的作用。宋人洪迈曾说："国初承五季乱离之后，所在书籍印板至少，宜其焚炀荡析，了无孑遗。"然编《太平御览》竟能引用如此之多的图书，"以今考之，无传者十之七八矣，则是承平百七十年，翻不若极乱之世"⑦。对此，他极为感叹。这鲜明的对比，更反衬出南唐鸠集图籍对保存我国古代文献具有多么重要的意义。

南唐不仅图籍搜采丰富，由于教育发达，人才众多，书籍的著述也极为丰富。无论经学、史学、音乐、美术、小学、文学、地理、医学、目录等方面都有较丰富的著作，对后世文化发展之影响尤为深远。现在所能考

---

① 〔宋〕马令：《南唐书》卷二三《朱弼传》，第5407页。

② 《续资治通鉴长编》卷一九，太宗太平兴国三年正月载："建隆初，三馆所藏书仅一万二千余卷。"第422页。

③ 〔宋〕马令：《南唐书》卷一三《儒者传上》，第5347页。

④ 〔宋〕陆游：《南唐书》卷五《徐锴传》，第5501页。

⑤ 〔宋〕马令：《南唐书》卷二三《朱弼传》，第5407页。

⑥ 《容斋五笔》卷七《国初文籍》，第908页。

⑦ 《容斋五笔》卷七《国初文籍》，第908页。

知的南唐人著作就有近200种之多，无法考知的尚不知有多少。繁多的著述和丰富的官藏图籍标志着南唐文化远远居于当时各国之上。南唐人自己也自豪地认为本国"百代文章，罔不备举"[①]。宋人则夸赞南唐，30余年间，"文物有元和之风"[②]。这些看法绝非过誉之辞。我们可以断言，南唐的文化成就对于此后改变中国古代社会文化地理的基本格局产生了极大的作用。

关于南唐著述的基本情况，详见正文后《南唐艺文志》，此不赘述。

[①] 《入蜀记》卷四，见《文渊阁四库全书》，第460册，第907页。

[②] 〔宋〕马令：《南唐书》卷一三《儒者传上》，第5347页。

参考文献

[1] 刘安.淮南子［M］.北京：中华书局，2013.

[2] 陆贽.陆贽集［M］.北京：中华书局，2006.

[3] 李吉甫.元和郡县图志［M］.北京：中华书局，1983.

[4] 白居易.白居易诗集校注［M］.谢思炜，校注.北京：中华书局，2006.

[5] 方世举.韩昌黎诗集编年笺注［M］.郝润华，丁俊丽，整理.北京：中华书局，2012.

[6] 陆羽.茶经［M］.沈冬梅，校注.北京：中华书局，2019.

[7] 李肇.唐国史补［M］.上海：上海古籍出版社，1957.

[8] 吴在庆.杜牧集系年校注［M］.北京：中华书局，2008.

[9] 皎然.皎然集［M］.四部丛刊初编，上海：商务印书馆，1936.

[10] 崔致远.桂苑笔耕集校注［M］.党银平，校注.北京：中华书局，2007.

[11] 韩鄂.四时纂要［M］.北京：农业出版社，1981.

[12] 孙光宪.北梦琐言［M］.贾二强，点校.北京：中华书局，2002.

[13] 赵崇祚.花间集·序［M］.北京：中华书局，2014.

[14] 李璟，李煜.南唐二主词笺注［M］.陈书良，刘娟，笺注.北京：中华书局，2013.

[15] 刘崇远.金华子杂编［M］.北京：中华书局，2014.

[16] 刘昫，等.旧唐书［M］.北京：中华书局，1975.

[17] 欧阳修，宋祁.新唐书［M］.北京：中华书局，1975.

[18] 乐史.太平寰宇记［M］.北京：中华书局，2007.

[19] 徐铉.徐铉集校注［M］.李振中，校注.北京：中华书局，2016.

[20] 徐铉.稽神录［M］.白化文,点校.北京：中华书局,2006.

[21] 窦仪,等.宋刑统［M］.吴翊如,点校.北京：中华书局,1984.

[22] 王溥.五代会要［M］.上海：上海古籍出版社,1978.

[23] 薛居正,等.旧五代史［M］.北京：中华书局,1976.

[24] 欧阳修.新五代史［M］.北京：中华书局,1974.

[25] 欧阳修.欧阳修全集［M］.北京：中华书局,2001.

[26] 王钦若,等.册府元龟［M］.南京：凤凰出版社,2006.

[27] 李昉,等.太平广记［M］.北京：中华书局,1961.

[28] 司马光.资治通鉴［M］.北京：中华书局,1956.

[29] 王存.元丰九域志［M］.魏嵩山,王文楚,点校.北京：中华书局,1984.

[30] 江少虞.宋朝事实类苑［M］.上海：上海古籍出版社,1981.

[31] 史温.钓矶立谈［M］//傅璇琮,徐海荣,徐吉军.五代史书汇编.杭州：杭州出版社,2004.

[32] 陶谷.清异录［M］//傅璇琮,徐海荣,徐吉军.五代史书汇编.杭州：杭州出版社,2004.

[33] 佚名.江南余载［M］//傅璇琮,徐海荣,徐吉军.五代史书汇编.杭州：杭州出版社,2004.

[34] 路振.九国志［M］//傅璇琮,徐海荣,徐吉军.五代史书汇编.杭州：杭州出版社,2004.

[35] 佚名.五国故事［M］//傅璇琮,徐海荣,徐吉军.五代史书汇编.杭州：杭州出版社,2004.

[36] 周羽翀.三楚新录［M］//傅璇琮,徐海荣,徐吉军.五代史书汇编.杭州：杭州出版社,2004.

[37] 马令.南唐书［M］//傅璇琮,徐海荣,徐吉军.五代史书汇编.杭州：杭州出版社,2004.

[38] 陆游.南唐书［M］//傅璇琮,徐海荣,徐吉军.五代史书汇编.杭州：杭州出版社,2004.

[39] 钱俨.吴越备史 [M] //傅璇琮，徐海荣，徐吉军.五代史书汇编.杭州：杭州出版社，2001.

[40] 陈彭年.江南别录 [M] //傅璇琮，徐海荣，徐吉军.五代史书汇编.杭州：杭州出版社，2004.

[41] 龙衮.江南野史 [M] //傅璇琮，徐海荣，徐吉军.五代史书汇编.杭州：杭州出版社，2004.

[42] 郑文宝.江表志 [M] //傅璇琮，徐海荣，徐吉军.五代史书汇编.杭州：杭州出版社，2004.

[43] 郑文宝.南唐近事 [M] //傅璇琮，徐海荣，徐吉军.五代史书汇编.杭州：杭州出版社，2004.

[44] 毛先舒.南唐拾遗记 [M] //傅璇琮，徐海荣，徐吉军.五代史书汇编.杭州：杭州出版社，2004.

[45] 梁廷枏.南汉书 [M] //傅璇琮，徐海荣，徐吉军.五代史书汇编.杭州：杭州出版社，2004.

[46] 陆游.家世旧闻 [M] .孔凡礼，点校.北京：中华书局，1993.

[47] 陆游.入蜀记 [M] //文渊阁四库全书.台北：台湾商务印书馆，1983.

[48] 黄休复.益州名画录 [M] .成都：四川人民出版社，1982.

[49] 陈亮.龙川集 [M] //文渊阁四库全书.台北：台湾商务印书馆，1983.

[50] 蔡襄.荔枝谱 [M] //文渊阁四库全书.台北：台湾商务印书馆，1983.

[51] 佚名.宣和书谱 [M] //文渊阁四库全书.台北：台湾商务印书馆，1983.

[52] 熊蕃.宣和北苑贡茶录 [M] //文渊阁四库全书.台北：台湾商务印书馆，1983.

[53] 文莹.玉壶清话 [M] .北京：中华书局，1984.

[54] 文莹.湘山野录 [M] .北京：中华书局，1984.

[55] 宋敏求.春明退朝录 [M] .北京：中华书局，1980.

[56] 沈括.梦溪笔谈 [M] .北京：中华书局，2015.

[57] 周辉.清波杂志校注 [M] .刘永翔，校注.北京：中华书局，1994.

[58] 张敦颐.六朝事迹编类 [M] .北京：中华书局，2012.

［59］佚名.宣和画谱［M］.北京：人民美术出版社，2016.

［60］宋子安.东溪试茶录［M］.上海：上海书店出版社，2015.

［61］赵汝砺.北苑别录［M］.上海：上海书店出版社，2015.

［62］曾敏行.独醒杂志［M］//上海古籍出版社.宋元笔记小说大观.上海：上海古籍出版社，2007.

［63］吴曾.能改斋漫录［M］.北京：中华书局，1960.

［64］王观.扬州芍药谱［M］//文渊阁四库全书.台北：台湾商务印书馆，1983.

［65］刘道醇.宋朝名画评［M］//文渊阁四库全书.台北：台湾商务印书馆，1983.

［66］米芾.画史［M］//文渊阁四库全书.台北：台湾商务印书馆，1983.

［67］程大昌.演繁露［M］//文渊阁四库全书.台北：台湾商务印书馆，1983.

［68］彭百川.太平治迹统类［M］//文渊阁四库全书.台北：台湾商务印书馆，1983.

［69］王巩.随手杂录［M］//文渊阁四库全书.台北：台湾商务印书馆，1983.

［70］朱长文.墨池编［M］//文渊阁四库全书.台北：台湾商务印书馆，1983.

［71］郭若虚.图画见闻志［M］.田瑞娟，点校.北京：人民美术出版社，1963.

［72］叶廷珪.海录碎事［M］.北京：中华书局，2002.

［73］赵彦卫.云麓漫钞［M］.北京：中华书局，1996.

［74］叶梦得.石林燕语［M］.北京：中华书局，1984.

［75］王辟之.渑水燕谈录［M］.北京：中华书局，1981.

［76］王观国.学林［M］.田瑞娟，点校.北京：中华书局，1988.

［77］王铚.默记［M］.北京：中华书局，1981.

［78］陈师道.后山谈丛［M］.北京：中华书局，2007.

［79］邵博.邵氏闻见后录［M］.北京：中华书局，1983.

［80］王栐.燕翼诒谋录［M］.北京：中华书局，1981.

［81］王明清.挥麈后录［M］//上海古籍出版社.宋元笔记小说大观.上海：上海古籍出版社，2007.

［82］洪迈.容斋随笔［M］.北京：中华书局，2005.

[83] 李焘.续资治通鉴长编［M］.北京：中华书局，2004.

[84] 曾慥.类说［M］.北京：文学古籍刊行社，1955.

[85] 祝穆.方舆胜览［M］.北京：中华书局，2003.

[86] 辛弃疾.辛弃疾集编年笺注［M］.辛更儒，笺注.北京：中华书局，2015.

[87] 李心传.建炎以来系年要录［M］.北京：中华书局，1988.

[88] 马端临.文献通考［M］.北京：中华书局，2011.

[89] 陶宗仪.南村辍耕录［M］.北京：中华书局，1959.

[90] 陶宗仪.说郛［M］//文渊阁四库全书.台北：台湾商务印书馆，1983.

[91] 夏文彦.图绘宝鉴［M］//文渊阁四库全书.台北：台湾商务印书馆，1983.

[92] 谢旻，等.江西通志［M］//文渊阁四库全书.台北：台湾商务印书馆，1983.

[93] 赵弘恩.江南通志［M］//文渊阁四库全书.台北：台湾商务印书馆，1983.

[94] 汤垕.画鉴［M］//文渊阁四库全书.台北：台湾商务印书馆，1983.

[95] 脱脱，等.宋史［M］.北京：中华书局，1977.

[96] 朱昱.成化重修毗陵志［M］.台北：成文出版社，1983.

[97] 程文.弘治句容县志［M］//天一阁藏明代方志选刊.明弘治刻本.

[98] 盛仪.嘉靖惟扬志［M］//天一阁藏明代方志选刊.明嘉靖刻本.

[99] 申嘉端.隆庆仪真县志［M］//天一阁藏明代方志选刊.明隆庆刻本.

[100] 沈德符.万历野获编［M］.北京：中华书局，1959.

[101] 陈其愫.皇明经济文辑［M］.沈阳：辽海出版社，2009.

[102] 王夫之.读通鉴论［M］.北京：中华书局，1975.

[103] 顾炎武.日知录集释［M］.黄汝成，集释.上海：上海古籍出版社，2006.

[104] 徐松.宋会要辑稿［M］.刘琳，习忠民，舒大刚，校点.上海：上海古籍出版社，2014.

[105] 董诰.全唐文［M］.北京：中华书局，1983.

[106] 彭定求，等.全唐诗［M］.北京：中华书局，1960.

[107] 顾祖禹.读史方舆纪要［M］.北京：中华书局，2005.

[108] 陆心源.唐文拾遗［M］.北京：中华书局，1983.

[109] 吴任臣.十国春秋［M］.北京：中华书局，2010.

[110] 陈鳣.续唐书［M］//丛书集成初编.上海：商务印书馆，1936.

[111] 钱泳.履园丛话［M］.北京：中华书局，1979.

[112] 刘熙载.艺概注稿［M］.北京：中华书局，2009.

[113] 王士禛.五代诗话［M］.北京：人民文学出版社，1989.

[114] 王弈清.历代词话［M］.北京：中华书局，1986.

[115] 曾枣庄，刘琳.全宋文［M］.上海：上海辞书出版社，2006.

[116] 曾枣庄.宋代序跋全编［M］.济南：齐鲁书社，2015.

[117] 吴钢.全唐文补遗：第7辑［M］.西安：三秦出版社，2000.

[118] 曾昭岷，等.全唐五代词［M］.北京：中华书局，1999.

[119] 中国科学院考古研究所.新中国的考古收获［M］.北京：文物出版社，1961.

[120] 范文澜.中国通史：第4册［M］.人民出版社，1978.

[121] 韩国磐.隋唐五代史论集［M］.北京：三联书店，1979.

[122] 韩国磐.隋唐五代史纲［M］.北京：人民出版社，1979.

[123] 傅筑夫.中国古代经济史概论［M］.北京：中国社会科学出版社，1981.

[124] 文物编辑委员会.文物考古工作三十年：1949—1979［M］.北京：文物出版社，1981.

[125] 唐圭璋.唐宋词简释［M］.上海：上海古籍出版社，1981.

[126] 华山.宋史论集［M］.济南：齐鲁书社，1982.

[127] 中国社会科学院考古研究所.新中国的考古发现和研究［M］.北京：文物出版社，1984.

[128] 陶懋炳.五代史略［M］.北京：人民出版社，1985.

[129] 俞陛云.唐五代两宋词选释［M］.上海：上海古籍出版社，1985.

[130] 漆侠.宋代经济史［M］.上海：上海人民出版社，1987.

[131] 郑学檬.五代十国史研究 [M].上海：上海人民出版社，1991.

[132] 张其凡.五代禁军初探 [M].广州：暨南大学出版社，1993.

[133] 马克思，恩格斯.马克思恩格斯选集：第2卷 [M].北京：人民出版社，1995.

[134] 李冰若.花间集评注 [M].石家庄：河北教育出版社，1999.

[135] 王国维.校注人间词话 [M].徐调孚，校注.北京：中华书局，2003.

[136] 吴熊和.唐宋词通论 [M].北京：商务印书馆，2003.

[137] 王兆鹏.唐宋词汇评 [M].杭州：浙江教育出版社，2004.

[138] 唐圭璋.词话丛编 [M].北京：中华书局，2005.

[139] 张秀民.中国印刷史 [M].韩琦，增订.杭州：浙江古籍出版社，2006.

[140] 杜文玉.五代十国经济史 [M].北京：学苑出版社，2011.

[141] 张丽.江南文化与南唐词 [M].北京：中国文史出版社，2015.

[142] 张兴武.补五代史艺文志辑考 [M].上海：上海古籍出版社，2016.

[143] 南京博物院.南唐二陵发掘简略报告 [J].文物参考资料，1951（7）.

[144] 石谷风.合肥西郊南唐墓清理简报 [J].文物参考资料，1958（3）.

[145] 梁济海.韩熙载夜宴图的现实意义 [J].文物参考资料，1958（6）.

[146] 竺可桢.中国近五千年来气候变迁的初步研究 [J].考古学报，1972（1）.

[147] 杜君政.唐末五代黄河水患及其影响 [J].青海师范学院学报，1979（1）.

[148] 史工.有关德化瓷器发展史的学术讨论 [J].厦门大学学报，1980（3）.

[149] 施蛰存.南唐二主词叙论 [J].中国古代、近代文学研究，1980（29）.

[150] 白寿彝.关于中国民族关系史上的几个问题：在中国民族关系史座谈会上的讲话 [J].北京师范大学学报，1981（6）.

[151] 李伯重.唐代长江流域地区农民副业生产的发展 [J].厦门大学学报，1982（4）.

[152] 任爽.南唐党争试探 [J].求是学刊，1985（5）.

[153] 郑学檬.五代时期长江流域及江南地区的农业经济 [J].历史研究，1985（4）.

[154] 唐启淮.唐、五代时期湖南地区社会经济的发展 [J].中国社会经济史研究，1985（4）.

[155] 周荔.宋代的茶叶生产 [J].历史研究，1985（6）.

[156] 郑学檬.论唐五代长江中游经济发展的动向 [J].厦门大学学报，1987（1）.

[157] 杜文玉.我国五代时期雕版印刷业的发展 [J].渭南师专学报，1987（1）.

[158] 任爽.南唐时期江西的经济与文化 [J].求是学刊，1987（2）.

[159] 刘晓祥.九江县南唐水利计工题刻 [J].江西文物，1989（2）.

[160] 齐勇锋.五代藩镇兵制和五代宋初的削藩措施 [J].河北学刊，1993（4）.

[161] 李澜.论南唐画院 [J].东南文化，1993（5）.

[162] 杜文玉.晚唐五代都指挥使考 [J].学术界，1995（1）.

[163] 易图强.五代朝廷行政上削藩制置 [J].益阳师专学报，1996（2）.

[164] 曹建文.景德镇五代白瓷兴起原因初探 [J].景德镇陶瓷，1998（3）.

[165] 杜劲甫.唐、五代长沙出土白瓷窑口探源 [J].东南文化，2003（1）.

[166] 韩刚.南唐画院有无考辨 [J].艺术探索，2005（4）.

[167] 李裕民.南唐画院新考 [J].艺术探索，2006（3）.

[168] 滑红彬.《补五代史艺文志辑考》订补十一则 [J].图书馆研究，2020（1）.

南唐世系表

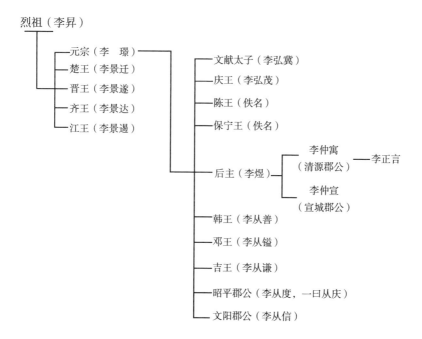

烈祖（李昇）

元宗（李璟）
楚王（李景迁）
晋王（李景遂）
齐王（李景达）
江王（李景逿）

文献太子（李弘冀）
庆王（李弘茂）
陈王（佚名）
保宁王（佚名）
后主（李煜）
韩王（李从善）
邓王（李从镒）
吉王（李从谦）
昭平郡公（李从度，一曰从庆）
文阳郡公（李从信）

李仲寓（清源郡公）——李正言
李仲宣（宣城郡公）

南唐年表

公元纪年	南唐年号	中原王朝年号	备注
937	昇元元年	天福二年	后晋高祖年号为天福
938	昇元二年	天福三年	
939	昇元三年	天福四年	
940	昇元四年	天福五年	
941	昇元五年	天福六年	
942	昇元六年	天福七年	
943	昇元七年 保大元年	天福八年	烈祖崩，三月改元保大
944	保大二年	开运元年	后晋出帝改年号开远
945	保大三年	开远二年	
946	保大四年	开远三年	
947	保大五年	开运四年 后汉天福十二年	后晋亡，后汉高祖仍用晋天福年号
948	保大六年	乾祐元年	后汉高祖改元乾祐
949	保大七年	乾祐二年	
950	保大八年	乾祐三年	后汉亡
951	保大九年	广顺元年	后周太祖改元广顺
952	保大十年	广顺二年	
953	保大十一年	广顺三年	
954	保大十二年	显德元年	后周世宗改元显德
955	保大十三年	显德二年	

公元纪年	南唐年号	中原王朝年号	备注
956	保大十四年	显德三年	
957	保大十五年	显德四年	
958	中兴元年 交泰元年	显德五年	南唐改奉中原正朔
959	元宗十七年	显德六年	
960	元宗十八年	建隆元年	后周亡，宋太祖建元建隆
961	后主元年	建隆二年	元宗崩，后主即位，无年号
962	后主二年	建隆三年	
963	后主三年	建隆四年 乾德元年	宋太祖改元乾德
964	后主四年	乾德二年	
965	后主五年	乾德三年	
966	后主六年	乾德四年	
967	后主七年	乾德五年	
968	后主八年	乾德六年 开宝元年	宋太祖改元开宝
969	后主九年	开宝二年	
970	后主十年	开宝三年	
971	后主十一年	开宝四年	
972	后主十二年	开宝五年	
973	后主十三年	开宝六年	
974	后主十四年	开宝七年	
975	后主十五年	开宝八年	南唐亡

南唐艺文志 [①]

一、经部

《礼经释》		黄载撰
《春秋纂要》	十卷	姜虔嗣撰
《三家老子音义》	一卷	徐铉撰
《通释五音》	一千卷	徐锴撰

小学类

《说文解字韵谱》	十卷	徐锴撰
《说文解字系传》	四十卷	徐锴撰
《英公学源》	一卷	释梦英撰
《篆韵》	五卷	徐锴撰
《篆书千文》	一卷	徐铉撰
《说文解字》	三十卷	徐铉校
《说文五义》	三卷	吴淑撰
《古钲铭碑》	一卷	徐铉撰

[①] 主要依据顾櫰三《补五代史艺文志》、宋祖骏《补五代史艺文志》、徐炯《五代史记补考·艺文考》、陈鳣《续唐书·经籍志》、汪之昌《补南唐艺文志》、唐圭璋《南唐艺文志》、张兴武《补五代史艺文志辑考》等书的相关内容，以及滑红彬《〈补五代史艺文志辑考〉订补十一则》一文，并参考其他史籍增补改编而成。需要说明的是，南唐人入宋以后所撰之书统统删去，分类方面有所调整，原出处及考证文字皆删去。此外，有关金石题名，凡原文仍存世并被收入他书，且已被著录者，不再收录，以免重复。

二、史部

正史类

《汉书刊误》	一卷	张佖撰
《南唐烈祖实录》	二十卷	高远撰
《元宗实录》	十卷	高远撰
《历代年谱》	一卷	徐锴撰
《元类》	一卷	沈汾撰

杂史类

《中朝故事》	三卷	尉迟偓撰
《三朝革命录》	三卷	徐廙撰
《十三代史略》		夏鹏、夏鸿撰
《唐补记》	三卷	程匡柔撰
《吴录》	二十卷	徐铉等撰
《吴将佐录》	一卷	佚名
《高皇帝过江事实》	一卷	佚名
《闽王审知传》	一卷	陈致雍撰
《江南李氏事迹》	一卷	佚名
《江南志》	二卷	佚名
《烈祖开基录》	十卷	王颜撰
《唐春秋》	三十卷	郭昭庆撰
《金陵六朝记》	二卷	尉迟偓撰

仪注类

《州县祭祀仪、五礼仪镜》	六卷	陈致雍撰
《新定寝祀仪》	一卷	陈致雍撰
《郊望论》		周彬撰
《齐职仪》		周载撰

刑法类

《江南刑律统类》	十卷	姜虔嗣撰

《江南删定条》	三十卷	李氏撰
《江南格令条》	八十袾	佚名
《昇元格》		佚名
《古今国典》	一百卷	徐锴辑

地理类

《方舆记》	一百三十卷	徐锴撰
《山海经图》	十卷	舒雅撰
《豫章记》	三卷	徐廙撰
《晋安海物异名记》	三卷	陈致雍撰
《高丽国海外使程记》	三卷	章僚撰

三、子部

儒家类

《治书》	十卷	郭昭庆撰
《经国治民论》	二卷	郭昭庆撰
《为政九要》		史虚白撰
《太玄经注》		张易撰
《陈子正言》	十五卷	陈岳撰
《皇纲经》		陈彭言撰

道家类

《化书》	六卷	谭峭撰
《袭古书》	三卷	范朝撰
《续仙传》	三卷	沈汾撰
《宗性论、修真秘诀》		聂绍元撰
《逍遥大师问政先生》	一卷	徐锴撰
《聂君传》		佚名
《论气正诀》	一卷	何溥撰

| 《徐仙翰藻》 | 十四卷 | 徐知证撰 |
| 《太平经》 | 十三篇 | 闾丘方远撰 |

释家类

《舍利塔记》	一卷	高越撰
《石本金刚经》	一卷	佚名
《四注金刚经》	一卷	释应之撰
《五杉练若新学备用》	三卷	释应之撰
《大唐保大乙巳岁》	一卷	释恒安撰
《续贞元释教录》	一卷	释恒安撰
《楞严经注释》		释文遂撰
《金字心经》	一卷	李煜妃黄保仪刻
《华严别论》	十卷	释行因撰
《瑞象历年记》	一卷	释十朋撰
《请祷集》	十卷	释十朋撰

杂家类

《法语》	二十卷	刘鹗撰
《通论》	五卷	刘鹗撰
《格言》	五卷	韩熙载撰
《格言后述》	三卷	韩熙载撰
《皇极要览》		韩熙载撰
《古今语要》	十二卷	乔舜封撰
《杂说》	六卷	李煜撰
《理训》	十卷	宋齐丘撰
《金楼子》		佚名

农家类

| 《岁时广记》 | 一百二十卷 | 徐锴撰 |
| 《森伯①传》 | | 汤悦撰 |

---

① 〔清〕吴任臣：《十国春秋》卷一一五《拾遗》："森伯，茶也"，第1695页。

《民间利害书》		汪台符撰
《花经》	一卷	张翊撰

科举类

《唐摭言》	十五卷	王定保撰
《广摭言》	十五卷	何晦撰
《登科记》	十五卷	徐锴撰
《江南登科记》	一卷	乐史撰

小说类

《稽神录》	十卷	徐铉撰
《笑林》		杨名高撰
《广卓异记》	二十卷、目录一卷	乐史撰
《续广卓异记》	三卷	乐史撰

杂说类

《金华子杂编》	三卷	刘崇远撰
《南楚新闻》	三卷	尉迟枢撰
《贾氏谈录》	一卷	张泊撰
《唐孝悌录》	十五卷	乐史撰
《孝悌录》	二十卷	乐史撰
《秘阁闲谈》	五卷	吴淑撰

传记类

《夏清侯传》		李从谦撰
《聂练师传》		吴淑撰

艺术类

《射书》	十五卷	徐锴、欧阳陌撰
《五善射序》	一卷	程匡柔撰
《金谷园九局谱》	一卷	徐铉撰
《棋图义例》	一卷	徐铉撰
《系蒙小叶子格》	一卷	大周后撰

《墨经》	一卷	李廷珪撰
《临书关要》	一卷	僧应之撰
《述书》		李煜撰
《昇元帖》	四卷	徐铉刻
《霓裳羽衣曲》		大周后撰
《恨来迟破》		大周后撰
《邀醉舞破》		大周后撰
《念家山破》		李煜撰
《振金铃曲破》		李煜撰
《偏金叶子格》	一卷	大周后撰
《小叶子例》	一卷	大周后撰
《漆经》	三卷	朱尊度撰
《小胡笳十九拍》	一卷	蔡翼撰
《琴调》	一卷	蔡翼撰
《古乐府》		吴淑校定
《嵇康》		薛九歌唱
《阮咸谱》	一卷	蔡翼撰
《江南画录》		佚名
《江南画录拾遗》		徐铉撰
《墨图》	一卷	李廷珪撰

医书类

《续传信方》	十卷	王颜撰
《昇元广济方》	三卷	华宗寿撰
《食性本草》	十卷	陈士良撰

历数类

《保大齐政历》	十九卷	佚名
《中正历经》	一卷	陈承勋撰

五行类

| 《玉管照神局》 | 二卷 | 宋齐丘撰 |

金石类

《徐知证题东林寺联句》	徐知证撰
《元宗庐山题刻》	李璟撰
《紫极宫建使者殿记》	释应之撰
《匡君庙重修殿记》	陈元裕撰
《扬州孝先寺碑》	殷崇义（汤悦）撰
《唐李昪石刻》	李昪刻
《婺源都制置新城记》	刘津撰
《史祖庙祷雨记》	吴仁赡撰
《宋齐丘凤台山诗二十韵》	宋齐丘撰
《霍丘修罗汉记》	潘仁煦书
《南唐重建明教院记》	黄德麟撰
《重修东林寺记》	徐知证撰
《南唐天王记》	许儒撰
《重复练塘铭》	吕延真述
《敕文宝院禁山帖碑》	宋怀德书
《方山洞元观敕还旧钟记》	刘日新撰
《方山洞元观请钟记》	佚名
《匡道禅师碑》	释智惮撰
《通智大师碑》	崔行潜撰
《通智大师塔铭》	希声撰
《光诵长老碑》	宋齐丘撰
《南唐重修巢神庙碑》	周邺撰
《舒州丹霞府新泉记》	刘日新撰
《南唐保宁院钟赞》	佚名
《弥勒菩萨上生殿记》	杨弼撰

《南唐保大香炉记》	佚名
《中兴佛窟寺碑》	孙忌撰
《方山保华寺宫碑》	不详
《祈泽寺残碑》	不详
《南唐释迦并部从功德记》	释慕幽撰
《龙沙章江院碑》	韩熙载撰
《古城县设水陆宴会记》	若庐述
《简寂先生陆君碑》	吴筠撰
《新建金刚经碑、金刚般若波罗蜜经》	周惟简述
《开元寺经幢》	佚名
《表石题》	徐延祚书
《辟支佛大广现身记》	周彦崇撰
《普贤寺普贤座下铁像题字》	不详
《张懿公神道碑》	殷崇义撰
《光瑛院瑞像殿记》	释崇肇撰
《宝云寺碑》	陈用宽撰
《南唐魏惠王神道碑》	常梦锡撰
《祈泽寺碑》	释契恩撰
《赠侍中李金全神道碑》	高越撰
《巢湖南泰院佛殿功德碑》	徐吉撰
《清凉寺悟空禅师碑》	韩熙载撰
《追封庆王李茂宏碑》	韩熙载撰
《南唐祭悟空禅师文》	李煜撰
《南唐新建（御史）州碑》	不详
《筠州关城记》	殷观撰
《方等寺潘氏重修舍经藏殿记》	殷观撰
《泾县小厅记》	薛文美撰
《龙城寺钟铭》	张宏撰

《简寂观碑》　　　　　　　　沈浚撰

《水西寺碑》　　　　　　　　佚名

《四祖塔院疏》　　　　　　　李璟书

《庐山改修简寂灵宝并齐堂记》　王路撰

《双溪院高公亭记》　　　　　徐铉撰

《简寂观修石路碑记》　　　　徐宪撰

《葛公碑阴文》　　　　　　　王元撰

《东林寺上方禅师舍利塔记》　彭渎撰

《题陶隐居塔》　　　　　　　不详

《青元观九天使者功德殿记》　贾穆述

《吉祥院记》　　　　　　　　薛良记

《保大中敕书石刻》　　　　　不详

《延祚寺百丈泉井阑题字》　　不详

《南唐保大中碑》　　　　　　不详

《江南秦淮石志》　　　　　　不详

《栖霞寺三种石幢》　　　　　不详

《重修谢惠灵墓碑》　　　　　孙熹立

《茅山题名》　　　　　　　　徐锴书

《永安县记》　　　　　　　　不详

《小篆千字文》　　　　　　　王文秉书

《紫阳宫石磬铭》　　　　　　张献撰

《侍郎高越墓石》　　　　　　不详

《义兴县兴道观北极殿碑》　　徐锴撰

《南唐双溪观记》　　　　　　叶窑撰

《周处庙像碑》　　　　　　　徐锴撰

《头陀寺碑》　　　　　　　　韩熙载撰

《赠平章谥文靖韩熙载神道碑》　不详

《胡则传》　　　　　　　　　章岷撰

《题观音岩》	李璟书
《东风吹水日衔山》	李璟书
《清凉寺德庆堂额》	李煜书
《清凉寺三绝碑》	李煜书
《后主追荐烈祖清凉寺幢文》	李煜撰
《送二王诗》	李煜撰
《李后主重阳诗》	李煜撰
《徐知证墓碑》	不详
《重修宣城县廨宇记》	朱珣撰
《李（仁宗嫌讳）古书堂记》	不详
《南唐般若心经》	王文秉刻
《简寂观新坛记》	陈觉撰
《报恩院寺额》	李煜书
《藏经碑》	彭渎撰
《无相塔记》	韩熙载撰
《金刚藏经殿碑》	韩熙载撰
《灵洞观记》	韩熙载撰
《筑新城记》	韩熙载撰
《南唐盱江亭记》	韩熙载撰
《真风观碑》	韩熙载撰
《广化院碑》	韩熙载、徐铉立
《能仁寺菩萨堂记》	边镐撰
《灵溪观碑》	宋涣撰
《琴高亭颂》	杜祎撰
《延寿寺碑》	徐铉撰
《南唐钦道观记》	朱巩记
《蒋庄武帝庙碑》	徐铉撰
《龙门山乾明禅院碑铭》	徐铉撰

《茅山徐铉题名》	徐铉题
《骑省石》	徐铉题
《龙门寺记》	徐铉撰
《南唐通冥观记》	徐铉撰
《南唐栖霞寺记》	徐铉书
《徐铉石刻》	徐铉刻
《昭德观碑》	徐铉记
《摄山徐铉题名》	徐铉题
《鹿野堂徐铉徐锴题名》	徐铉、徐锴题
《慧悟禅师真赞》	汤悦撰
《桐庐县篆额》	徐铉篆
《冶城紫极宫碑》	徐铉撰
《元素先生碑》	徐铉撰
《上真观记》	徐铉撰
《天庆观殿额》	徐铉篆
《邓威仪碑》	徐锴撰
《五龙堂玄元像记》	徐锴撰
《南唐题明征君墓诗》	徐锴篆
《徐锴篆字题名》	徐锴篆
《卞庙忠臣孝子碑》	徐锴撰
《紫极宫石磬铭》	徐锴撰
《晋右将军曹横墓碑》	不详
《延祚观碑》	徐锴书
《峰山庙碑》	徐锴书
《紫极宫碑》	徐锴书
《康济庙记》	徐锴记
《归真观碑》	徐锴撰
《朱陵观碑》	徐锴撰

《白鹤观碑》	徐锴撰
《南唐徐锴碑》	不详
《景德观碑》	徐锴撰
《多宝塔记》	孟拱辰书
《开元寺大殿记》	孟拱辰撰
《东禅院法华经记》	孟拱辰撰
《南唐彰城寺钟铭》	不详
《南唐栖霞寺殿记》	高陟撰
《南唐栖霞寺诗》	释用虚撰
《衡阳寺经幢》	不详
《重开衡阳古迹诗》	释齐己、牟儒撰
《符篆刻识》	不详
《画像石刻》	曹仲元画
《百福寺铜钟文》	不详
《王真人立观碑》	江旻撰
《平西将军杜陵侯葛府君碑》	不详
《隐静院石刻》	不详
《易夫人墓志额》	不详
《圣烈王行状碑》	不详
《桐柏王法师碑》	不详
《少室王君碑》	不详
《玉霄观记》	不详
《桂杜二姓愿钟记》	不详
《宝华功德什物记》	不详
《禾山大舜二妃庙碑》	张翊撰
《瓦棺寺昇元碣》	不详
《瓦棺寺经幢》	不详

《保宁寺奉先禅院并记》		不详
《紫阳观新兴佛碑》		张翊撰
《崇福寺碑》		衷愉撰
《安国寺记》		愉安国记

四、集部

总集类

《鸿渐学记》	一千卷	朱尊度撰
《谏书》	八十卷	张易编
《群书丽藻》	一千卷、目录五十卷	朱尊度撰
《大唐直臣谏奏》	七卷	张易编
《军书》	十卷	王绍颜编
《唐吴英隽赋集》	七十卷	杨氏编
《赋苑》	二百卷	徐锴编
《江南续又玄集》	十卷	刘吉编
《江南制诰集》	七卷	佚名
《桂香诗》	一卷	乔匡舜编
《续本事诗》	二卷	处常子撰
《唐僧诗》	三卷	僧法钦编
《桂香赋选》	三十卷	江文蔚辑

别集类

《陈陶文集》	十卷	
《徐铉文集》	三十卷	徐铉撰
《谏疏》		萧俨撰
《质论》	一卷	徐铉撰
《十事疏》		张泌撰
《汤悦集》	三卷	汤悦撰

《李煜集》	三十卷	李煜撰
《宋齐丘集》	四卷	宋齐丘撰
《西林诗》		释应之撰
《宋齐丘文传》	十三卷	宋齐丘撰
《梅岭集》	五卷	成彦雄撰
《孙晟文集》	五卷	孙晟撰
《续古阙文》	一卷	孙晟撰
《徐锴集》	十卷	徐锴撰
《芸阁集》	十卷	郭昭庆撰
《孟拱辰文集》	三卷	孟拱辰撰
《安居杂著》	十卷	程柔撰
《潘舍人文集》	二十卷	潘佑撰
《曲台奏议集》	二十卷	陈致雍撰
《乔匡舜集》	七十余卷	乔匡舜撰
《江简公集》	十卷	江文蔚撰
《广类赋》	二十五卷	徐锴撰
《韩熙载文集》	五卷	韩熙载撰
《张泊集》	五十卷	张泊撰
《拟议集》	十五卷	韩熙载撰
《定居集》	二卷	韩熙载撰
《虚白文集》		史虚白撰
《肥川集》	十卷	章震撰
《磨盾集》	十卷	章震撰
《闲居集》	十卷	沈彬撰
《碧云集》	三卷	李中撰
《僧应之诗》	一卷	僧应之撰
《陈陶诗》	十卷	陈陶撰
《金陵古迹诗》	四卷	朱存撰

《沈彬诗》	二卷	沈彬撰
《李煜诗》	一卷	李煜撰
《孙鲂诗》	二卷	孙鲂撰
《李建勋诗集》	二卷	李建勋撰
《钟山公集》	二十卷	李建勋撰
《江为诗》	一卷	江为撰
《丘旭诗》	一卷	丘旭撰
《章震诗》	十卷	章震撰
《张泌诗》	一卷	张泌撰
《杂古文赋》	一卷	许洞、徐铉撰
《廖凝诗》	七卷	廖凝撰
《聱书》	十卷	沈颜撰
《解聱书》	十五卷	沈颜撰
《大纪赋》	一卷	沈颜撰
《冯延巳集》	一卷	冯延巳撰
《李叔文诗》	一卷	李叔文撰
《灵仙赋》	二卷、甲赋五卷	徐锴撰
《赋选》	五卷	徐锴撰
《郭鹏诗》	一卷	郭鹏撰
《斐然集》	五卷	李为先撰
《拟谣》	十卷	乔匡舜撰
《孟水部诗集》		孟宾于撰
《李明诗》	五卷	李明撰
《钟山集》	一卷	左偓撰
《文献太子诗集》		李弘冀撰
《萧庶子诗》		萧庶子撰
《成氏诗集》		成氏撰
《庐岳集》		邵拙撰

《毛炳诗集》		毛炳撰
《钓鳌集》		刘吉撰
《伍乔集》	一卷	伍乔撰
《阁中集》	十卷	徐知谔撰
《怨词》	三十卷	胡元龟撰
《拾遗集》	二卷	余璀撰
《庆云集》	一卷	陈贶撰
《刘洞诗》		刘洞撰
《夏宝松诗》		夏宝松撰
《孟贯诗》	一卷	孟贯撰
《处士集》		梁藻撰
《体物赋集》	一卷	郭贲撰
《邱旭赋》	一卷	邱旭撰
《倪曙赋》	一卷	倪曙撰
《获薤》	三卷	倪曙撰
《江翰林赋集》	三卷	江文蔚撰
《四六集》	一卷	田霖撰
《宋齐丘四六集》	一卷	宋齐丘撰
《南唐二主词》	一卷	李璟、李煜撰
《李后主词》		李煜撰
《阳春集》	一卷	冯延巳撰

文史类

《宾朋宴语》	三卷	邱旭撰